LA VERDAD SOBRE EL COLESTEROL

Jonny Bowden
Stephen Sinatra

La verdad sobre
el colesterol

Descubre los falsos mitos acerca del colesterol.
Un programa efectivo sin medicamentos para rebajarlo

EDICIONES URANO

Argentina - Chile - Colombia - España
Estados Unidos - México - Perú - Uruguay - Venezuela

Título original: *The Great Cholesterol Myth – Why Lowering Your Cholesterol Won't Prevent Heart Disease – And the Statin-Free Plan that Will*
Editor original: Fair Winds Press
Traducción: Núria Martí Pérez

1.ª edición Noviembre 2013

La información contenida en este libro es sólo para fines educativos y no pretende sustituir los consejos de un médico o de un profesional de la salud. Antes de empezar cualquier nuevo tratamiento, consúltelo con su médico de cabecera.

ISBN: 978-84-7953-850-7
E-ISBN: 978-84-9944-656-1

Depósito legal: B-24.236-2013

Fotocomposición: Montserrat Gómez Lao
Impreso por: Rodesa, S. A. – Polígono Industrial San Miguel
Parcelas E7-E8 – 31132 Villatuerta (Navarra)

Impreso en España - *Printed in Spain*

JB:
A Robert Crayhon, que me enseñó sobre nutrición.
A Anja Christy, que me enseñó todo lo demás.
Y a Michelle, que me enseña a diario lo que es amar de verdad.

SS:
A mi hija Marchann, la editora de mi web www.heartmd-institute.com. Me has ayudado enormemente al sacar a la luz la verdad sobre la medicina integrativa. Eres una gran defensora de los pacientes que busca la verdad en un mar de camuflaje. Soy muy afortunado por tenerte en mi vida. Te quiero

«Nunca subestimes las convicciones de lo convencional, sobre todo en el campo de la medicina.»

William Davis, M. D.

Índice

«La mente es como un paracaídas, sólo funciona si se abre.»

Anthony J. D'Angelo

Prólogo

Hace doscientos años los médicos hacían sangrías, purgaban y escayolaban a sus pacientes. La sangría era el tratamiento más habitual para una gran cantidad de enfermedades y así lo había estado siendo desde casi dos milenios antes, a partir de la época del médico y filósofo Galeno. Según la teoría de aquel tiempo, el cuerpo humano se componía de cuatro humores: sangre, flema, bilis negra y bilis amarilla. Al ser la sangre el humor predominante, era necesario equilibrarla con los otros tres para que el paciente sanara.

Cualquier médico llevaba en el maletín una variedad de lancetas y escarificadores de aspecto escalofriante, y a partir de principios del siglo XIX, sanguijuelas. De hecho, se llegaron a usar con tanta frecuencia que los médicos acabaron recibiendo el apodo de sanguijuelas. Los más versados en esta terapia sabían elegir las mejores venas según la enfermedad de que se tratara y dónde aplicar las sanguijuelas para obtener el mayor beneficio terapéutico, así como los innumerables protocolos relacionados con la cantidad justa de sangre que se debía extraer o la cantidad de sanguijuelas que se debía aplicar. Los médicos escribieron extensos artículos describiendo sus propias técnicas de sangrado y las presentaron en solemnes conferencias médicas.

Sin embargo, esta idea era absurda, tal como lo demostró a principios del siglo XVII William Harvey, el descubridor del funcionamiento del sistema circulatorio. Pero el hecho de que la terapia con sanguijuelas careciera de bases «científicas» no impidió que hace doscientos años los médicos la emplearan hasta el punto de llegar en algunos casos a aplicar a un paciente unas cincuenta sanguijuelas, como le pasó a George Washington, al que le sacaron casi dos litros de sangre para tratarle una infección de garganta que, junto con la anemia causada por la sangría, acabó matándolo.

Al mirar atrás estas prácticas nos parecen ahora una locura y nos tranquiliza saber que los médicos no nos harán sangrar con lancetas ni sanguijuelas, y que la medicina actual, basada en pruebas científicas, no nos someterá a esta clase de nebulosos tratamientos. Gracias a los estudios científicos realizados en grandes instituciones de todo el mundo, los médicos nunca ignorarían las pruebas actuales ni realizarían tratamientos innecesarios que pudieran ser incluso perjudiciales. ¿Verdad?

Pero por desgracia, hoy muchos médicos tienen la misma mentalidad gregaria que los médicos de antaño. Decenas de miles de ellos tratan una enfermedad inexistente con fármacos que pueden llegar a ser muy perjudiciales. Y al hacerlo no se basan en ningún dato científico concluyente, sino que, como sus colegas de hace doscientos años, se dejan llevar por las ideas predominantes. ¿Cuál es esta enfermedad inexistente? El colesterol alto.

Nos han bombardeado con tanta información falsa sobre el colesterol, que la mayoría de las personas ha acabado creyendo que el colesterol es malo y que cuanto menos tengamos, mejor. Pero en realidad es todo lo contrario.

El colesterol es una molécula esencial sin la cual no podríamos vivir, es tan importante que casi cada célula del cuerpo puede sintetizarlo.

El colesterol es una molécula esencial sin la cual no podríamos vivir, es tan importante que casi cada célula del cuerpo puede sintetizarlo. El colesterol, entre otras cosas, es el elemento estructural de muchas membranas, el marco donde otras sustancias esenciales se crean. Si pudiéramos extraer de algún modo todo el colesterol del cuerpo, «esta carne tan sólida se ablandaría y mezclaría con el rocío», como dijo Shakespeare. Y, además, no tendríamos ácidos biliares, ni vitamina D, ni hormonas esteroides (como las hormonas sexuales), ya que todo ello depende del colesterol.

Aunque el colesterol sea tan esencial, los médicos de cualquier parte del mundo recetan medicamentos que cuestan miles de millones de dólares para intentar impedir la síntesis natural del mismo. Esta clase de medicamentos solo les prolonga la vida a una pequeña minoría de pacientes, pero con todo los médicos los siguen recetando a diestro y siniestro, y la industria farmacéutica que los crea y vende es consciente de ello. ¿Cómo se ha producido esta lamentable situación?

Hace sesenta años un investigador que apenas era conocido fuera de los círculos académicos creó la paranoia del colesterol. El doctor Ancel Keys, defensor de lo que se ha acabado conociendo como la hipótesis de los lípidos, concluyó que el exceso de colesterol era el causante de las enfermedades cardiacas. Empezó pensando que el consumo de grasas hacía subir los niveles de colesterol, pero con el paso de los años llegó a creer que las grasas saturadas eran en realidad las culpables de ello. (Esta idea está ahora tan arraigada en la mente de los autores que escriben sobre la alimentación sana, que las palabras «grasas saturadas» van casi siempre acompañadas de «que taponan las arterias».) Lo cual es más o menos la base de la hipótesis de los lípidos: las grasas saturadas aumentan los niveles de colesterol, y el colesterol alto causa enfermedades cardiacas. Es así de sencillo, pero no es cierto. Nunca se ha llegado a demostrar, por eso se sigue llamando la *hipótesis* de los lípidos.

Los investigadores, influidos por Keys, han estado durante las últimas cinco décadas trabajando como hormiguitas en sus laboratorios, desesperados por encontrar las suficientes pruebas que conviertan la hipótesis de los lípidos en un hecho. De momento no lo han conseguido, pero mientras tanto han aumentado notablemente los conocimientos científicos sobre la bioquímica y la fisiología de la molécula del colesterol. Gracias a sus esfuerzos, ahora sabemos que el colesterol es transportado por el torrente sanguíneo por una clase de complejas proteínas que reciben el nombre de lipoproteínas. Se han clasificado según su densidad: HDL (lipoproteína de alta densidad), LDL (lipoproteína de baja densidad), VLDL (lipoproteína de muy baja densidad), y varias otras. Algunas de estas lipoproteínas se consideran buenas (HDL) y otras malas (LDL). Y como es natural las compañías farmacéuticas han creado medicamentos para aumentar las primeras y reducir las segundas.

Pero se han precipitado. Los investigadores han descubierto una clase de lipoproteína llamada LDL, pequeña y densa (o de tipo B), que puede llegar a ser un factor de riesgo cardiovascular. El problema está en que estas LDL pequeñas y densas de tipo B empeoran al seguir la dieta que la hipótesis de los lípidos está fomentando desde hace décadas como la mejor de todas para prevenir las enfermedades cardiacas: la dieta baja en grasas y rica en carbohidratos. Por lo visto las grasas, sobre todo las grasas saturadas, reducen la cantidad de partículas LDL pequeñas y densas, mientras que la dieta baja en grasas tan recomendada las aumenta. En cambio, las partículas LDL grandes y esponjosas, a diferencia de las LDL pequeñas y densas, además de ser inocuas son en realidad saludables. Pero los medicamentos reductores de LDL también bajan esta clase de lipoproteínas.

La extendida hipótesis de los lípidos (ahora afirma que los niveles altos de LDL son los causantes de las enfermedades cardiacas) empezó a tambalearse cuando un reciente estudio demostró que casi la mitad de los 140.000 pacientes hospitalizados por enfermedades cardiacas tenían niveles de LDL *por debajo de los* 100 mg/dl (durante los últimos años, 100 mg/dl se ha considerado el nivel óptimo). Pero los autores del estudio en lugar de tomar distancia, intrigados por los resultados, y decirse *Hmmm, quizá nos hemos equivocado al intentar resolver el problema,* concluyeron que tal vez los niveles óptimos de 100 mg/dl eran demasiado altos y que debían bajarse más aún. Son tan gregarios que su fobia a los lípidos llega hasta este extremo.

El nutricionista Jonny Bowden, y el cardiólogo Stephen Sinatra, han escrito este libro para rebatir la información falsa sobre el colesterol, las lipoproteínas y la hipótesis de los lípidos. Basándose en hechos científicos, han escrito un texto fácil de entender que presenta una hipótesis mucho más válida sobre las verdaderas causas de las enfermedades del corazón y de muchas otras dolencias como la diabetes, la hipertensión y la obesidad, que te permitirá ver la realidad, por más que te digan lo contrario. Si te preocupan tus niveles de colesterol o estás considerando tomar un medicamento para bajarlos, ¡lee antes este libro! En él encontrarás toda la información necesaria para saber qué es lo más adecuado para ti. Y, además, estamos convencidos de que te gustará tanto como a nosotros.

MICHAEL R. EADES, M. D.
MARY DAN EADES, M. D.
mayo de 2012
Incline Village, Nevada

1

Por qué es mejor tomarte con escepticismo que el colesterol es un indicador de enfermedades del corazón

Los dos decidimos escribir este libro porque creemos que te han engañado, informado mal e incluso mentido en algunos casos acerca del colesterol.

Creemos que la extraña combinación de información falsa, estudios científicos cuestionables, codicia corporativa y marketing engañoso se han confabulado para hacernos creer que el colesterol es el causante de las enfermedades cardiacas, uno de los mitos más indestructibles y perjudiciales de la historia médica.

Los millones de dólares invertidos en campañas de marketing para perpetuar este mito han hecho que nos centrásemos en un elemento que juega un papel muy pequeño en la historia de las enfermedades cardiacas, y ha creado un mercado para los medicamentos reductores del colesterol que reporta unos beneficios de más de 30.000 millones de dólares al año. La gran tragedia es que al poner toda nuestra atención en el colesterol, hemos pasado por alto las *verdaderas* causas de las enfermedades del corazón: la inflamación, la oxidación, el azúcar y el estrés.

En realidad, como aprenderás en este libro, el colesterol alto apenas es un factor predictivo de enfermedades cardiacas, ya que más de la mitad de los pacientes hospitalizados por un infarto tenían niveles de colesterol absolutamente normales y cerca de la mitad de las personas con el colesterol alto tenían un corazón normal y sano.

Muchas de las pautas dietéticas generales aceptadas y promovidas por el gobierno y la mayor parte de organizaciones sanitarias, como la Asociación Americana del Corazón, están relacionadas de manera directa o indirecta con la fobia al colesterol. Estas pautas nos advierten que limitemos la cantidad de colesterol que ingerimos, a pesar de que, al menos al 95 por ciento de la población el colesterol en la *dieta* no le afecta el nivel de colesterol en la *sangre*.

Estas pautas nos advierten de los peligros de las grasas saturadas, sin embargo no se ha llegado a demostrar convincentemente que las grasas saturadas en la dieta causen enfermedades cardiacas y, además, las investigaciones revelan que al reemplazar las grasas saturadas en la dieta por carbohidratos el riesgo de padecer enfermedades cardiacas aumenta.

Ambos empezamos a dudar de la teoría sobre el colesterol en distintos momentos de nuestra carrera profesional, y a pesar de tomar distintos caminos, los dos llegamos a la misma conclusión: el colesterol no es el causante de las enfermedades cardiacas.

También creemos que a diferencia de las grasas trans, por ejemplo, las grasas saturadas *no* son dietéticamente hablando la causa de todos los males (y te mostraremos por qué). Y lo más importante es que estamos convencidos de que la obsesión nacional por bajar los niveles de colesterol a toda costa nos ha salido muy cara. La colesterolmanía ha hecho que centremos toda nuestra atención en una molécula bastante inocua que apenas tiene que ver con las enfermedades cardiacas, pasando por alto las *verdaderas* causas de las mismas.

Los dos te explicaremos, cada uno a nuestra manera, por qué empezamos a dudar del papel del colesterol y por qué estamos convencidos de que la información que contiene este libro te puede salvar la vida.

QUÉ DEBES SABER

- El colesterol juega un papel muy pequeño en las enfermedades cardiacas.
- El colesterol alto apenas es un factor predictivo de infartos.
- La mitad de las personas con enfermedades cardiacas tienen un nivel de colesterol normal.
- La mitad de las personas con colesterol alto tienen un corazón sano.
- Las ventajas de bajar los niveles del colesterol son muy limitadas.

El doctor Jonny

Antes de ser nutricionista y, después, escritor, fui entrenador personal en los gimnasios de Equinox en Nueva York, y la mayoría de mis clientes lo único que quería era perder peso. En aquella época, la década de 1990, las grasas se consideraban el mayor enemigo, *en particular* las grasas saturadas, porque todos «sabíamos» que taponaban las arterias, subían el nivel de colesterol y causaban enfermedades cardiacas. Por eso yo, como la mayoría de entrenadores personales, aconsejaba a mis clientes dietas bajas en grasas y les animaba a hacer un montón de ejercicios aeróbicos y un poco de pesas.

Lo cual funcionaba.

A veces.

Y fallaba en la mayoría de los casos.

Como ocurrió, por ejemplo, con Al, un empresario sumamente exitoso y poderoso en los inicios de la sesentena con una gran barriga de la que no se podía librar. Seguía una dieta muy baja en grasas, hacía en casa un montón de ejercicios aeróbicos en la cinta y sin embargo apenas perdía peso. Si todo lo que me habían enseñado en mis estudios de entrenador personal era correcto, eso no debería estar pasando.

Pero pasaba.

De pronto, Al decidió hacer algo que yo desaprobaba: la dieta Atkins.

No te olvides de que en aquella época nos enseñaban que las grasas, en especial las saturadas, eran lo peor de lo peor. Nos habían enseñado que los carbohidratos eran «necesarios» para tener energía y sobrevivir (no es verdad, pero esta cuestión podría ser el tema de otro libro). Y que las dietas proteicas, como la de Atkins, eran peligrosas y perjudiciales para la salud, sobre todo porque las grasas saturadas nos taponarían las arterias, nos subirían el colesterol y nos provocarían un infarto.

Por eso estaba seguro de que Al acabaría mal.

Pero no fue así.

Además de adelgazar y perder su barrigón «en forma de manzana», tenía más energía y hacía décadas que no se sentía tan bien. Los resultados de Al me impresionaron, pero estaba convencido de que lo iba a pagar muy caro y que los análisis de sangre que se hacía cada año me darían la razón

Pues no.

Su nivel de triglicéridos, un tipo de grasas presentes en el torrente sanguíneo y en el resto del cuerpo había bajado en picado, la tensión arterial le había descendido y el colesterol le había subido un poco, pero el colesterol «bueno» (HDL) le había aumentado mucho más que el «malo» (LDL), o sea, que su médico se llevó una grata sorpresa.

Justo en aquella época el bioquímico Barry Sears vino a la ciudad de Nueva York para dar un taller en Equinox, al cual yo estaba deseando ir. Sus libros sobre la dieta para estar en la Zona habían tenido tanto éxito que se habían vendido millones de ejemplares. El nuevo método de Sears se podía resumir en cuatro palabras: *come grasas, pierde peso.* (Si Sears no hubiera sido un bioquímico formado en el MIT, la gente se habría burlado de él. Pero dadas sus referencias y su asombroso conocimiento del cuerpo humano, costaba no tomárselo en serio.)

Pero Sears no fue el primero en aconsejar una dieta rica en grasas y proteínas y pobre en carbohidratos. Atkins también la había estado aconsejando desde 1972 y su dieta era la que le había dado tan buenos resultados a Al. Pero los que disentían de Atkins afirmaban que su dieta rica en grasas saturadas podía causar enfermedades del corazón. Aunque muchas personas admitieran que esta dieta les había ayudado a perder peso fácilmente, todos (yo incluido) creíamos que el precio que comportaba era un riesgo mucho mayor de sufrir enfermedades cardiacas.

¿Y si la teoría de que el colesterol provoca enfermedades cardiacas era falsa?

Sin embargo, mis ojos me decían algo muy distinto, y no se trataba solo de Al. También lo estaba viendo en otros clientes. Hartos de los pobres resultados de las dietas bajas en grasas y ricas en carbohidratos, habían decidido echar la precaución por la borda y seguir la dieta Atkins, la dieta de las proteínas y otras ricas en proteínas y grasas. Estaban comiendo más grasas —incluso más grasas saturadas—, pero no les había pasado nada, aparte de sentirse mejor y de perder peso.

Lo cual me dio que pensar.

¿Por qué los clientes que seguían fielmente una dieta baja en grasas y hacían un montón de ejercicio aeróbico apenas perdían peso y en cambio los que habían optado por una dieta baja en hidratos de carbono estaban dejando asombrados a sus médicos con los buenos resultados de las analíticas? ¿Y si lo que nos habían dicho sobre el peligro de las grasas saturadas no fuera del todo cierto? Y si lo que nos habían enseñado de las grasas saturadas fuese en parte falso, ¿cuál era la relación entre las grasas y el colesterol? ¿Era todo tan sencillo como nos habían enseñado?

Después de todo, incluso a principios de la década de 1990, cuando no se hablaba más que del colesterol «bueno» y el colesterol «malo», era evidente que las grasas saturadas habían afectado de manera positiva tanto al colesterol de Al como al de muchos otros de mis clientes. Las grasas saturadas habían hecho subir sus niveles de colesterol HDL mucho más que los del LDL. ¿Era la cuestión del colesterol un poco más complicada de lo que yo y el resto creíamos?

Al final, yendo en contra de lo establecido me atreví a preguntarme: «¿Y si la teoría de que el colesterol provoca enfermedades cardiacas era falsa?» En tal caso, las grasas saturadas apenas afectarían el nivel de colesterol, ¿no?

Decidí empezar a leer los estudios científicos realizados sobre el tema.

El estudio de Lyon sobre Dieta y Corazón[1] reveló que ciertos cambios dietéticos y de estilo de vida lograban reducir las muertes en un 70 por ciento, e incluso las muertes por problemas cardiovasculares en un asombroso 76 por ciento sin apenas afectar los niveles de colesterol. El estudio de Salud de las Enfermeras[2] reveló que el 82 por ciento de las enfermedades coronarias se debían a cinco factores, y ninguno de ellos tenía que ver con bajar los niveles de colesterol. Y esto no era más que la punta de un iceberg que no dejaba de crecer.

Al contrario de lo que todo el mundo creía, un estudio tras otro sobre dietas ricas en proteínas y bajas en carbohidratos, incluidas las de un alto contenido en grasas saturadas, revelaban que las analíticas de quienes las seguían se parecían a la de Al. De hecho, su salud había mejorado con estas dietas. Los triglicéridos le habían bajado. Y también le habían mejorado otros marcadores que indicaban un riesgo de padecer enfermedades cardiacas.

En la mitad de la década de 1990 retomé los estudios de nutrición para licenciarme como nutricionista y más tarde obtuve el doctorado en nutrición holística y el título de especialista en nutrición expedido por la Junta de Certificación de Especialistas en Nutrición, que está asociada con la Facultad Americana de Nutrición. Durante mis estudios, me enteré de que no era el único que dudaba de la relación entre las grasas saturadas, el colesterol y las enfermedades cardiacas. Hablé con muchos otros profesionales de la salud que compartían mis dudas, como, por ejemplo, la doctora Mary Enig, una de las mayores expertas en bioquímica de lípidos del país, que ha dedicado toda su carrera académica a estudiar las grasas y que cree que no tenemos por qué temer las grasas saturadas. (Por cierto, las primeras investigaciones de Enig se centraron en las grasas trans y está segura de que las verdaderas culpables en la dieta americana son este tipo de grasas y no las saturadas, y yo estoy totalmente de acuerdo con ella.)

Enig no es la única que piensa que nos han hecho un lavado de cerebro colectivo en cuanto al tema de las grasas saturadas y el colesterol. Ha señalado que cuando los estadounidenses consumían productos naturales como nata líquida, mantequilla, carne de animales que se alimentan de pasto, leche entera y otros alimentos tradicionales, el índice de enfermedades cardiacas era mucho menor que el actual. Se preguntaba, como tantos nos hemos hecho desde entonces, si no era más que una casualidad que la obesidad y la diabetes, las dos pandemias a nivel mundial, empezaran a darse en la época en que estos alimentos se eliminaron de la dieta debido a la fobia al colesterol y las grasas saturadas, y se reemplazaron por aceites vegetales, carbohidatos procesados y, por último, grasas trans.

Enig era una científica muy activa en un grupo al que yo profeso un gran respeto: la Fundación Weston A. Price. Esta fundación, cuyo nombre proviene de un investigador puntero en los campos de la dieta y la salud, defiende abiertamente los alimentos «tradicionales» sin procesar, como la mantequilla, la leche entera, la carne de animales que se alimentan de pasto y otros productos demonizados por el estamento del colesterol por su contenido relativamente alto en grasas saturadas. La Fundación también ha destacado que cuando los americanos consumían con regularidad este tipo de comida, por ejemplo a principios de la década de 1920, las enfermedades cardiacas no eran tan comunes como ahora.

Tras haber estado analizando a lo largo de mi carrera los métodos que parecían funcionarles a las personas más sanas y longevas del planeta, he descubierto que bajar el nivel de colesterol *apenas* ayuda a reducir las enfermedades cardiacas y que tampoco influye en lo más mínimo en la longevidad. Un estudio tras otro, como el Estudio de Lyon sobre Dieta y Corazón que he citado anteriormente, han revelado que bajar los niveles del colesterol no ayuda a reducir el riesgo de sufrir enfermedades cardiacas.

Y cada vez son más los estudios y los informes médicos que demuestran que la oxidación y la inflamación son en realidad los que dañan las arterias, el colesterol no ha sido más que la cabeza de turco en este asunto. La oxidación y la inflamación, junto con el azúcar y el estrés (tema que tratamos con más profundidad en los capítulos 4 y 8) son los principales causantes del envejecimiento del cuerpo humano. En aquella época yo creía, y ahora estoy convencido de ello, que estos eran los culpables en los que debíamos centrarnos, en lugar de hacerlo en unas inocentes moléculas que tan esenciales son para la salud.

Pero lo más frustrante fue intentar convencer a mis clientes de que si seguían una dieta rica en proteínas y grasas no solo no se morirían, sino que, además, perderían peso fácilmente y tendrían un corazón más sano.

A esas alturas estaba seguro de que nos habían engañado masivamente sobre el papel que juega el colesterol en las enfermedades cardiacas, y que las grasas saturadas no eran tan peligrosas como decían. Pero lo más frustrante fue intentar convencer a mis clientes de que si seguían una dieta rica en proteínas y grasas no solo no se morirían, sino que, además, perderían peso fácilmente y tendrían un corazón más sano. Sin embargo, estaba chocando constantemente con la opinión de los médicos de mis clientes, que creían a ciegas en el mito de que las grasas saturadas te acaban matando al taponarte las arterias, elevar tu índice de colesterol y provocarte una enfermedad cardiaca.

Volvamos a 2010.

En 2010, la Fair Winds Press, la editorial que había publicado mis trece libros escritos a lo largo de siete años, me propuso una idea:

—¿Te gustaría escribir un libro sobre cómo bajar el colesterol con alimentos naturales y suplementos nutricionales?

—Seguramente no soy el más indicado para escribirlo, porque no creo que bajar el colesterol sea tan importante —respondí.

Como te imaginarás, se quedaron desconcertados. A mis editores les picó la curiosidad.

—¿Cómo es posible que bajar el colesterol no sea importante? —me preguntaron—. ¿Acaso los médicos no creen que el colesterol alto es el causante de las enfermedades cardiacas? ¿Es que no piensan que bajarlo es una de las cosas más importantes para prevenir los infartos?

—Así es —repuse—, y están equivocados.

Intrigados, mis editores me pidieron más información sobre el tema. Les sugerí que consultaran la web de The International Network of Cholesterol Skeptics, www.thincs.org, y les envié varios estudios revisados por expertos que cuestionaban la relación entre las grasas saturadas y las enfermedades cardiacas. Y también la impecable investigación galardonada con un premio científico del escritor Gary Taubes, cuyas exhaustivas investigaciones sobre el papel de las grasas en las enfermedades del corazón (empezando por su fundamental artículo publicado en el *New York Times*: «¿Y si todo no fuera más que una gran mentira?») fueron decisivas al llamar la atención sobre lo poco que las grasas saturadas y el colesterol tienen que ver con las enfermedades cardiacas.

Mi amigo Steve Sinatra además de ser un cardiólogo titulado por el Colegio de Médicos, es psicoterapeuta y nutricionista. Como yo, también es miembro del Colegio Americano de Nutrición. Y hace ya tiempo que cree que nos han dado gato por liebre en cuanto al colesterol. La historia de cómo llegó a la misma conclusión que yo es fascinante e incluye sus experiencias personales como conferenciante y educador de una de las compañías farmacéuticas más importantes del planeta.

Steve promocionaba las estatinas y creía a ciegas en el mito que más tarde abandonaríamos sobre que el colesterol es el causante de las enfermedades cardiacas.

Escucha la historia relatada por él mismo y empezarás a ver por qué los dos estamos deseando revelar la verdad sobre el colesterol y las enfermedades cardiacas.

El doctor Sinatra

Hoy día la mayoría de los médicos te recomiendan que tomes estatinas si tienes el colesterol alto, a pesar de sus molestos efectos secundarios. Lo harán tanto si hay pruebas o no de haber desarrollado una enfermedad arterial y al margen de que seas hombre o mujer y de tu edad. Creen que al bajarte el colesterol están evitando que sufras una enfermedad del corazón.

Antes yo también lo creía. Era lógico si uno se basaba en las investigaciones y en la información científica destinada a los médicos. Me lo creía hasta el punto de dar incluso conferencias en beneficio de los fabricantes de este tipo de medicamentos. Era asesor de una de las compañías farmacéuticas más importantes que fabricaba estatinas y daba conferencias a cambio de jugosos honorarios. Me convertí en el niño del coro del colesterol que advertía lo malo que el colesterol alto era para el corazón. ¡Pero por suerte había un medicamento que lo bajaba! Sin embargo, cambié de opinión años atrás cuando empecé a ver las contradictorias evidencias entre mis pacientes. Vi, por ejemplo, a muchos pacientes con valores totales de colesterol plasmático de tan solo 150 mg/dl ¡desarrollar enfermedades cardiacas!

En aquellos tiempos insistíamos en recomendar a los pacientes que se sometieran a un angiograma (una cateterización arterial invasiva) si manifestaban los suficientes síntomas de dolor torácico, superaban a duras penas la prueba de esfuerzo y, sobre todo, si tenían niveles de colesterol por encima de los 280 mg/dl. Lo hacíamos porque en nuestra profesión creíamos que si un paciente tenía el colesterol alto, corría el riesgo de sufrir un infarto.

La tomografía servía para ver lo dañadas que estaban las arterias. Y a veces descubríamos que lo estaban. Pero en muchas otras ocasiones no era así. Las arterias estaban en perfecto estado. Estos resultados me indicaban algo que no tenía nada que ver con el mensaje del estamento oficial: el problema no se encontraba en el colesterol.

Estas discrepancias hicieron que empezara a cuestionarme y a investigar el papel que le habían adjudicado al colesterol y a estudiar más a fondo las investigaciones sobre él. Descubrí que otros médicos que habían llegado a las mismas conclusiones habían oído decir que los descubrimientos científicos se habían manipulado. Por ejemplo, el bioquímico George Mann, de la Universidad de Vanderbilt, que participó en el estudio cardiológico de Framingham conocido a nivel mundial, más tarde describió «la hipótesis del colesterol como indicador de enfermedades cardiacas» como «el mayor fraude perpetrado al público americano».

Esta voz discrepante y muchas otras fueron ahogadas por el coro del colesterol. Hasta el día de hoy prácticamente todo cuanto se ha publicado —y acaparado la atención de los medios de comunicación— apoya el paradigma del colesterol y está respaldado por las industrias farmacéuticas y de productos bajos en grasas, y también por los organismos reguladores y las organizaciones médicas más importantes.

No podemos vivir sin el colesterol, una materia prima esencial fabricada por el hígado, el cerebro y casi cada célula de nuestro cuerpo.

Pero yo dejé de formar parte de este coro. Dejé de creer en este mito. Y te diré por qué:

Descubrí que no podemos vivir sin el colesterol, una materia prima esencial fabricada por el hígado, el cerebro y casi cada célula de nuestro cuerpo. Las enzimas lo convierten en vitamina D, en hormonas esteroides (como las hormonas sexuales —los estrógenos, la progesterona y la testosterona— y las hormonas del estrés) y en sales biliares para digerir y asimilar las grasas. Se encuentra en la mayor parte de las membranas de las células y en las estructuras de estas.

En el cerebro hay sobre todo altas concentraciones de colesterol, contiene la cuarta parte del que tenemos en el cuerpo. La capa adiposa de mielina de las neuronas y de las fibras nerviosas también se compone de una quinta parte de colesterol. La comunicación neuronal depende del colesterol. No es de extrañar que se haya descubierto una relación entre la producción natural de colesterol y la función mental. Los niveles más bajos de lo normal se han asociado a un pobre rendimiento cognitivo.

Recuerdo a un paciente que vino a verme, un juez federal al que llamaré Silvio. Estaba tomando estatinas y se quejó de que la memoria le fallaba tanto que decidió renunciar a su cargo. El nivel de LDL le había bajado a 65 mg/dl. Le dije que dejara las estatinas y que comiera un montón de huevos ecológicos ricos en colesterol, y en un mes el nivel de LDL le subió por encima de los 100 mg/dl. Volvió a recuperar la memoria. (La pérdida de memoria es uno de los posibles efectos secundarios de los medicamentos que bajan el colesterol.)

Algunos investigadores sugieren que los médicos deben andarse con mucho cuidado al recetar estatinas a los ancianos, sobre todo si estos están débiles. Yo también opino lo mismo. He visto a personas delicadas debilitarse más todavía y ser mucho más propensas a contraer infecciones debido a las estatinas. En aquella época esto me sorprendió, pero ahora ya ha dejado de hacerlo. El colesterol juega un papel muy importante al ayudar a combatir las bacterias y las infecciones. Un estudio realizado con 100.000 participantes sanos en San Francisco a lo largo de quince años, reveló que las personas con valores bajos de colesterol eran mucho más propensas a ser hospitalizadas por enfermedades infecciosas.[3]

Muchos pacientes de esta índole me contaron que recuperaron la fuerza, la energía, el apetito y la vitalidad después de dejar de tomar estatinas. Era evidente que necesitaban su ración de colesterol.

Además de ser un cardiólogo titulado por el Colegio de Médicos, la nutrición siempre me ha interesado. He estado usando en mi profesión suplementos nutricionales desde principios de la década de 1980, sobre todo la coenzima Q_{10} (CoQ_{10}), un nutriente absolutamente vital producido por las células del cuerpo y la sustancia química principal que participa en la producción de la energía celular. La coenzima Q_{10} es esencial para el bombeo óptimo del corazón, el cual se ocupa de hacer circular la sangre. Y a principios de la década de 1990 descubrí algo que me hizo dejar de creer en las estatinas: dejaban al cuerpo sin la coenzima Q_{10}.

Ahora es un hecho muy conocido, pero en aquel tiempo no era así. Y me dio que pensar. ¿Cómo podían ser buenos esos medicamentos milagrosos que se veían como la solución para las enfermedades cardiacas si a la larga dejaban al cuerpo sin el nutriente del que el corazón dependía?

Incluso hoy día muchos médicos ignoran que los fármacos con estatinas bajan los niveles de CoQ_{10}. ¡Qué irónico que el medicamento recetado para reducir el riesgo de sufrir un infarto prive al corazón del combustible que necesita para funcionar bien! No es de extrañar que el uso de medicamentos con estatinas vaya en muchas ocasiones acompañado de fatiga, falta de energía y dolor muscular.

Salvo en el caso de los hombres blancos de mediana edad con un historial de enfermedades cardiacas, bajar el colesterol tiene para el resto de la población unos beneficios muy limitados.

Las estatinas solo empezaron a recetarse a mediados de la década de 1990, antes los médicos usaban otros fármacos para bajar el colesterol. Muchos estudios científicos se realizaron utilizando estos fármacos, y en 1996 la Oficina de Rendición de Cuentas del Gobierno de Estados Unidos evaluó estas pruebas en un informe titulado: «Tratamiento para el colesterol: análisis sobre las pruebas de los ensayos clínicos». El informe explicaba que aunque algunas pruebas hubieran demostrado un descenso en las muertes cardiovasculares (sobre todo en los participantes de los estudios con cardiopatías), también se había detectado el *aumento* correspondiente de muertes causadas por enfermedades de otro tipo. «Este descubrimiento sobre que el tratamiento para el colesterol no ha reducido la cantidad de muertes en general, ha preocupado a muchos investigadores y es la causa de la controversia generada por la política del colesterol», escribieron los autores del informe.

En el informe también era evidente que los que más se beneficiaban del descenso de los niveles de colesterol eran los hombres de mediana edad con una enfermedad cardiaca. «Los estudios se centraron sobre todo en hombres blancos de mediana edad con alto riesgo de sufrir enfermedades coronarias», afirmaba el informe. «Apenas tuvieron en cuenta a las mujeres, las minorías de ambos sexos y los ancianos.»

El informe se escribió hace más de una década y, sin embargo, sigue siendo evidente que salvo en el caso de los hombres blancos de mediana edad con un historial de enfermedades cardiacas, bajar el colesterol tiene para el resto de la población unos beneficios muy limitados. Con todo, los médicos siguen recetando medicamentos con estatinas a las mujeres y a los ancianos, y lo más chocante es que muchos están intentando poder recetarlas incluso a los niños.

En la actualidad, en lugar de creer a ciegas en el mito del colesterol me lo tomo con un gran escepticismo. Sigo recetando estatinas, pero solo de manera ocasional y casi exclusivamente a hombres de mediana edad que ya han sufrido un infarto, una intervención coronaria (por ejemplo, baipás, estent, angioplastia), o enfermedades coronarias.

He llegado a la conclusión de que el colesterol juega un papel muy pequeño en el desarrollo de enfermedades del corazón y que el efecto positivo de las estatinas apenas tiene que ver con su poder de bajar el colesterol. (Hablaremos de este tema con más profundidad en el capítulo 6, «El fraude de las estatinas»). Los medicamentos con estatinas son antiinflamatorios y su poder de reducir la inflamación es mucho más importante que su poder de bajar el colesterol. Pero se puede bajar la inflamación (y también el riesgo cardiovascular) con suplementos naturales, una dieta más saludable y cambios en el estilo de vida como, por ejemplo, aprender a manejar el estrés. Y lo mejor de todo es que ninguna de estas alternativas produce la creciente lista de síntomas preocupantes y de efectos secundarios asociados a las estatinas y al descenso del colesterol.

Como muertos vivientes

Curiosamente, pese a tomar caminos muy distintos, los dos llegamos a la misma conclusión. Y como es posible que te cueste aceptarla si el estamento del colesterol te ha hecho un lavado de cerebro —¿y a quién no se lo ha hecho?—, para que lo comprendas mejor hablaré antes del estudio que ya he citado: el estudio de Lyon sobre Dieta y Corazón.

A principios de la década de 1990 unos investigadores franceses decidieron realizar un experimento conocido como estudio de Lyon sobre Dieta y Corazón para ver los efectos que distintas dietas ejercían en las enfermedades cardiacas.[4]

Escogieron para el estudio a 605 hombres y mujeres muy proclives a sufrir infartos. Estos sujetos tenían todos los factores de riesgo habidos y por haber. Todos ellos habían sufrido un ataque al corazón. Sus niveles de colesterol estaban por las nubes, fumaban, comían comida basura, no hacían ejercicio y tenían altos niveles de estrés. Esta clase de personas eran para las compañías aseguradoras una auténtica pesadilla. Para serte sincero, eran «unos muertos vivientes».

Los investigadores dividieron a los participantes en dos grupos. Al primero le aconsejaron (un cardiólogo y un dietista se encargaron de darles las pautas en una sesión de una hora) seguir una dieta mediterránea rica en frutas y verduras frescas, cereales integrales, legumbres, frutos secos, grasas saludables como las del aceite de oliva, y marisco. El segundo grupo, el grupo de control, no recibió ningún consejo dietético de los investigadores, no obstante los médicos que les examinaron les aconsejaron seguir una *dieta prudente.*

Pero quizá te preguntes: ¿qué es una dieta prudente? Pues la dieta habitual (y como veremos, también de lo más inútil) que los médicos llevan aconsejando durante décadas: no consumir a diario más de un 30 por ciento de calorías procedentes de grasas, un 10 por ciento de grasas saturadas, y de 300 mg de colesterol (equivalente a dos huevos). ¿Y qué resultados dio el estudio?

De hecho, se interrumpió.

¿Por qué? Porque el descenso de infartos en el grupo que siguió la dieta mediterránea fue tan grande que los investigadores decidieron que no era ético seguir con él. Para ser exactos, en este grupo las muertes se redujeron un 70 por ciento, y las muertes por enfermedades cardiovasculares un asombroso 76 por ciento. Es más, las anginas de pecho, las embolias pulmonares, la insuficiencia cardiaca y los infartos cerebrales también se redujeron en gran medida. Los del grupo de la dieta mediterránea triunfaron a más no poder y en cambio los de la dieta prudente fracasaron estrepitosamente.

¿Y qué les pasó a sus niveles de colesterol? Seguramente pensarás que a los del grupo de la dieta mediterránea les bajaron en picado, porque solo unos pocos murieron de enfermedades cardiacas.

Hummm…, pues no fue así.

Sus niveles de colesterol *no bajaron.*

Te lo volveré a repetir: las muertes por enfermedades cardiacas se redujeron un 76 por ciento, sin embargo los niveles de colesterol no les bajaron ni un ápice. Ni los valores del colesterol *total* ni los del LDL (el colesterol «malo»). Tal vez creas que este descubrimiento hizo que el estamento del colesterol se tambaleara, ¿verdad?

¡Pues claro que no! La prestigiosa revista *New England Journal of Medicine* se negó a publicarlo. (Se acabó publicando en *The Lancet*, otra revista médica de gran reputación.) Nos imaginamos que no se publicó en el *New England Journal of Medicine* precisamente porque en ambos grupos, tanto el que obtuvo unos resultados tan buenos como el otro, los niveles de colesterol no cambiaron. El estamento médico americano está tan convencido de que el colesterol y las grasas son los causantes de las enfermedades cardiacas, que cualquier engorrosa evidencia de que no es así —y hay un montón de ellas como pronto descubrirás— les pone en la tesitura de tener que ignorarla o explicarla.

¿Hubo un descenso en las muertes por enfermedades cardiacas sin que les bajaran los niveles de colesterol?

¡No puede ser! Debe de haber sido un error.

Sí, había un error, pero no en el estudio. El error estaba en creer a ciegas que la clave se encuentra en el colesterol.

Un hecho molesto

¿Aún no estás convencido del todo? Volvamos a 2006, cuando finalizó un estudio sobre un medicamento, el ensayo clínico ENHANCE,[5] sobre el que corrieron ríos de tinta. Si en 2008 estabas al tanto de las noticias te acordarás de él, porque apareció en las portadas de los periódicos y en el telediario. Esto fue lo que ocurrió.

El Vytorin, un medicamento combinado que bajaba el colesterol, había sido objeto de una gran investigación. El resultado acababa de salir a la luz y no se veía con buenos ojos. La actitud tan negativa que despertaba se debía, entre otras muchas razones, a que las dos compañías que se habían asociado para crearlo (Merck y Schering-Plough, a partir de entonces se fusionaron) habían esperado casi dos años antes de sacarlo al mercado.

¡Era lógico! Los resultados eran escandalosos. Otra de las razones por las que el ensayo clínico sobre el medicamento había aparecido en las portadas de los periódicos.

Sí, el nuevo medicamento «maravilloso» bajaba el colesterol. De hecho, hasta lo bajaba *mejor* que los otros medicamentos habituales con estatinas. Pensarás que todo el mundo se puso loco de alegría, ¿verdad? Si bajaba el colesterol, las enfermedades cardiacas se reducirían y encima los accionistas, frotándose las manos, podrían celebrarlo por todo lo alto.

Hum... pero no fue exactamente así la cosa. Aunque los niveles de colesterol de los que tomaron Vytorin cayeran en picado, la placa arterial les aumentó *más* que a los que tomaron el medicamento clásico para el colesterol. La capa arterial acumulada de los que tomaron Vytorin se dobló, un resultado que sin duda no te alegras de conocer si lo que estás intentando es prevenir las enfermedades cardiacas.

Sus niveles de colesterol cayeron en picado, pero el riesgo cardiovascular se les disparó: lo cual me recuerda a: «La operación ha sido todo un éxito, pero el paciente ha muerto».

Hay un montón de otros ejemplos sobre los que hablaremos más adelante, pero por el momento me gustaría mencionar el estudio de Salud de las Enfermeras, uno de los estudios de mayor duración sobre dieta y enfermedades que se han realizado. Llevado a cabo por la Universidad de Harvard, participaron en él más de 120.000 mujeres desde la mitad de la década de 1970 para determinar cuáles eran los factores de riesgo relacionados con el cáncer y las enfermedades cardiacas.[6] En un análisis exhaustivo sobre 84.129 de esas mujeres, publicado en el *New England Journal of Medicine*,[7] se identificaron cinco factores que reducían significativamente el riesgo cardiovascular. En realidad, escribieron los autores: «El ochenta y dos por ciento de los episodios coronarios del estudio [...] se atribuyeron a no haberlos seguido (estos cinco factores)».

¿Estás listo para saber cuáles son?

1. No fumes.
2. Bebe alcohol con moderación.
3. Haz ejercicio moderado o vigoroso, al menos media hora al día.
4. Mantén un peso saludable (un IMC por debajo de 25).
5. Ingiere una dieta saludable hipoglucémica (baja en azúcares) rica en ácidos grasos omega 3 y en fibra.

¡Un momento! ¿No se han dejado algo? ¿Y qué hay del factor sobre bajar el colesterol?

¡Oh! Pues no está. Qué más da.

Pero por supuesto si promovieran estos consejos no ganarían los 30.000 millones de dólares anuales (la cantidad procedente de los descomunales beneficios que reportan los medicamentos con estatinas), y tomarse una pastilla es mucho más fácil que cambiar de estilo de vida, pero esto es lo que hay. El molesto hecho de que bajar el colesterol apenas *sirva* para prolongar la vida se ha ignorado olímpicamente porque a los que se embolsan el dinero les resulta mucho más rentable mantenerte en la ignorancia.

Como dijo el escritor Upton Sinclair: «Cuesta hacer que una persona entienda algo cuando su sueldo depende de que no lo entienda».

2

«¡El colesterol es inocuo!»

Hablemos ahora de ti un momento.

A no ser que seas adicto a la información, lo más probable es que estés leyendo este libro por un tema que te interesa. Deja que lo adivine: te preocupa el colesterol.

Quizás eres una mujer con valores de colesterol que se acercan a los 300 mg/dl y tu médico te ha leído la cartilla convencido de que si no te tomas un medicamento ahora mismo caerás fulminada por un infarto.

Tal vez eres un hombre de mediana edad que ya ha tenido un infarto y tu médico quiere que te tomes un fármaco para bajar el colesterol.

O a lo mejor eres un sexagenario en buena forma con valores de colesterol de 240 mg/dl y tu médico está «preocupado» por esta cifra.

Con todo, solo una persona de los casos hipotéticos que acabamos de citar debería tomar un medicamento para bajar el colesterol ¿Adivinas quién es? No te preocupes, cuando termines de leer este libro sabrás la respuesta y también muchas más cosas sobre el colesterol de las que saben la mayoría de los médicos. Y no lo decimos a la ligera, pues es la pura verdad.

EL COLESTEROL

El colesterol es una sustancia cerosa, técnicamente hablando es un *esterol*, es decir, un componente importante de las membranas de las células. La mayor parte de colesterol del cuerpo lo fabrica el hígado, y el resto lo absorbemos de la dieta que consumimos.

El colesterol es la materia prima esencial que tu cuerpo utiliza para fabricar vitamina D, hormonas sexuales —como los estrógenos, la progesterona y la testosterona—, y los ácidos biliares que necesita para el proceso digestivo. El colesterol es transportado en unas partículas llamadas lipoproteínas, y las más comunes son las de alta densidad (HDL) y las de baja densidad (LDL).

A continuación te presentamos las ideas convencionales sobre el colesterol que creemos son ya obsoletas.

¿QUÉ SON LAS HDL?

Vieja escuela

Las HDL se consideran el colesterol «bueno» porque ayudan a eliminar el colesterol «malo», las LDL. Al medirlo, los niveles de HDL deben ser lo más altos posibles, preferentemente 60 miligramos por decilitro de sangre (mg/dl) o por encima de esta cantidad. La vieja escuela cree que tener un peso saludable, hacer actividad física y seguir una dieta con grasas sanas como las del aceite de oliva, mantiene altos los niveles de HDL.

Nueva escuela

Las HDL las controla mucho más la genética que las LDL. AIM-HIGH, un estudio de 2011 realizado por los Institutos Nacionales de la Salud, reveló que subir las HDL no sirvió para protegerse de los infartos, los derrames cerebrales o la muerte. Y no todas las HDL son las mismas. Las partículas de HDL-2 son grandes, livianas y las que más nos protegen. En cambio, las partículas de HDL-3 son pequeñas, densas y pueden provocar inflamación. Las partículas de HDL-2 son antiinflamatorias y antiaterogénicas (la aterosclerosis es una dolencia en la que las paredes de las arterias se estrechan por la acumulación de depósitos adiposos llamados placa, inducidos por la inflamación, que impiden que la sangre fluya del corazón). Las partículas de HDL-3 apenas se conocen bien. Es mejor tener niveles más altos de HDL-2 que de HDL-3.

La «nueva escuela» está en general de acuerdo en que lo más conveniente es tener unos niveles más altos de HDL, pero las investigaciones se están concentrando en la *función* de las subclases de HDL en lugar de hacerlo en la del colesterol total. El doctor Daniel Rader, director de cardiología preventiva en la Universidad de Pensilvania, escribió en el *New England Journal of Medicine*: «Los últimos descubrimientos científicos han aumentado el interés por el concepto que evalúa la función de las HDL, en lugar de centrarse solo en sus niveles en la sangre, lo cual puede que sea más importante para calcular el riesgo cardiovascular y evaluar nuevas terapias dirigidas a las HDL».

¿QUÉ SON LAS LDL?

Vieja escuela

Las LDL son el colesterol «malo» porque pueden depositarse en las arterias y llegar a impedir la circulación de la sangre. Sus niveles deben mantenerse bajos. Los valores recomendados son de 100 a 129 mg/dl, por debajo de 100 para las personas con riesgo de sufrir un infarto, y por debajo de 70 para las que corren un gran riesgo de sufrir uno. La vieja escuela considera que una dieta demasiado rica en grasas saturadas, el sedentarismo y el sobrepeso suben los niveles de LDL.

Nueva escuela

No todas las LDL son lo mismo. Las moléculas de LDL-A, livianas y esponjosas, no son perjudiciales a no ser que las dañe la oxidación (un proceso causado por los radicales libres que permite que el colesterol forme las placas de ateroma). Las moléculas de LDL-B son pequeñas, duras y densas, y favorecen la aterosclerosis. Lo más beneficioso es el patrón de niveles altos de LDL-A. Los análisis de sangre actuales también miden la cantidad de partículas de LDL-A y de LDL-B.

Las partículas de colesterol más importantes de todas, en las que los análisis convencionales no se centran, son las Lp(a). Las Lp(a) son unas partículas muy pequeñas y sumamente inflamatorias que son trombogénicas (producen coágulos sanguíneos). El doctor Sinatra las llama «el lobo alfa» de las partículas de colesterol. En un cuerpo sano, unos niveles bajos de Lp(a) no constituyen ningún problema. Las Lp(a) circulan y se ocupan de reparar y restaurar los vasos sanguíneos dañados. Ahora bien, cuantas más reparaciones necesites en tus arterias, más Lp(a) utilizarás. Las Lp(a) se concentran en el lugar dañado, lo unen con un par de aminoácidos en la pared interior del vaso sanguíneo lesionado, vierten su cargamento de LDL y empiezan a favorecer la deposición de LDL oxidado en la pared de la arteria, con lo que la inflamación aumenta y acaba formándose la placa.

Las Lp(a) también favorecen la formación de coágulos sobre la placa recién formada, con lo que los vasos sanguíneos se estrechan todavía más.

CÓMO SE MIDE EL COLESTEROL
Vieja escuela
Un análisis de sangre clásico te indicará el nivel de colesterol total y los niveles de HDL y de LDL.

Nueva escuela
Los análisis más nuevos para medir el colesterol te indican la cantidad de LDL de tipo A y B que tienes (para más información, véase el capítulo 9). Te indican la *cantidad* de partículas de colesterol y también la de Lp(a), que son potencialmente peligrosas. Es la única información verdaderamente importante.

CONSEJOS DIETÉTICOS
Vieja escuela
Consume menos de 300 mg de colesterol diarios e ingiere menos de un 10 por ciento de calorías procedentes de grasas saturadas.

Nueva escuela
Según el Estudio Cardiológico de Framingham, las personas que consumían mucho colesterol en su dieta no tenían unos niveles más altos de colesterol en la sangre que los que no consumían tanto. El efecto del colesterol consumido sobre la sangre (suero) es muy variable y personal, y en la mayoría de las personas —aunque no en todas— la cantidad de

colesterol consumido en la dieta apenas afecta el nivel de colesterol en la sangre.

En cualquier caso, como el colesterol no es un factor de riesgo cardiovascular tan importante como se creía, no importa demasiado. Las grasas saturadas suben el colesterol, pero se trata del HDL, y, además, suben mucho más la parte buena del colesterol LDL (LDL-A) que la mala (LDL-B). No hay ninguna evidencia que demuestre una relación *directa* entre las grasas saturadas y las enfermedades cardiacas.

LA RELACIÓN CON LAS ENFERMEDADES CARDIACAS
Vieja escuela
Los niveles altos de colesterol son un factor de riesgo cardiovascular importante porque el colesterol se deposita en las arterias y puede llegar a bloquear la sangre que fluye del corazón.

Nueva escuela
El colesterol desempeña un papel menor en las enfermedades cardiacas y apenas es un predictor de infartos. Más de la mitad de los pacientes hospitalizados por infartos tienen niveles de colesterol absolutamente normales.

Además del hecho de preocuparte por tu colesterol, hay otras dos cosas que damos por supuestas. La primera es que no tiendes a seguir a ciegas los consejos sin antes documentarte. (Si lo hubieras hecho, te habrías limitado a seguir las instrucciones de tu médico y no estarías interesado en leer este libro.)

Y la segunda es que estamos seguros de que eres más listo que los lectores promedio.

Y lo estamos por la siguiente razón:

Para comprender el mito del colesterol y ver que ya no tiene ningún sentido seguir los consejos sanitarios que comporta, necesitas saber muchas más cosas sobre él de las que sabe una persona del montón. Pero leer —y comprender— toda la historia sobre el colesterol, como los mitos, las ideas falsas, las grandes mentiras y las prácticas médicas equivocadas, no es poca cosa. Exige más inteligencia, motivación y perseverancia que leer, por ejemplo, la última novela romántica que ha salido al mercado.

La historia sobre el colesterol no solo tiene que ver con la medicina y las investigaciones científicas, sino también con la política, la economía, la psicología y la sociología. Se compone de un elenco de personajes: desde el corrupto y el egoísta hasta el bienintencionado y el equivocado.

Está formada por héroes y villanos, por inconformistas y tradicionalistas, y todos ellos están metidos en una batalla que por desgracia tiene muy poco que ver con salvar vidas (aunque se iniciara con este fin). Implica ganar tremendas cantidades de dinero, políticas de publicación, la sociología del creer (por qué las ideas falsas siguen perdurando a pesar de ser obsoletas), y el amiguismo entre los comités consultivos del gobierno y las industrias que se supone que deben supervisar. (Por ejemplo, cuando el Programa Educativo Nacional sobre el Colesterol bajó los niveles «óptimos» de colesterol en 2004, ocho de los nueve miembros del comité tenían vínculos económicos con la industria farmacéutica, la mayoría de ellos con los fabricantes de medicamentos reductores del colesterol, con lo que obtendrían unos beneficios inmediatos de estas recomendaciones.)

> **Cuando el Programa Educativo Nacional sobre el Colesterol bajó los niveles «óptimos» de colesterol en 2004, ocho de los nueve miembros del comité tenían vínculos económicos con la industria farmacéutica.**

A estas alturas es evidente que ninguno de nosotros nos tragamos el mito sobre que bajar el colesterol es esencial para prevenir las enfermedades cardiacas. Pero ¿cómo empezó el mito? ¿Cómo llegaron el colesterol y las grasas saturadas a ser considerados los dos grandes males de las enfermedades del corazón?

Para responder a esta pregunta, necesitamos remontarnos a 1953, cuando Ancel Keys, un joven y ambicioso biólogo, propuso la innovadora teoría en aquella época de que las enfermedades cardiacas venían de un exceso de grasas en la dieta.

La aparición de la hipótesis sobre la dieta y el corazón

Cuesta imaginar que esta teoría fuera tan innovadora, dada la extensa aceptación de la que goza en la actualidad, pero en aquel tiempo se creía que la dieta tenía muy poco que ver con las enfermedades cardiacas. Sin embargo, Keys creyó haber descubierto lo que las provocaba.

Las investigaciones anteriores llevadas a cabo por científicos rusos habían revelado que al alimentar a los conejos con grandes cantidades de colesterol y diseccionarlos más tarde, sus arterias estaban llenas de placa de colesterol y además tenían un aspecto extraño, como el de las arterias de los sujetos que se morían a causa de cardiopatías. No importó el pequeño inconveniente de que los conejos fueran herbívoros. La cantidad de colesterol que ingieren en su dieta es prácticamente nula. Otros animales, como las ratas y los babuinos, *no* reaccionan de la misma forma que los conejos ante una dieta alta en colesterol y, además, lo metabolizan de un modo muy distinto. Hasta Keys vio que el colesterol en la dieta no era importante. En 1997 afirmó: «No hay ninguna relación entre el colesterol en la comida y el colesterol en la sangre. Y hemos descubierto que el colesterol consumido no es importante a no ser que seas un pollo o un conejo».

Sin embargo, la recomendación de no consumir «más de 300 mg de colesterol» diarios sigue siendo hasta el día de hoy el consejo de las organizaciones sanitarias más importantes, a pesar de que hasta los científicos que más ayudaron a popularizar la hipótesis de la dieta y el corazón creyeran que era absurdo.

Pese a los pequeños inconvenientes que indicaban lo contrario, para Keys el culpable de las enfermedades del corazón era el exceso de colesterol en la *sangre,* y no en la dieta.

La relación que decían que existía entre las grasas en la dieta y el colesterol en la sangre llevó a Keys a investigar el consumo de grasas y su conexión con las enfermedades cardiacas. Consultó la información de varios países sobre el consumo de grasas en la dieta y las enfermedades del corazón, y publicó los resultados en su famoso estudio sobre Siete Países, en el que supuestamente demostraba la evidente relación entre la cantidad de grasas consumidas y el índice de enfermedades cardiacas. Estos países que consumían la mayor cantidad de grasas también tenían el índice más alto de enfermedades cardiacas. Parece un caso resuelto en contra del consumo de grasas, ¿verdad?

Salvo por un detalle. Cuando Keys publicó los resultados de su estudio, disponía de la información sobre el consumo de grasas de veintidós países, pero solo usó la de siete. Al seleccionar los siete que coincidían con su hipótesis, logró «demostrar» la conexión directa que existía entre el consumo de grasas y las enfermedades cardiacas.

Pero el hecho de que Keys decidiera incluir solo siete países e ignorara el resto no pasó desapercibido. Muchos investigadores le criticaron por haber omitido la información que no coincidía con su hipótesis. Los investigadores analizaron la información de veintidós países y descubrieron que no existía ninguna relación entre las grasas, el colesterol y las enfermedades cardiacas.

Uno de los investigadores que cuestionó a Keys fue John Yudkin, un médico inglés de la Universidad de Londres. Descubrió que había países que a pesar de consumir la misma cantidad de grasas, tenían índices de enfermedades cardiacas mucho más bajos. Por ejemplo, Finlandia era uno de los países que Keys había utilizado para su hipótesis porque en este país había un elevado consumo de grasas per cápita y altos niveles de enfermedades cardiacas. Pero Yudkin descubrió que pese a consumir los habitantes de Alemania Occidental la misma cantidad de grasas, el índice de enfermedades cardiacas se triplicaba en Finlandia. Y la paradoja era incluso mayor en los Países Bajos y en Suiza, ya que aunque los holandeses y los suizos consumieran más grasas que los finlandeses, el índice de enfermedades cardiacas se triplicaba en Finlandia.

Yudkin realizó unos análisis mucho más completos sobre los factores dietéticos que Keys. Observó las grasas como un porcentaje de calorías. Y también tuvo en cuenta los distintos tipos de grasas. Incluso se fijó en el papel de los hidratos de carbono y las proteínas. Y la información mucho más completa de Yudkin en lugar de confirmar la hipótesis de Keys demostró que el factor dietético que más tenía que ver con las enfermedades cardiacas era —¡quién lo iba a decir!— el azúcar.

La información mucho más completa de Yudkin demostró que el factor dietético que más tenía que ver con las enfermedades cardiacas era —¡quién lo iba a decir!— el azúcar.

Volvamos a Keys. Resulta que Keys era un tipo muy listo y popular que acababa de meter la pata en el asunto del colesterol y las grasas. Pero tenía una gran ambición y ego. Conocido por su osadía y mordacidad, presentó su teoría sobre las grasas, el colesterol y las enfermedades del corazón a un distinguido público en 1954, cuando la Organización Mundial de la Salud (OMS) organizó la primera comisión de expertos sobre la patogénesis de la aterosclerosis. Henry Blackburn, uno de sus colaboradores veteranos, recordó que Keys se quedó asombrado de que sus ideas fueran puestas en duda. Uno de los participantes le pidió que citara la principal prueba en la que se fundaba su teoría sobre la dieta y el corazón, y Keys se vio en un aprieto, por decirlo de manera suave. «Ancel cayó en la trampa, se había equivocado», dijo Blackburn. «Citó la prueba, pero los presentes se la rebatieron. Tras recibir esta noqueada, se levantó como si nada y exclamó: «¡Estos tipos van a ver!», y luego planeó el estudio sobre Siete Países.[3]

El estudio sobre Siete Países[4] es el pilar de las recomendaciones actuales sobre el colesterol y las grasas y de la política oficial gubernamental, por eso vale la pena hablar de él. Keys analizó el consumo de grasas saturadas en siete países, y ¡quién lo iba a decir!, descubrió una relación entre las enfermedades cardiacas, los niveles de colesterol y las grasas saturadas, precisamente lo que quería encontrar.

Los siete países eran Italia, Grecia, la antigua Yugoslavia, los Países Bajos, Finlandia, Estados Unidos y Japón. Pero no pasó desapercibido que Keys hubiera elegido solo los países que coincidían con su hipótesis. De haber elegido otro grupo de países, también habría podido demostrar la hipótesis contraria.

De hecho, fue precisamente lo que el médico inglés Malcolm Kendrick, hizo. Usó la misma información de la que Keys disponía y descubrió rápidamente que si elegía los países que más le convenían, podía demostrar sin ningún problema que cuanto *mayor era el consumo de* grasas saturadas y de colesterol, *menor* era el riesgo cardiovascular.[5]

Previendo que los defensores de la hipótesis sobre el colesterol intentarían poner en duda su «prueba», Kendrick señaló que él había hecho exactamente lo mismo que Keys: seleccionar los países que más le convenían. «¿Es que no puedo elegir los países que yo quiera?», les respondió con sarcasmo. «¡No me parece justo, porque es precisamente lo que Keys ha hecho!»[6]

Seleccionar solo los países que demostraban esta teoría no era más que uno de los fallos del estudio sobre Siete Países. En estos países había, además, unas tremendas variaciones en la mortalidad cardiovascular, aunque consumieran la misma cantidad de grasas saturadas. Por ejemplo, en Finlandia tanto los habitantes de Turku como los de Karelia del Norte consumían la misma cantidad de grasas saturadas, pero la mortalidad cardiovascular se triplicaba en Karelia del Norte. Lo mismo ocurría en dos islas griegas, Creta y Corfú. La mortalidad cardiovascular era diecisiete veces más alta en Corfú que en Creta.[7]

¿Cómo explicaba Keys estos hechos con la información de la que disponía?

Fácil. Ignorándolos olímpicamente.

Keys era miembro del comité consultivo de nutrición de la Asociación Americana del Corazón, de modo que pese a los fallos en su estudio, logró que la Asociación Americana del Corazón incorporara oficialmente sus teorías a unas pautas dietéticas[8] que han estado influyendo durante décadas la política gubernamental sobre las enfermedades cardiacas, el consumo de grasas y el colesterol.

En aquel tiempo, las teorías de Keys sobre las grasas y el colesterol apenas se conocían fuera de los círculos científicos, y la lucha teórica entre los defensores de la hipótesis sobre el «azúcar» y los de la hipótesis sobre las «grasas» no era más que un intercambio de insultos en una torre de marfil a la que el público en general no tenía acceso. Pero todo esto iba a cambiar.

Y lo más curioso es que la persona que causaría de manera indirecta este cambio no sería un científico, sino un político llamado George McGovern.

La política de la ciencia

McGovern, presidente del Comité sobre Nutrición y Necesidades Humanas del Senado, fue quien cambió la política nacional sobre nutrición en su país. Y los miembros del Comité fueron los responsables de que la hipótesis sobre que el consumo de grasas causaba enfermedades cardiacas se transformara en un sólido dogma.

El comité dirigido por McGovern instituyó una serie maravillosa de programas federales de ayuda nutricional que marcaron un hito, pero su labor centrada en la desnutrición empezó a languidecer a mediados de la década de 1970. Los miembros del comité dirigido por MGovern, sobre todo Marshall Matz, consejero general, y Alan Stone, el director del equipo, ambos abogados, decidieron jugarse el todo por el todo y dedicarse al aspecto contrario, la *sobre*alimentación. «Fue algo casual», puntualizó Matz. «Éramos de lo más ingenuos, un puñado de tipos que pensaron: "¡Qué demonios! Vale más que digamos algo sobre este tema si no queremos vernos obligados a cerrar el negocio"».[9]

El comité escuchó durante dos días los testimonios de expertos en 1976 y luego le asignaron a Nick Mottern, un joven escritor, la tarea de ponerlos por escrito. El único problema era que Mottern no sabía ni jota de nutrición y salud y no había escrito nunca ningún ensayo científico que le pudiera servir de base. O sea, que hizo lo que cualquier joven escritor habría hecho en su lugar: recurrir a los expertos para que le echaran un cable.

Salvo que en esta ocasión Mottern no recurrió a los «expertos», sino a uno en *particular*, Mark Hegsted, un nutricionista de Harvard, y se basó casi de manera exclusiva en la interpretación del testimonio de este, y también en sus recomendaciones personales.

Hegsted creía fervientemente en la nueva teoría sobre que las dietas bajas en grasas ayudaban a prevenir las enfermedades cardiacas y que las grasas y el colesterol eran lo peor de lo peor.

QUÉ DEBES SABER

- La teoría sobre que las grasas y el colesterol provocan enfermedades cardiacas se empezó a aceptar a pesar de las pruebas que indicaban lo contrario. Pruebas que merecen que se las vuelva a examinar. El caso tendría que reabrirse.
- Muchos médicos no estuvieron de acuerdo con el mito del colesterol y cuestionaron la ciencia en la que se basaba.
- Más tarde se descubrió que los estudios en los que se basaba el mito del colesterol carecían de fundamento.
- La política ha jugado un papel importante en la adopción del mito del colesterol por parte de las organizaciones sanitarias más importantes y del gobierno.

¡Ay!

De modo que Mottern redactó las recomendaciones del comité respaldado por Hegsted como máxima autoridad científica: no consumir más de un 30 por ciento de calorías procedentes de grasas, ni más de un 10 por ciento de calorías procedentes de grasas saturadas, y en 1977 el comité se disolvió. Pero justo en ese momento Carol Tucker Foreman, que acababa de ser contratada como auxiliar administrativa en el Departamento de Agricultura de Estados Unidos (USDA), decidió que el USDA debía hacer algo con estas recomendaciones. ¡Como convertirlas en una política oficial! El único problema era que necesitaban a un científico conocido que las avalara.

De acuerdo. Foreman no era una experta en la materia, pero se aseguró de recurrir a un par de científicos muy buenos. Fue a ver a Philip Handler, presidente de la Academia Nacional de Ciencias (NAS), un distinguido experto en metabolismo humano.

¿Quieres saber lo que él le dijo?

Le dijo que los objetivos dietéticos en contra de las grasas que Mottern había escrito eran totalmente absurdos.

¡Caramba!

Foreman hizo entonces lo que otros buenos funcionarios habrían hecho de no haberles gustado el consejo recibido. Fue a ver a otro experto.

¿Adivinas a quién?

Hegsted. El campeón de los planes nutricionales bajos en grasas y en colesterol que prácticamente había redactado las pautas dietéticas.

Como era de esperar, Hegsted tenía una opinión muy distinta de la de Handler. Así que con su apoyo como autoridad científica, el USDA publicó *Using the Dietary Guideliness for Americans*, un manifiesto a favor de las dietas bajas en grasas y en colesterol que tenía la misma actitud en contra de las grasas y el colesterol que la del documento de Mottern-Hegsted, basado en los testimonios de los expertos elegidos por el comité McGovern.

Lo que ocurrió a continuación hace que las puñaladas traperas del programa *Supervivientes* parezcan un juego de niños.

Los miembros de la Academia Nacional de Nutrición y Ciencias de la Alimentación al no estar de acuerdo con el informe del USDA, publicaron sus propias pautas dietéticas en *Toward Healthful Diets*. Según el *Reader's Digest*, esta es la versión condensada de lo que ponía: «No te preocupes por las grasas».

Esta afirmación contradecía el informe del USDA, que recomendaba un consumo de grasas muy concreto: no ingerir más de un 30 por ciento de calorías procedentes de grasas, ni más de un 10 por ciento procedentes de grasas saturadas.

El USDA no recibió este bofetón quedándose de brazos cruzados y filtró unos informes en la prensa diciendo que el presidente de la Academia Nacional de Nutrición y Ciencias de la Alimentación y uno de sus miembros tenían vínculos económicos con la industria alimentaria, como si esto bastara para explicar por qué todos los miembros del equipo no habían aprobado las recomendaciones del USDA sobre evitar el consumo de grasas. Los de las industrias cárnicas y lácteas pusieron el grito en el cielo y ejercieron una gran presión en contra de las recomendaciones del USDA, sosteniendo que carecían de fundamento científico. Pero la suerte estaba echada. En el clima político de aquella época, los ganaderos potentados eran como los tipos de la industria del tabaco que también se habían subido por las paredes cuando los cigarrillos fueron cuestionados por ser perjudiciales para la salud. Mientras tanto, los de la industria de los cereales se pusieron, como te imaginarás, de lo más contentos.

La controversia fue un verdadero festín para los medios de comunicación, y la prensa se metió con la Academia Nacional de Nutrición y Ciencias de la Alimentación (NAS). Jane Brody, la apologista que representaba al ciudadano americano medio y que llevaba décadas escribiendo sobre alimentos y nutrición en *The New York Times*, acusó al equipo de miembros de la NAS «de estar conchabados con las industrias perjudicadas».[10] Y como las dos partes implicadas se jugaban enormes cantidades de dinero, el debate entre la industria de carne vacuna y la de cereales no fue un modelo de objetividad científica, sino más bien una cuestión de imagen y de relaciones públicas: a los ganaderos potentados se les representó como unos tipos poco sanos que hacían proselitismo, y a los cultivadores de cereales como los «buenos de la película» que apoyaban la ciencia, la salud, la granola y el bienestar de los americanos. Los cereales ricos en carbohidratos y bajos en grasas se convirtieron en el nuevo alimento saludable, en cambio la carne rica en grasas se vio como un veneno fomentado por los codiciosos ganaderos a los que tanto les daba la salud de los americanos. Básicamente, el movimiento en contra de las grasas no surgió de la ciencia, sino que fue un movimiento popular avivado por la desconfianza que despertaba la «clase dirigente»: los gigantes de la industria alimentaria, la industria farmacéutica y la industria ganadera. También lo alimentó la tendencia contracultural en contra del consumo excesivo, representado en este caso por grandes bistecs grasosos, bacon y huevos.

Todos sabemos quiénes ganaron esta batalla de relaciones públicas.

¿Crees que es una casualidad que las epidemias de la obesidad y la diabetes se propagaran en la época en que empezamos a adoptar una dieta baja en grasas y rica en carbohidratos como alternativa a la que contenía más grasas y proteínas? Nosotros no creemos que lo sea.

El fenómeno Snackwell

Los alimentos bajos en grasas se habían convertido en el nuevo mantra de aquella época, en algo a lo que nos gusta llamar el «fenómeno Snackwell». Las compañías de alimentos se apresuraron a crear versiones bajas en grasas de cualquier producto imaginable, etiquetándolos de «cardiosaludables» y sin colesterol. (Nadie pareció advertir que los fabricantes *reemplazaron* las grasas de las que carecían los productos por toneladas de azúcares y carbohidratos procesados cuando ambos son muchísimo más peligrosos para el corazón de lo que las grasas lo han sido.)

La mantequilla fue demonizada y reemplazada por la margarina, uno de los sustitutos más estúpidos que yo recuerde. Solo mucho más tarde descubrimos que la margarina, que supuestamente era más saludable que la mantequilla, estaba llena de grasas trans, una clase de grasas malísimas para la salud creadas con una especie de jeringa para inyectar átomos de hidrógeno a grasas líquidas (insaturadas) para solidificarlas y prolongar su conservación. (Cuando leas en la lista de ingredientes «aceite parcialmente hidrogenado» o «aceite hidrogenado», significa que este producto contiene grasas trans.) Las grasas trans, al menos las manufacturadas, a diferencia de las grasas saturadas de alimentos naturales como la mantequilla, ¡*aumentan* el riesgo de sufrir enfermedades cardiacas y derrames cerebrales!

Cerca del 80 por ciento de grasas trans de la dieta americana procede de aceites vegetales parcialmente hidrogenados.[11] Sin embargo, los aceites vegetales se promovieron a más no poder (y se sigue haciendo) como una alternativa sana a las grasas saturadas, aunque la mayoría de estos aceites estén sumamente procesados, fomenten la inflamación y se alteren fácilmente al reutilizarlos una y otra vez, lo cual suele hacerse en muchos restaurantes.

¿Crees que es una casualidad que las epidemias de la obesidad y la diabetes se propagaran en la época en que empezamos a adoptar una dieta baja en grasas y rica en carbohidratos como alternativa a la que contenía más grasas y proteínas? Nosotros no creemos que lo sea.

Pero a estas alturas las grasas y, por extensión, el colesterol se habían convertido en el nuevo coco de la dieta americana; solo los defendían quienes habían apostado por ellas (por ejemplo, las industrias lácteas y cárnicas), y los productos bajos en grasas eran la nueva religión de las masas. Ahora le tocaba a la ciencia ponerse al día. Los Institutos Nacionales de la Salud (NIH) financiaron media docena de estudios que se publicaron entre 1980 y 1984, esperando encontrar pruebas convincentes de que las dietas bajas en grasas prolongaban la vida.

¿Lo hacían?

Pues no exactamente.

Vayamos a los hechos

Los cuatro primeros de los estudios citados comparaban los índices de las enfermedades del corazón con las dietas de cuatro ciudades: Honolulú, Puerto Rico, Chicago y Framingham, la que se volvería más famosa, en Massachusetts. En ninguno de estos estudios apareció ni una sola prueba de que las personas que ingerían dietas bajas en grasas vivieran más años o tuvieran menos infartos que las que seguían una dieta rica en grasas.

El quinto estudio, llamado MRFIT, fue una investigación que costó 115 millones de dólares y en la que participaron veintiocho centros médicos y 250 investigadores. En el estudio MRFIT se realizó un seguimiento a 360.000 varones de entre 35 y 57 años de dieciocho ciudades americanas entre 1973 y 1977, y más tarde a 13.000 hombres sanos de mediana edad considerados muy proclives a desarrollar enfermedades cardiacas. Estos 13.000 participantes varones fueron asignados al azar a uno de los dos grupos. Los del grupo de control no recibieron ninguna instrucción sobre la dieta o el estilo de vida, solo siguieron con la asistencia médica general de sus doctores. En cambio, a los del grupo de intervención se les pidió sobre todo que evitaran consumir grasas, que dejaran de fumar y que hicieran ejercicio para que les bajara la tensión arterial.

Tras realizar el seguimiento durante siete años, se descubrió que los del grupo de intervención tenían la tensión y el colesterol un poco más bajos que los del grupo de control, pero no hubo *ninguna diferencia* en la mortalidad cardiovascular ni en la mortalidad por cualquier causa (un término científico para referirse a la «cantidad total de muertes sea por la causa que sea»). En el grupo de intervención hubo

17,9 muertes por enfermedades cardiovasculares por cada mil hombres, y en el grupo de control 19,3 muertes, una diferencia que no llega a lo que los investigadores llaman una *cifra importante estadísticamente*, refiriéndose a que seguramente esta pequeña diferencia era fruto de la casualidad.[12]

Además, la información acerca de las muertes por cualquier causa era preocupante. De hecho, ¡había habido *más* muertes por cualquier causa en el grupo de intervención que en el grupo de control! Recuerda que queremos evitar las enfermedades del corazón para poder vivir más años, y evitarlas no es ninguna victoria si nos morimos prematuramente de alguna otra enfermedad.

Los científicos describieron los resultados de «decepcionantes». El único descenso *real* en la mortalidad total se apreció en las personas que dejaron de fumar, fueran del grupo que fueran.[13]

Sacando una conclusión equivocada

Vale la pena citar el sexto de los estudios financiados por los NIH, el ensayo clínico sobre los Lípidos para la Prevención Coronaria Primaria (LRC-CPPT), iniciado en 1973, ya que los investigadores hicieron un interesante acto de fe sin basarse prácticamente en ninguna prueba. Pero ese acto de fe se convirtió en el pilar de la política en contra de las grasas durante las siguientes décadas. Esto es lo que sucedió.

Los investigadores del Instituto Nacional del Corazón, los Pulmones y la Sangre midieron el colesterol en casi la tercera parte de un millón de varones de mediana edad y eligieron para el estudio solo a los que tenían los niveles más altos de colesterol (cerca de 4.000 hombres). A la mitad de los participantes les dieron un nuevo fármaco para bajar el colesterol (colestiramina), y a la otra mitad, un placebo. El medicamento les bajó los niveles de colesterol a los que los tenían demasiado altos y redujo moderadamente los índices de mortalidad por cardiopatías. (La probabilidad de sufrir un infarto en los siete u ocho años que duró el estudio era del 8,6 por ciento en el grupo placebo y del 7 por ciento en el grupo tratado con colestiramina, y la probabilidad de morir de un infarto bajó del 2 al 1,6 por ciento, lo cual no se puede decir que sea una cifra alucinante.[14])

LO QUE REVELÓ EL ESTUDIO CARDIOLÓGICO DE FRAMINGHAM

Uno de los estudios que más suelen citar los defensores de la teoría sobre el colesterol es el estudio Cardiológico de Framingham. Esta investigación de larga duración iniciada en 1948 estuvo siguiendo las enfermedades cardiacas de más de 5.000 residentes de Framingham, Massachusetts. Después de dieciséis años de seguimiento, los investigadores afirmaron haber encontrado una correlación directa entre las enfermedades cardiacas y los niveles de colesterol.

Pero los detalles son importantes, porque el grupo de los residentes de Framingham que había desarrollado enfermedades cardiacas y el grupo de los residentes de Framingham que no las había desarrollado tenían los mismos niveles de colesterol. De hecho, los niveles promedios de colesterol del grupo aquejado de cardiopatías solo eran un 11 por cientos más altos que los del grupo *sin* cardiopatías. Los varones con niveles de colesterol de tan solo 150 mg/dl también sufrían enfermedades cardiovasculares. Los niveles bajos de colesterol, según el estudio, apenas garantizaban que uno tuviera un corazón sano.

Y lo que es mejor aún (o peor, depende de tu postura): cuando los investigadores consultaron la información de Framingham treinta años después del inicio del proyecto, descubrieron que en cuanto los hombres superaban los 47 años de edad, no importaba en lo más mínimo si tenían el colesterol bajo o alto.[15] Los varones de 48 años con el colesterol alto vivían los mismos años, o incluso *más*, que los que tenían el colesterol bajo. Si el nivel de colesterol solo es importante para la relativamente pequeña cantidad de hombres que han sufrido un infarto antes de los 48 años, ¿por qué el resto nos preocupamos por los alimentos ricos en grasas y los niveles del colesterol?

La respuesta es importante, ya que en 1992, cuarenta y cuatro años después del inicio del proyecto de Framingham, el doctor en medicina William Castelli, director del estudio, escribió lo siguiente en un editorial del *Archives of Internal Medicine*:

«En Framingham, Massachusetts, cuantas *más* grasas saturadas, *más* colesterol y *más* calorías consumía una persona, más bajo era su colesterol sérico [...] descubrimos que los sujetos que *más* colesterol, *más* grasas saturadas y *más* calorías consumían, eran los que menos kilos pesaban y los más activos físicamente (la cursiva la hemos añadido nosotros)».[16]

De acuerdo, el colesterol les baja, las enfermedades del corazón se reducen un pelín y los investigadores ya concluyen que bajar el colesterol reduce el riesgo cardiovascular. Pero no te olvides de que se trataba de un estudio sobre un *medicamento* y no sobre una *dieta*. Los investigaciones hicieron un enorme acto de fe al asumir que si bajar el colesterol era «bueno» (es decir, reducía el riesgo cardiovascular), no importaba demasiado *cómo se bajara*. Bajarlo con la dieta debería producir los mismos «buenos» resultados (si se le puede llamar así al minúsculo descenso de enfermedades cardiacas que pudo o no estar relacionado con la bajada del colesterol). El acto de fe de los investigadores consistió en que se debían recomendar las dietas bajas en grasas porque producirían los mismos resultados que el medicamento: el colesterol bajaría y a partir de entonces todo el mundo estaría feliz y contento.

Pero los medicamentos suelen tener muchos efectos secundarios, además del principal para el que han sido creados. (No te olvides que la Viagra se fabricó al principio como un medicamento ¡para bajar la presión arterial!) El fármaco usado en el LRC-CPPT también podría haber producido algunos efectos secundarios beneficiosos, como por ejemplo, reducir la inflamación. Suponer que bajar el colesterol con una dieta baja en grasas produciría los mismos efectos que bajarlo con un medicamento multifacético que pudo haber ejercido unos efectos beneficiosos inesperados, fue un absoluto acto de fe que les llevó a recomendar sistemáticamente una dieta baja en grasas para prevenir las enfermedades cardiacas.

Aunque ese mismo año, los NIH convocaron una «conferencia de consenso» para justificar el LRC-CPPT y las recomendaciones dietéticas basadas en él, aquello no fue más que un consenso. Varios expertos señalaron los importantes fallos de los estudios e incluso pusieron en duda que se hubieran hecho con precisión. Pero esto no aparece en el informe final, al contrario, en él parece que todo el mundo, dando el visto bueno, se hubiera subido al carro de una dieta baja en grasas.

Bueno, no todo el mundo.

¿Un consenso? No exactamente

George Mann, profesor adjunto de bioquímica en la Facultad de Medicina de la Universidad de Vanderbilt, un científico que había participado en el Estudio Cardiológico de Framingham, era una de las personas que no estuvieron de acuerdo.

La idea sobre el colesterol y las enfermedades del corazón es el «mayor fraude» en la historia de la medicina, dijo. «[Los investigadores] han convocado varias conferencias de prensa para alardear de este avance tan catastrófico, el cual, afirman los directores del estudio, muestra que bajar el colesterol reduce la frecuencia de las enfermedades coronarias. Han manipulado la información para sacar conclusiones falsas».[17]

Mann también declaró que los directores de los Institutos Nacionales de la Salud «habían utilizado el despliegue publicitario propio de la Avenida Madison para vender el estudio fallido como los publicistas cuando nos intentan vender un desodorante».[18]

Michael Oliver, cardiólogo inglés de gran prestigio, coincide en ello al afirmar: «Seleccionaron al equipo [...] para que solo incluyera a expertos que dijesen que [...] los niveles de colesterol en Estados Unidos eran demasiado altos y que debían bajar. Y por supuesto, esto fue exactamente lo que se dijo».[19]

Sin embargo, las voces discrepantes se toparon con un absoluto silencio como respuesta. En el informe final el comité dejó claro, con una pedante certeza, que las dietas bajas en grasas ayudarían de manera significativa a hombres, mujeres y niños de más de 2 años de edad a protegerse de las enfermedades coronarias. «Las pruebas justifican [...] la reducción de calorías procedentes de grasas [...] al 30 por ciento, y la de calorías procedentes de grasas saturadas al 10 por ciento o a una cifra menor, y además el consumo de colesterol no debe superar los 250 o 300 mg diarios», declararon.[20]

Como el doctor Phil podría preguntar: «¿Y a ti te funciona?»

El estudio que intentaba responder a esta pregunta hipotética era Iniciativa para la Salud de las Mujeres, el mismo programa que había sugerido que la terapia hormonal después de la menopausia tenía más riesgos que beneficios. En este estudio de los Institutos Nacionales de la Salud, que costó 415 millones de dólares, participaron cerca de 49.000 personas de 50 a 79 años, que fueron objeto de un seguimiento durante ocho años para intentar responder a esta pregunta: «¿Las dietas bajas en grasas reducen el riesgo de sufrir enfermedades cardiacas o cáncer?»[21]

Obtuvieron la respuesta.

«El mayor estudio que se ha realizado jamás para averiguar si las dietas bajas en grases reducen el riesgo de sufrir cáncer o enfermedades cardiacas reveló que la dieta no influye en ello», publicaba *The New York Times* en 2006.[22]

«Estos estudios son revolucionarios», dijo Jules Hirsch, médico jefe emérito en la Universidad Rockefeller de la ciudad de Nueva York y experto en cómo las dietas influyen en el peso y la salud. Los estudios «deberían frenar esta mentalidad de creer que tenemos toda la información necesaria para cambiar la dieta nacional y hacer que todo el mundo esté sano».[23]

Por supuesto, ninguno de estos cuestionables descubrimientos frenó el movimiento gigantesco de bajar el colesterol al reducir el consumo de grasas que adquirió su máxima fuerza a finales de la década de 1970 y que perdura hasta el día de hoy, aunque magullado y apaleado. Y hay que decir en favor de los investigadores, que a pesar de estar equivocados, deseaban bajar los niveles de colesterol con la mejor intención del mundo, convencidos de verdad de que con este método reducirían las enfermedades cardiacas. Como el doctor en medicina Dwight Lundell, autor de *The Cure for Heart Disease*, dijo irónicamente: «Habían agarrado al toro por los cuernos, pero era el toro equivocado».[24]

Cuando nos reunimos por primera vez para hablar de este proyecto, Steve trajo una serie de artículos de uno de los científicos más respetados del mundo, Michel de Lorgeril, cardiólogo e investigador francés en el prestigioso Centro Nacional para la Investigación Científica, la mayor organización pública para la investigación científica de Francia.

De Lorgeril ha escrito docenas de artículos revisados en diarios por expertos, y fue el principal investigador del estudio de Lyon sobre Dieta y Corazón. La siguiente cita procede de su único libro escrito en inglés y es la forma perfecta de concluir este capítulo:

«Se puede resumir [...] en una frase: ¡*El colesterol es inocuo!* (la cursiva la hemos añadido nosotros)».[25]

La inflamación: la verdadera causa de las enfermedades cardiacas

Si el colesterol no es el culpable de las enfermedades cardiacas, ¿qué las causa?

Como sabemos que ya no puedes esperar más, aquí tienes en pocas palabras la respuesta: la causa principal de las enfermedades cardiacas es *la inflamación*.

El tema de la inflamación irá apareciendo a lo largo de este libro por unas razones que dentro de poco conocerás, pero lo primero que debes saber sobre ella es que hay dos clases de inflamación. Seguramente ya conoces una, pero la otra, la menos conocida, es la culpable de las enfermedades cardiacas.

Te lo explicaremos.

Casi todos hemos experimentado una inflamación *aguda*. Sucede cada vez que te das un golpe en el dedo del pie o en la rodilla, o te clavas una astilla en un dedo. Cuando te quejas de dolor de espalda, de un flemón en la boca o de una irritación en la piel, significa que tienes una inflamación aguda. Es visible y molesta, y a veces incluso muy dolorosa. Tu piel está enrojecida por la sangre que se dirige a las zonas afectadas. La hinchazón está causada por un ejército de células especializadas (con nombres como *fagocitos* y *linfocitos*) enviado por el sistema inmunitario para reparar el área lesionada. (La labor de estas células activadas por el sistema inmunitario es rodear la parte lesionada y neutralizar a los perniciosos invasores, como los microbios, para evitar que se propague una posible infección. La hinchazón, el enrojecimiento de la piel y el malestar que sientes vienen de la inflamación aguda y van unidos al proceso de curación.

Todos estamos familiarizados con la inflamación aguda, la mayoría la hemos padecido en nuestra propia carne. Sin embargo, la *otra* clase de inflamación, la inflamación *crónica*, es otra historia.

La inflamación aguda duele, pero la inflamación crónica mata.

Por qué debes preocuparte por la inflamación crónica y no por el colesterol

La inflamación crónica pasa desapercibida. Es como la hipertensión, no tiene síntomas evidentes. Con todo, la inflamación crónica es un componente importante de prácticamente cualquier trastorno degenerativo, como el alzhéimer, la diabetes, la obesidad, la artritis, el cáncer, las enfermedades neurodegenerativas, la enfermedad crónica del aparato respiratorio inferior, la gripe, la neumonía, las enfermedades hepáticas y renales crónicas y, sobre todo, las cardiopatías.

UNA FORMA MEJOR DE PREDECIR LAS ENFERMEDADES CARDIACAS

¿Quieres un sistema mucho mejor para saber si corres riesgo de sufrir enfermedades cardiacas? Observa estos dos elementos de tu análisis de sangre: los triglicéridos y las HDL (el llamado colesterol «bueno»).

Si te atreves a hacer un poco de matemáticas, calcula tu proporción de triglicéridos con respecto a tu HDL. Si, por ejemplo, tus niveles de triglicéridos son 150 mg/dl y los de HDL, 50 mg/dl, tienes una proporción de 3 (150:50). Si tus niveles de triglicéridos son 100 mg/dl y los de HDL, 50 mg/dl, tienes una proporción de 2 (100:50).

Esta proporción te ayuda a predecir las enfermedades cardiacas mejor de lo que el colesterol lo ha hecho nunca. En un estudio de la Universidad de Harvard publicado en *Circulation*, una revista de la Asociación Americana del Corazón, los que presentaban la proporción más alta de triglicéridos en cuanto al HDL, tenían por increíble que parezca dieciséis veces más riego de desarrollar enfermedades cardiacas que los de las proporciones más bajas.[1] Si tienes una proporción de 2, alégrate sean cuales sean tus niveles de colesterol. (Sin embargo, una proporción de 5 es problemática.)

Cuando existe una inflamación crónica sin tratar en el sistema cardiovascular, normalmente representa un gran problema para el corazón.

Y la inflamación pocas veces es un fenómeno local. Por ejemplo, las mujeres con artritis reumatoide, una enfermedad sumamente inflamatoria que afecta sobre todo las articulaciones, tienen dos veces más probabilidades de sufrir un infarto que las que no la padecen. Los microbios que causan problemas en una parte del cuerpo pueden fácilmente emigrar a otras zonas y causar allí daño inflamatorio. Por ejemplo, una infección en las encías puede fácilmente hacer que las bacterias penetren en el torrente sanguíneo, y estas podrían encontrar un terreno fértil en una pared arterial debilitada y favorecer una inflamación en este lugar.

¿Cómo se produce la inflamación exactamente?, y lo que es más importante, ¿qué podemos hacer al respecto?

Oxidación: la iniciadora de la inflamación

En *The Most Effective Ways to Live Longer* el doctor Jonny Bowden nos presenta el concepto de los «Cuatro Jinetes del Envejecimiento». Estos cuatro jinetes contribuyen en gran medida a las enfermedades cardiacas y en las siguientes páginas hablaremos de ellos. Pero para los que queráis saber *ahora mismo* quiénes son, aquí los tenéis: la oxidación, la inflamación, el azúcar y el estrés. En este capítulo nos centraremos en los dos primeros.

Una de las principales iniciadoras de la inflamación es la oxidación. Si has visto alguna vez un metal herrumbrado, significa que estás familiarizado con la oxidación (se conoce también como *daño oxidati-*

vo), aunque no conocieras su nombre técnico. También estás familiarizado con ella si alguna vez en un picnic has dejado una manzana cortada sobre la mesa, expuesta al aire libre. Seguro que se puso de color marrón, ¿verdad? *Esto* es el daño oxidativo.

Para los que no recordéis las clases de química del instituto (o hayáis preferido olvidarlas, algo muy comprensible), los electrones se desplazan en pares y orbitan alrededor de los átomos. De vez en cuando uno de estos electrones se «separa» de su pareja y entonces es cuando empieza el caos. El electrón desparejado —conocido como *radical libre*— empieza a dar vueltas como un pollo decapitado intentando encontrar su cabeza. Los radicales libres son como universitarios en primavera: liberados temporalmente de las restricciones de los dormitorios universitarios, básicamente ¡se vuelven locos e intentan «emparejarse» con cualquiera! Los radicales libres «golpean» a diario a miles de pares de electrones estables, intentando encontrar un electrón con el que emparejarse y, mientras tanto, causan un daño enorme a las células y al ADN.

Los radicales libres procedentes del oxígeno (conocidos lógicamente como *radicales libres del oxígeno*) son los más letales y perjudiciales. (Ahora sabes lo que la palabra «antioxidantes» significa: son una clase de sustancias, como ciertas vitaminas, minerales y muchos fitoquímicos, que ayudan a neutralizar los radicales libres, impregnándolos como si fueran esponjitas, limitando con ello el daño que le puedan hacer a nuestro cuerpo. La razón por la que los trozos de manzana no se ponen marrones cuando los rociamos enseguida con limón es porque el jugo del limón contiene una gran cantidad de vitamina C, un poderoso antioxidante.)

Los radicales libres son tan importantes que a mediados de la década de 1950 el científico Denham Harman, creó una teoría llamada la Teoría de los Radicales Libres del Envejecimiento, que sigue siendo popular hasta el día de hoy.[2] En ella básicamente propone que el envejecimiento es una especie de «oxidación interna» debida sobre todo a los daños causados por los radicales libres del oxígeno.

Pues bien, no te olvides de ello. Volveremos a tratar este tema más adelante. Pero antes me gustaría hablar de las arterias, en concreto de las paredes arteriales, porque allí es donde empieza el daño.

Donde se inicia el daño: el endotelio

Las paredes arteriales no son duras ni firmes, sino que se componen de músculos lisos que se expanden y contraen como acordeoncitos: responden al ritmo del corazón y se adaptan al latir de la sangre. Estas arterias no son un sistema estático de tubos y conductos, sino un órgano vivo y elástico *muy* dinámico. Y la «interfaz», por así llamarla, la capa más interior de las paredes arteriales, entre la sangre que circula por las arterias y las paredes que la contienen, juega un papel esencial en este pequeño drama. Esta laminilla se denomina *endotelio*, y es donde empieza el daño que puede acabar provocando un infarto.

QUÉ DEBES SABER

- El colesterol es la molécula de la que se originan las hormonas sexuales (estrógenos, progesterona y testosterona), la vitamina D y los ácidos biliares necesarios para la digestión.
- El colesterol solo es un problema cuando se *oxida* (daña).
- El colesterol LDL dañado o oxidado se adhiere a la pared de las arterias e inicia el proceso inflamatorio.
- La verdadera causa de las enfermedades cardiacas es la inflamación.
- La inflamación se inicia con el daño producido por los radicales libres (estrés oxidativo).
- El concepto de colesterol «bueno» y colesterol «malo» se ha quedado obsoleto.
- Hay varios tipos de colesterol LDL («malo») y varios tipos de colesterol HDL («bueno»).
- Es mucho más importante saber si tienes un perfil de colesterol LDL de patrón A o de patrón B que saber la cantidad total de LDL.
- Unos niveles de colesterol de 160 mg/dl o menores se han asociado a las depresiones, la agresividad, las hemorragias cerebrales y la pérdida del deseo sexual.

SOLO PARA LOS LECTORES MASCULINOS
Advertencia para los hombres: la disfunción endotelial tiene el mismo acrónimo (DE) que la disfunción eréctil, y de hecho ambos trastornos están relacionados. Mark Houston, amigo nuestro, director del Instituto de la Hipertensión y profesor adjunto de medicina en la Universidad de Vanderbilt, comentó con ironía: «Nunca he visto un caso de DE (disfunción eréctil) que no estuviera ligado a uno de DE (disfunción endotelial)».

En resumidas cuentas: el buen funcionamiento del endotelio es esencial para el corazón... ¡y para otra cosa!

Endotelio, sí, una gran palabra que pese a no salir demasiado en las conversaciones sobre enfermedades del corazón mantenidas en las fiestas, es uno de los lugares más importantes de las arterias que debes conocer porque *ahí* es donde la lesión comienza. El endotelio solo tiene el grosor de una célula, pero en este lugar se lleva a cabo una tremenda cantidad de actividad bioquímica. Incluso se le ha dado un nombre al estado patológico en el que la capa más interior deja de funcionar adecuadamente: *disfunción endotelial*, y esta patología juega un papel clave en el desarrollo de las enfermedades del corazón.

De acuerdo, te hemos presentado dos conceptos importantes —el daño oxidativo y la inflamación—, y una estructura fundamental —el endotelio. Ahora echaremos una ojeada a lo que es el colesterol y veremos el papel que juega en todo ello. En cuanto lo hayamos visto, volveremos a la interacción entre la oxidación, la inflamación y las paredes arteriales.

Colesterol «bueno» y colesterol «malo»: un concepto obsoleto

Aunque el colesterol tenga muy mala fama, tu cuerpo no puede funcionar sin él. Está presente en cada célula y es *tan* esencial que tu cuerpo es el que *fabrica* la mayor parte que necesita, en concreto el hígado, que produce esta sustancia grasa y cerosa precisamente *porque* es tan esencial para la salud de tus células.

El colesterol que consumes apenas afecta los niveles de colesterol en la sangre, por eso la advertencia de procurar consumir menos en la dieta y el hecho de destacar en negrita la cantidad de colesterol en la información nutricional de los alimentos no son tan importantes como nos han hecho creer. Si consumes *menos* colesterol, el hígado fabricará más. Y si consumes *más,* el hígado fabricará menos. El hígado fabrica grandes cantidades de colesterol, aunque también se produce en pequeñas cantidades en otros lugares del cuerpo. Se puede decir que el hígado es la «central manufacturera», y esta es la que responde al sube y baja de «consume más/fabrica menos, consume menos/fabrica más». El estudio Cardiológico de Framingham reveló que la cantidad de colesterol consumido a diario no *afectaba* prácticamente en nada a las personas que desarrollaban enfermedades cardiovasculares ni a las que no las desarrollaban. ¡Tomad nota los que coméis tortilla de clara de huevo!

Tal vez el poder del colesterol para combatir las toxinas sea la razón por la que se encuentre en el lugar de las lesiones arteriales causadas por la inflamación. Pero echar la culpa al colesterol por estas lesiones es como culpar a los bomberos por el incendio.

Como ya hemos señalado antes, el colesterol es la materia prima esencial que tu cuerpo transforma en vitamina D, en hormonas sexuales como los estrógenos, la progesterona y la testosterona, y en los ácidos biliares necesarios para la digestión. Hacer hincapié en *bajar* el colesterol lo máximo posible no es solo un error, sino que además es peligroso. Los estudios han demostrado que las personas con los niveles más bajos de colesterol corren un riesgo *mucho mayor* de morir de miles de enfermedades y situaciones que nada tienen que ver con las enfermedades cardiacas, como el cáncer, el suicidio, los accidentes y otras causas.

¿De accidentes y suicidios? ¿Ah sí? Sí, y te explicaremos por qué: el colesterol es necesario para fabricar neuronas. Unos niveles demasiado bajos de colesterol (alrededor de 160 mg/dl) se han asociado a las depresiones, la agresividad y las hemorragias cerebrales. (En el capítulo 6 hablaremos de la conexión que tiene con el deseo sexual: ¡no te lo vas a creer!)

Las membranas de tus células contienen toneladas de colesterol porque les ayuda a mantener su integridad y además facilita la comunicación celular. La consistencia de la membrana celular debe ser la justa: lo bastante dura como para actuar de barrera para la chusma molecular de todo tipo, y lo bastante maleable y blanda como para permitir el paso de las moléculas que necesitan penetrarla. Básicamente, el colesterol es *necesario* para la memoria. Si el colesterol baja demasiado, puede fomentar fácilmente una clase de amnesia global: al haber demasiado poco colesterol en las membranas de las células, la transmisión nerviosa no funciona adecuadamente. No nos extraña que Duane Graveline, un cirujano aerospacial y astronauta que se hizo mundialmente famoso por sus instigaciones sobre el descondicionamiento muscular debido a la falta de gravedad, le pusiera al libro que escribió sobre la pérdida de memoria causada por las estatinas el siniestro título de *Lipitor: Thief of Memory*.

El colesterol también es una de las armas importantes que tu cuerpo usa para combatir las infecciones. Ayuda a neutralizar las toxinas generadas por las bacterias que pululan por el torrente sanguíneo procedentes de los intestinos cuando el sistema inmunitario está debilitado. Cuando tienes una infección los valores totales de colesterol en la sangre suben, pero el HDL (del que hablaremos dentro de poco) baja porque el cuerpo lo está usando para combatir la infección. Tal vez el poder del colesterol para combatir las toxinas sea la razón por la que se encuentre en el lugar de las lesiones arteriales causadas por la inflamación. Pero echar la culpa al colesterol por estas lesiones es como culpar a los bomberos del incendio.

Hay un hecho interesante en el que quizá no has caído: en realidad es imposible medir el colesterol directamente en el torrente sanguíneo. Al ser una sustancia grasa, el colesterol no es soluble en el agua ni en la sangre. ¿Cómo llega entonces al torrente sanguíneo? Es sencillo. El hígado lo recubre con una «capa de proteínas» y lo envuelve con algunas otras sustancias (como los triglicéridos). Al cubrirlo con esta capa protectora puede entrar en el sistema circulatorio como si fueran unas piedras flotando en el mar protegidas por un recipiente hermético que no se hunde, así es como el colesterol puede viajar por el torrente sanguíneo. Esta especie de paquetes, conocidos como *lipoproteínas*, es lo que en realidad se mide al calcular los niveles de colesterol.

Estas combinaciones de colesterol-proteína se conocen como HDL (*lipoproteínas de alta densidad*) y LDL (*lipoproteínas de baja densidad*). Ambas contienen colesterol y triglicéridos, pero en porcentajes diferentes, y las dos clases de lipoproteínas ejercen distintas funciones en el cuerpo. Las LDL, conocidas como colesterol «malo», transportan el colesterol a las células que lo necesitan, en cambio las HDL, conocidas como colesterol «bueno», recogen el exceso de colesterol y lo llevan de vuelta al hígado.

Pero hoy día la idea del colesterol «bueno» y el colesterol «malo» es un concepto de lo más obsoleto.

Ahora sabemos que hay muchas «subclases» de HDL y de LDL, y que ejercen unas funciones muy distintas. Existen varias subclases de LDL, el llamado de forma imprecisa colesterol «malo», y no todas ellas son malas, al contrario.

Las subclases más importantes de LDL son la A y la B. Cuando la mayor parte de tu LDL es de tipo «A», se dice que tienes un perfil de colesterol de *patrón* A. Y cuando la mayoría de tu LDL es de tipo «B», se dice que tienes un perfil de colesterol de *patrón* B. Es sencillo, ¿verdad? Y saberlo es esencial por las razones que pronto te explicaremos.

La subclase A es una molécula grande y esponjosa como una bolita de algodón y tan inofensiva como esta. En cambio, la subclase B es pequeña, dura y densa, como el perdigón de una escopeta de aire comprimido. En el organismo es el malo de la película, ya que es la que se oxida, se adhiere a las paredes arteriales e inicia la cascada de daños. Las partículas de la subclase B (que se podrían llamar las «malas» del colesterol «malo») son aterogénicas, es decir, contribuyen notablemente a las enfermedades del corazón. Como ya hemos señalado, las partículas grandes y esponjosas de LDL (las «buenas» del colesterol malo) son en su mayor parte benignas. Saber que tienes niveles «altos» de LDL no sirve de gran cosa a *no ser que* sepas tanto la cantidad que contiene de partículas pequeñas y densas (perjudiciales), como la de partículas grandes y esponjosas (inocuas). Ambos nos sentiríamos de lo más tranquilos si supiésemos que tenemos niveles altos de LDL si la mayor parte se compusiera de las moléculas grandes e inocuas que parecen bolitas de algodón (una distribución de patrón A). Lo cual es mucho mejor que tener niveles más bajos de LDL compuestos en su mayor parte de las moléculas que son como perdigones (la distribución de patrón B).

Por desgracia, la mayoría de los médicos todavía no lo tienen en cuenta por falta de reciclaje. Solo se fijan en los valores totales de LDL en lugar de centrarse en el tamaño y el tipo de partículas, y si los niveles de LDL son un poco más altos de lo que los laboratorios dicen que deberían ser, se apresuran a recetarte un medicamento con estatinas. A las compañías farmacéuticas les encanta cuando los comités consultivos —que a menudo están conchabados con los médicos que obtienen beneficios económicos de ellas—, aconsejan mantener unos niveles cada vez más bajos de LDL, porque significa un mercado cada vez más grande para los medicamentos reductores del colesterol. Lo malo es que la mayoría de los médicos no prescriben los análisis actuales que determinan las subclases de LDL, y que además suelen estar cubiertos por el seguro médico.

Como recordarás del primer capítulo, las recomendaciones de las autoridades sanitarias de reducir el colesterol a toda costa que perduran hasta el día de hoy se iniciaron con el estudio Cardiológico de Framingham. En 1948, al comienzo del estudio, solo se medía el colesterol «total». Las analíticas solo indicaban los valores totales (por ejemplo, 200 mg/dl o 220 mg/dl). Pero en 1961 empezamos a disponer de una tecnología capaz de diferenciar el colesterol «bueno» del «malo» (HDL y LDL), y más tarde otra más nueva que nos permite medir las distintas subclases del colesterol llamado «malo», que como puedes ver no todas son tan «malas».

Incluso las HDL, el colesterol llamado «bueno», no es *todo* tan *bueno*. Un estudio publicado en diciembre del 2008 en *FASEB*, una revista creada por la Federación de Sociedades Americanas de Biología Experimental, ponía en duda las ideas convencionales sobre que para estar saludable hay que tener altos niveles de colesterol bueno (HDL) y bajos niveles de colesterol malo (LDL). Los investigadores demostraron que hasta el colesterol *bueno* es de distinta calidad y que una *parte* del colesterol HDL no es tan bueno como se creía.

«Durante muchos años las HDL se han estado considerando colesterol bueno y esto ha creado la falsa idea de que cuanto mayor sea el nivel de HDL en la sangre, mejor», afirmó el investigador jefe, Angelo Scanu, de la Universidad de Chicago.[3] «Pero ahora es evidente que los niveles altos de HDL no siempre nos protegen de los problemas cardiacos y deberíamos pedirle al médico que averigüe si nuestras HDL son buenas o malas.» El estudio de Scanu reveló que las HDL de las personas con enfermedades crónicas como la artritis reumatoide y la diabetes son muy distintas de las HDL de las personas sanas, aunque tengan niveles similares de HDL en la sangre. El colesterol HDL normal, el «bueno», reduce la inflamación, pero el HDL «malo», el disfuncional, no lo hace.

Saber que tienes niveles «altos» de LDL no sirve de gran cosa *a no ser que* sepas tanto la cantidad que contiene de partículas pequeñas y densas (perjudiciales), como la de partículas grandes y esponjosas (inocuas).

«Es una línea más de investigación que explica por qué algunas personas a pesar de tener unos niveles perfectos de colesterol, desarrollan enfermedades cardiovasculares», dijo el doctor en medicina Gerald Weissmann, redactor jefe de la revista *FASEB*. «Del mismo modo que el descubrimiento del colesterol bueno y malo cambió por completo nuestra forma de gestionarlo, el hallazgo de que una parte del "colesterol bueno" es en realidad *malo* también lo hará.»[4]

La cuestión es que hay colesterol «malo» e incluso colesterol «malísimo», y que el método farmacéutico de reducir el colesterol para salir del paso no sirve para nada y encima tiene unos efectos secundarios importantes, como veremos en el capítulo 6.

¡LA BUENA, LA MALA Y LA MALÍSIMA!

Mientras estamos escribiendo este libro, una nueva investigación financiada por la Fundación Británica del Corazón ha revelado que existe otra subclase de colesterol HDL que es malísima: la *lipoproteína de baja densidad MGmin*, que se presenta sobre todo en personas con diabetes tipo 2 y en los ancianos. Es más «pegajosa» que las LDL normales, lo cual significa que se adhiere con más facilidad a las paredes arteriales.

Esta chica «tan mala» la crea un proceso llamado glicación, y si eres un lector con ojos de lince recordarás que formaba parte de los Cuatro Jinetes del Envejecimiento. La glicación se da cuando hay demasiado azúcar circulando por el torrente sanguíneo. El exceso de azúcar empieza a complicar las cosas, metiéndose en lugares donde no debería meterse, en este caso, en las moléculas LDL. (En el capítulo 4 hablaremos más a fondo del azúcar y del papel que juega en las enfermedades cardiacas. Adelanto: ¡el azúcar es mucho más peligroso para el corazón que las grasas!

Ahora que te hemos presentado los cuatro protagonistas del drama que nos ocupa —oxidación, inflamación, colesterol y paredes arteriales—, veremos cómo interactúan en la vida real y se unen para crear una situación peligrosa para tu corazón.

Cuando el LDL es malísimo para ti: la paradoja del fumador

A ver si lo adivinas: ¿Por qué los fumadores con niveles *normales* de colesterol LDL (el llamado colesterol «malo»), corren un riesgo mucho mayor de sufrir enfermedades cardiacas que los no fumadores con altos niveles de LDL?

Todos sabemos lo perjudicial que es el tabaco para los pulmones y que el tabaquismo aumenta notablemente la posibilidad de contraer cáncer de pulmón. Pero ¿qué relación tiene el tabaquismo con las enfermedades cardiacas, o más en concreto, con el colesterol LDL?

Me alegro de que sepas la respuesta.

Además de lo malo que es el humo de los cigarrillos, te llenan el cuerpo en un acto de generosidad con un montón de sustancias químicas tóxicas y encima lo hacen sin que tengas que pagar un céntimo más por ello, ¡qué amables! Estas sustancias químicas y toxinas estrechan los vasos sanguíneos y dañan las paredes arteriales. Sobre todo, hacen que las LDL se te oxiden y dañen ¡por los radicales libres que el humo de los cigarrillos contiene a toneladas! (Por cierto, no solo el humo de los cigarrillos oxida las LDL, sino también los metales pesados, como el mercurio de, por ejemplo, los envases de insecticidas, la radiación y toda clase de sustancias tóxicas presentes en el medioambiente, el aire y la comida.)

Y ahora escucha con atención: las LDL *no* son un problema en el cuerpo *hasta* que se oxidan. Solo se adhieren a las paredes arteriales cuando se oxidan, contribuyendo a la formación de placa y causando una mayor inflamación y daños. Las LDL que no se oxidan son en gran parte inocuas. La oxidación es la que inicia el proceso que culmina en aterosclerosis.

Un fumador con niveles bajos de LDL, *la mayoría de los cuales* estén dañados por la oxidación, tiene un riesgo cardiovascular mucho más elevado que los no fumadores con niveles *mucho más altos* de LDL, porque solo un pequeño porcentaje de este colesterol está dañado. El problema no lo causa las LDL, sino las LDL *dañadas* (oxidadas).

Las LDL flotan por el torrente sanguíneo transportando el colesterol a las células que lo necesitan, y *parte* del LDL, el que está dañado por la oxidación, se infiltra en el endotelio. En cuanto este LDL dañado se infiltra en el endotelio, es cuando la inflamación comienza.

¿Te acuerdas de que antes hemos hablado del colesterol «malo» inocuo (las LDL del patrón A) y del colesterol «malo» peligroso (las LDL del patrón B)? Pues las moléculas del patrón B (las que parecen perdigones) son tan perjudiciales porque son las que más tienden a dañarse y a oxidarse. Y además son lo bastante pequeñas como para penetrar en las paredes arteriales. Cuanto más pequeñas son las partículas (y las del patrón B son muy pequeñas), más inflamatorias son.

Las LDL oxidadas son como LDL «cabreado», y cuanto más pequeñas son las partículas, más cabreadas están. Así que estas malvadas particulillas dañadas de LDL se adhieren al endotelio y entonces se inicia el proceso de inflamación. Cuando acaece el daño oxidativo, o un alto nivel de azúcar en la sangre, el cual es tan dañino que hablaremos de él en el capítulo 4, este LDL sufre unos cambios químicos que el sistema inmunitario percibe como peligrosos.

En cuanto el sistema inmunitario detecta este LDL dañado (oxidado), envía la artillería pesada. En primer lugar, las células conocidas como *monocitos* se presentan volando en el escenario de la acción y liberan unas sustancias químicas llamadas *citocinas*. Las citocinas son básicamente mensajeros químicos que ayudan a regular la respuesta del sistema inmunitario, pero muchas de estas citocinas son sumamente inflamatorias. El endotelio, la laminilla de los vasos sanguíneos, al detectar la presencia de algunas de estas citocinas, secreta unas pequeñas moléculas pegajosas llamadas *moléculas de adhesión* que actúan a modo de pegamento molecular, adhiriéndose a los monocitos que se han presentado en el escenario del crimen para ayudar a apagar el fuego. Dwight Lundell, cirujano del corazón, lo llama «el efecto velcro».

Los monocitos se transforman entonces en una clase de células a las que a nosotros nos gusta llamar «comecoquitos». En términos médicos, se denominan *macrófagos*, y su labor se parece a la de los comecocos del videojuego porque fagocitan al enemigo, en este caso las partículas dañadas de LDL y otra clase de basura molecular que son las causantes del problema. La palabra *macrófago* significa literalmente «devorador».

Los macrófagos son como tipos adictos al azúcar en un concurso en el que gana quien más pasteles se traga. No tienen límite, pueden comer y comer, zampándose LDL oxidado hasta que literalmente revientan de tanto comer, dejando algo que se llama placa *de centro lípido*. En cuanto adquieren un cierto tamaño, empiezan a parecerse a la espuma y acaban transformándose en lo que los patólogos llaman «células espumosas», unas células vivas que siguen con la labor de los macrófagos, luchando contra el enemigo y fagocitándolo hasta que los «invasores» desaparecen.

Pero los invasores no son los que las han desencadenado, sino el LDL normal que ha experimentado cambios químicos debido a los azúcares, los almidones o a la oxidación, y que ha acabado iniciando un proceso inflamatorio que puede convertirse fácilmente en un «incendio» descontrolado en las paredes arteriales. Como ya hemos dicho, cuando no hay inflamación, los altos niveles de colesterol no importan demasiado.

Si no se frena la inflamación y los macrófagos siguen comiendo hasta reventar, liberarán una nueva serie de toxinas en las paredes de las arterias.

«En la práctica quirúrgica estas toxinas se aprecian como vetas amarillentas dentro de las paredes arteriales», dijo Lundell, que ha realizado más de cinco mil operaciones cardiacas. «Se llaman "vetas de grasa" y son el inicio de una enfermedad cardiaca importante.»[5]

El cuerpo intenta contener estas vetas de grasa construyendo un muro como, por ejemplo, las cicatrices. Pero el sistema inmunitario al estar ahora en estado de alerta envía más soldados al frente, estos intentan valerosamente destruir los muros (el tejido cicatricial) y el ciclo continúa: se crean más cicatrices y se envían más soldados. Y con el paso del tiempo, si el sistema inmunitario tiene unas buenas defensas, debilitará la pared de la arteria y «se zampará» literalmente el tejido cicatricial. Entonces tendrá lugar una ruptura que producirá más inflamación, y el ciclo, en potencial letal, continuará.

No son buenas noticias.

Si el ciclo no se detiene, las vetas de grasa irán creciendo hasta convertirse en lo que se conoce como placa. La placa es básicamente una antigua acumulación de células espumosas. Algunas de estas células espumosas morirán y liberarán un montón de grasas acumuladas (lípidos), que a su vez se transformarán en el centro lípido que hemos citado, una sustancia blanda y amarillenta que se parece a la mantequilla derretida (pero que no es ni por asomo tan buena para ti como esta).

Si la inflamación se frena a tiempo en este punto, la arteria se cura por sí sola con lo que se llama una *cápsula fibrosa*. Esta se compone de tejido cicatricial fibroso y se mantendrá en buen estado y estable. (Cardiólogos como Steve la denominan «placa estable».) Pero si hay una nueva inflamación, el ciclo empezará otra vez.

Así que cuanta más inflamación se produce, más células espumosas se acumulan. Lo cual significa más macrófagos (comecoquitos), que a su vez crean más *centros de lípidos* pegajosos y viscosos. Estos centros de lípidos penetran en el torrente sanguíneo y entonces la sangre envía una señal de alerta diciendo: «¿Qué diablos es esto? ¡Objeto extraño, objeto extraño!» Y se forma un coágulo sanguíneo para impedir que esta sustancia extraña y pegajosa se propague.

Los coágulos que se forman son en realidad un mecanismo protector. Es la manera de la sangre —o del cuerpo, si lo prefieres— de decir: «¡Contengamos esta amenaza para impedir que se propague!» Pero aunque esta estrategia tenga sentido, conlleva un gran inconveniente. Este coágulo sanguíneo al bloquear el acceso al músculo cardiaco, impide el paso del oxígeno. Y cuando las células no reciben oxígeno, el tejido del que están hechas empieza a morir.

Y cuando este tejido es el músculo cardiaco, se produce —como habrás adivinado— un infarto.

Las LDL son como los árboles de un bosque. El fuego no se propagará en un bosque lleno de árboles donde llueva a menudo, pero en un bosque donde los árboles estén secos (dañados) por la escasez de lluvia, aunque tenga muchos menos árboles que el otro, al ser como un polvorín, el fuego se propagará fácilmente. Eliminar estos árboles es sin duda una forma *muy burda* de evitar que se quemen con el fuego, al igual que bajar el colesterol indiscriminadamente *podría* en teoría reducir el riesgo de que sufrieras un «incendio» en las paredes arteriales, pero ¿a qué precio? Estos árboles cumplen una función ecológica muy importante y eliminarlos tiene consecuencias tanto para el medio ambiente como para el paisaje.

¿No es mejor reducir las condiciones que contribuyen a que el fuego se propague? De esta forma podemos gozar de los maravillosos beneficios de los árboles sin los efectos secundarios de una ecología en peligro.

Esperamos haberte convencido de que la inflamación es la culpable de las enfermedades cardiacas y que en lugar de preocuparnos por el colesterol, debemos centrarnos en la inflamación —y en la oxidación—, que es la que suele iniciarla.

Pero la oxidación no es más que una de las condiciones —por importante que sea— que causa la inflamación.

El otro elemento que causa la inflamación es tan importante que le hemos dedicado un capítulo entero. Es algo que consumes a diario y que ya sabes que es malo para ti, pero solo por el papel tan bien documentado que juega en la diabetes y la obesidad. Sin embargo, lo que estás a punto de aprender es la relación que tiene este producto tan común con las enfermedades cardiacas.

Cuando hayas terminado de leer el siguiente capítulo estarás convencido de que este alimento es muchísimo más peligroso para la salud, y sobre todo para el corazón, que las grasas.

Nos estamos refiriendo al azúcar.

4

El azúcar en la dieta: el verdadero culpable de todos los males

Para aquellos de vosotros a los que os guste ir al meollo de la cuestión, aquí tenéis algo de lo que tomar nota: el azúcar es muchísimo más peligroso para el corazón que las grasas.

La historia del azúcar y sus efectos a menudo ignorados sobre las enfermedades cardiacas nos obliga a hablar de un tema al que a nosotros nos gusta llamar Endocrinología básica. Sabemos que suena como la materia que un malvado profesor de biología daría a sus alumnos del instituto para torturarlos, pero prometemos no matarte de aburrimiento. De hecho, cuando acabes de leer este capítulo conocerás mucho mejor que la mayoría de los médicos la relación que existe entre las enfermedades cardiacas, la diabetes, la obesidad y la hipertensión, unos trastornos que suelen interesar mucho a la mayoría de lectores.

En cuanto entiendas la conexión que hay entre estas enfermedades degenerativas modernas y también con las enfermedades cardiacas, creemos que llegarás a la misma conclusión que nosotros: Nuestros gurús de la salud han procesado y recluido al tipo equivocado, Su Señoría. Las grasas son inocentes.

El *azúcar* es el verdadero culpable en la dieta.

Endocrinología básica: el efecto hormonal de la comida

Nuestro viaje se inicia con una simple premisa: las hormonas controlan casi todos los acontecimientos metabólicos que tienen lugar en tu cuerpo y *tú* controlas algunas de las hormonas más esenciales a través de tu estilo de vida. La comida que ingieres —junto con varios factores clave relacionados con el estilo de vida, como el estrés— es el medicamento que estimula las hormonas, y estas hormonas son las que ordenan al cuerpo que almacene o queme las grasas, y tropecientas operaciones metabólicas más.

«La comida puede ser el medicamento más poderoso del que jamás dispongas, porque produce unos cambios tan espectaculares en las hormonas del cuerpo que es cientos de veces más poderosa que cualquier producto farmacéutico», dijo el doctor Barry Sears. Las hormonas son las controladoras del tráfico aéreo que determinan el destino de cualquier vuelo (o en nuestro caso, ¡de lo que se desliza por el «gaznate»!)

Muchos dietistas y médicos que siguen la corriente dominante actual han ignorado cómodamente este hecho aconsejando a los pacientes con sobrepeso y un mayor riesgo cardiovascular que reduzcan la cantidad de calorías y de grasas saturadas que consumen. Pero no todas las calorías se crean de la misma manera. Algunos alimentos disparan los niveles de una hormona que *almacena* grasas, y en cambio otros no lo hacen, aunque contengan las mismas calorías. No es una casualidad que la hormona que almacena grasas tenga también graves consecuencias para el corazón.

¿Cómo se llama esta hormona que almacena grasas? Insulina.

La insulina, una hormona descubierta en 1921, es la protagonista de nuestra pequeña obra hormonal. Es una hormona anabólica, lo cual significa que se encarga de acumular cosas —almacena en unidades (como las células) compuestos como la glucosa (azúcar y aminoácidos). Su «hermana», la hormona glucagón, es la que se ocupa de *gastarlas* —abre estas unidades donde se almacenan y libera su contenido a medida que el cuerpo lo necesita. La insulina se ocupa de *almacenarlas* y el glucagón, de *gastarlas*. Juntas se dedican sobre todo a mantener la distinta serie de precisos niveles de azúcar en la sangre que tu mecanismo metabólico necesita para seguir funcionando bien.

La insulina es la responsable de una importante cantidad de enfermedades de la civilización. Cuando controlas la insulina, no solo reduces el riesgo de sufrir enfermedades cardiacas, sino también hipertensión, diabetes, el síndrome del ovario poliquístico, enfermedades inflamatorias, e incluso un posible cáncer.

Tanto la insulina como el glucagón son esenciales para la salud. Sin insulina, el azúcar en la sangre se dispararía, y el resultado sería el coma y la muerte, el destino de prácticamente cualquier diabético tipo 1 en la primera mitad del siglo xx, cuando la insulina todavía no se había descubierto. Y sin glucagón, el azúcar en la sangre caería en picado y el resultado sería la disfunción cerebral, el coma y la muerte.

El cuerpo sabe muy bien lo que está haciendo. Esta pequeña danza entre la fuerza que impide que el azúcar en la sangre *suba* demasiado (insulina), y la que impide que *baje* demasiado (glucagón, entre otras hormonas), es esencial para vivir. Ten en cuenta que aunque la insulina sea la única hormona que se ocupe de impedir que el azúcar en la sangre suba demasiado, hay otras hormonas aparte del glucagón —el cortisol, la adrenalina, la noradrenalina y la hormona del crecimiento humano— que también evitan que baje demasiado. Se podría decir que la insulina es una hormona tan poderosa ¡que necesita a otras cinco para contrarrestar sus efectos!

Para ver cómo se *supone* que la insulina debería funcionar en el cuerpo, hablaremos de un metabolismo que aún no se ha «fastidiado» por culpa de haber estado ingiriendo durante años una dieta poco saludable y por la falta de actividad física. Se trata del metabolismo de un niño ficticio de 5 años que ha estado desde que nació viviendo en un rancho ecológico, alimentándose de productos naturales, respirando aire puro y haciendo una buena cantidad de vigoroso ejercicio a diario. (¡Ya lo sabemos, lo sabemos!, esta clase de niños son un mirlo blanco, pero digamos que al menos existe uno para poder ilustrar la cuestión.)

El niño al volver del colegio se come una manzana. El azúcar en la sangre le sube entonces un poco, como le pasa siempre que come algo. El páncreas responde a esta ligera subida de azúcar en la sangre secretando una pequeña cantidad de insulina, y la insulina actúa enseguida llevándose el exceso de azúcar en el torrente sanguíneo del niño y transportándolo a las células de los músculos. Lo cual es perfecto, porque ahora este niño va a salir a jugar, o a montar en bicicleta, o a trabajar en el rancho, o a hacer alguna otra clase de actividad física, y las células de sus músculos necesitarán este azúcar para rendir.

De momento, todo va bien.

Las células musculares reciben el azúcar extra que usarán como combustible y el azúcar en la sangre baja a sus niveles normales e incluso un poco más porque los músculos lo están consumiendo. El niño después de hacer ejercicio vuelve a tener hambre, y al regresar a casa, cena. ¡Un estilo de vida perfecto!

Sin embargo, este metabolismo ideal no es *tu* metabolismo.

Tu metabolismo tiene más bien que ver con este otro estilo de vida: te despiertas tarde, con el cuerpo repleto de hormonas del estrés. (Las hormonas del estrés son un factor importante en las enfermedades cardiacas y más adelante hablaremos con más profundidad de ellas.) Una de las cosas que hacen es enviarle al cerebro la primitiva señal de que necesita combustible para una emergencia. O sea, que sales de casa y de camino al trabajo entras en un Starbucks para tomarte un café con leche con azúcar y un muffin de salvado «light» que contiene tropecientas calorías. El nivel de azúcar en la sangre se te dispara, subiendo a todo trapo como el trasbordador espacial *Challenger*. El páncreas reacciona diciendo: «¡Oh, no! Esta vez mejor utilizo la artillería pesada, porque el tipo se ha vuelto loco, ¡hay azúcar por todas partes!» Y produce una carretada de insulina para intentar llevarse el azúcar extra del torrente sanguíneo y ofrecérselo volando a las células de los músculos.

Pero lo que pasa es que las células de los músculos no lo necesitan.

«¿Para qué demonios queremos este montón de azúcar si todo cuanto va hacer este tipo a lo largo del día es darle al ratón del ordenador y al volver a casa sentarse en el sofá y juguetear con el mando a distancia?», dicen.

De modo que las células de los músculos empiezan a *resistirse* a los efectos de la insulina. «Ya estamos satisfechas —protestan—. Vete a otra parte.» Ahora la insulina no tiene más remedio que llevarse la carga de azúcar a otro sitio y ¿adivinas dónde acaba?

En las células adiposas, que la reciben a bombo y platillo.

Al principio.

Durante un tiempo tu páncreas consigue manejar esta creciente demanda de más y más insulina y las células de los músculos todavía absorben la suficiente cantidad de azúcar como para evitar que te vuelvas diabético. Pero estos altos niveles de insulina producidos por el exceso de azúcar (en la dieta y en el torrente sanguíneo) traen unas serias consecuencias, como las que afectan de manera directa al corazón.

Para ver un ejemplo asombroso de este fenómeno, solo tenemos que fijarnos en los efectos que la insulina produce en la tensión arterial.

QUÉ DEBES SABER

- El factor dietético más importante en las enfermedades cardiacas es el azúcar, que es muchísimo más peligroso para el corazón que las grasas.
- El azúcar contribuye a la inflamación en las paredes arteriales.
- El azúcar es la pieza que faltaba en la relación entre la diabetes, la obesidad y las enfermedades cardiacas.
- El consumo de grandes cantidades de azúcar eleva los niveles de insulina, y esta hormona eleva a su vez la tensión arterial y el colesterol.
- El azúcar y los carbohidratos procesados suben los triglicéridos, lo cual por sí solo es un importante factor de riesgo cardiovascular.
- Cuando el azúcar en el torrente sanguíneo se pega a las proteínas, produce daños y, además, unas moléculas tóxicas que se llaman *productos de glicación avanzada* o PGA.
- Este mismo proceso también daña las LDL, contribuyendo a la inflamación y al final a las enfermedades cardiacas.

La resistencia a la insulina y la hipertensión

Los niveles elevados de insulina harán que la tensión arterial te suba de un par de formas. En primer lugar, la insulina puede estrechar las paredes arteriales. Y unas paredes más estrechas equivalen a una tensión arterial más alta porque el corazón tiene que bombear la sangre con más fuerza para que circule por unos conductos más angostos.

Pero hay una forma incluso más insidiosa con la que la insulina sube la tensión arterial.

Hablándole a los riñones.

El mensaje que la insulina le transmite a los riñones es el siguiente: *Retened la sal*. La insulina obliga a los riñones a retenerla aunque ellos prefieran no hacerlo. Como el cuerpo solo necesita unas cantidades muy precisas de sodio, al igual que ocurre con el azúcar, los riñones reaccionan diciéndole: «Mira, si tenemos que retener toda esta sal, es mejor que usemos más agua para diluirla, así los niveles de sodio no subirán demasiado». Y eso es exactamente lo que hacen. La mayor retención de sodio produce una mayor retención de agua. Y más agua equivale a un mayor volumen de sangre, y un mayor volumen de sangre equivale a una mayor tensión arterial. El 70 por ciento de las personas con hipertensión (tensión arterial alta) sufren de resistencia insulínica.[1]

Y esto no es solo teórico. Las investigaciones realizadas por el Centro Médico Bautista de Wake Forest[2] han demostrado que la insulinorresistencia está *directamente* relacionada con la tensión arterial alta. «Descubrimos que se puede predecir quién tiene un mayor riesgo de desarrollar hipertensión basándonos en su resistencia a la insulina», dijo el doctor en medicina e investigador jefe David Goff, Jr., «La tercera parte de los participantes [en nuestro estudio] con los niveles más elevados de resistencia insulínica tenían unos índices de hipertensión un 35 por ciento más altos que la tercera parte de los que tenían los niveles más bajos de resistencia a la insulina. Estos hallazgos señalan que reducir la resistencia insulínica del cuerpo puede ayudar a prevenir la hipertensión y las enfermedades cardiovasculares.[3]

Volvamos a nuestra historia.

Al cabo de un tiempo, después del continuo asalto de más y más azúcar y de una creciente producción de insulina debido a una dieta sumamente rica en azúcar e hidratos de carbono, las células adiposas empiezan a decir: «¡Ya basta!» De algún modo se vuelven resistentes a los efectos de la insulina (una enfermedad conocida lógicamente como *resistencia a la insulina*). Ahora el azúcar en la sangre se dispara (porque no tiene adónde ir), los niveles de insulina aumentan y si sigues por este camino acabarás desarrollando una diabetes.

Si te preocupa tu peso, nos gustaría decirte que la insulina además de cargar de azúcar a las células, haciendo que estés más gordo, les cierra las puertas a las células adiposas, con lo que te costará horrores adelgazar. Y el exceso de peso aumenta notablemente el riesgo cardiovascular, entre otras razones porque todas estas células adiposas están llenas de sustancias químicas ¡que contribuyen en gran medida a la inflamación!

¿Empiezas a entender cómo funciona todo esto?

LA RELACIÓN ENTRE LA INSULINA Y EL COLESTEROL

Un dato interesante: la insulina también afecta en gran medida al colesterol. Aumenta el mecanismo productor de colesterol del cuerpo al acelerar la actividad de la enzima que lo controla. Esta enzima —a la que le han puesto el enrevesado nombre de HMG-CoA reductasa, ¡es la misma enzima que los medicamentos reductores del colesterol inhiben! Podrías bajar tus niveles de colesterol, si aún te importara hacerlo, reduciendo simplemente tus niveles de insulina. Y este método no tendrá ninguno de los efectos secundarios de los fármacos reductores del colesterol, a no ser que para ti vivir más años y estar más sano ¡sea un efecto secundario!

A propósito, lo de «vivir más años y estar más sano no es una broma». Un estudio realizado en 1992 analizó la sangre de sujetos centenarios sanos para intentar descubrir si los miembros de este grupo demográfico tan longevo coincidían en algo. Descubrió tres puntos en común: niveles bajos de triglicéridos, niveles altos de colesterol HDL y —¡no te lo vas a creer!— niveles bajos de insulina en ayunas.[4] La dieta que consumes afecta a dos de estas mediciones: los trigilicéridos y la insulina en ayunas— y ambas caen en picado al reducir o eliminar el azúcar y los carbohidratos procesados de la dieta. Reducir los triglicéridos es uno de los mayores beneficios para la salud de las dietas bajas en azúcar, porque los niveles altos de triglicéridos son una señal de correr un riesgo mucho mayor de sufrir enfermedades cardiacas que el colesterol alto.

«Normalmente la insulina tiene algunos efectos muy beneficiosos para el cuerpo, porque es antiinflamatoria», afirma el doctor Jeff Volek, un investigador puntero en el campo de la dieta y la salud.[5] «Sin embargo, si eres insulinorresistente, los niveles altos crónicos de insulina producen el efecto contrario. Favorecen la inflamación y los problemas cardiovasculares. Pero por lo general esto se sigue pasando por alto, solo se tiene en cuenta que los niveles altos de glucosa (el azúcar en la sangre) con el paso del tiempo acabarán causando problemas.»[6]

La insulina es por lo tanto *antiinflamatoria* en las personas con una sensibilidad normal a la insulina, y sumamente *inflamatoria* en las insulinorresistentes. Tener resistencia insulínica dobla el riesgo cardiovascular. Y también te hace más proclive a ser hipertenso y eleva notablemente el riesgo de sufrir diabetes y obesidad, los factores de riesgo cardiovascular más importantes. Pero por si esto fuera poco, el exceso de insulina produce además un efecto inflamatorio en el organismo. Como se ha visto, la inflamación juega un papel muy importante en la formación de placa y es un factor de riesgo cardiovascular mucho más importante que el colesterol.

A la colección de enfermedades fomentadas sobre todo por la resistencia a la insulina se les ha dado el acrónimo CHAOS (por sus siglas en inglés): enfermedades coronarias, hipertensión, diabetes *mellitus*, obesidad e infarto cerebral. Están relacionadas y lo que tienen en común es la resistencia a la insulina. Si tienes un cierto grado de resistencia insulínica, controlarla a través de la dieta puede ser una de las estrategias más eficaces para reducir el riesgo cardiovascular. ¡Sin duda es muchísimo mejor que la absurda estrategia de bajar el colesterol!

La insulina además de cargar de azúcar a las células, haciendo que estés más gordo, les cierra las puertas a las células adiposas, con lo que te costará horrores adelgazar.

«Los niveles altos crónicos de insulina son muy perjudiciales, ya que contribuyen por ejemplo a las enfermedades del corazón», escribió Gary Taubes en el *New York Times*.[7] Los niveles elevados de insulina aumentan los triglicéridos y la tensión arterial y reducen el colesterol HDL, con lo que la resistencia a la insulina empeora todavía más y se eleva notablemente el riesgo cardiovascular.

Llegados a este punto tal vez te preguntes: «¿Cómo sé si soy insulinorresistente?» Buena pregunta. Aunque existen análisis de sangre para saberlo, también hay un método muy sencillo de averiguarlo. Ponte delante de una pared y camina hacia ella. Si tu barriga la toca antes que el resto de tu cuerpo, lo más probable es que seas insulinorresistente. Los hombres con un perímetro de cintura de 100 cm o mayor es casi seguro que lo son, al igual que las mujeres con un perímetro de cintura de 90 cm o mayor. (Aunque haya personas insulinorresistentes que estén hechas un fideo, la mayoría de las que lo son están más bien rellenitas.)

Ponte delante de una pared y camina hacia ella. Si tu barriga la toca antes que el resto de tu cuerpo, lo más probable es que seas insulinorresistente.

La resistencia a la insulina *es* reversible. Y es un fenómeno muy común. La insulinorresistencia ha aumentado un 61 por ciento solo en la última década, según Daniel Einhorn, copresidente del Equipo para el Síndrome de la Resistencia a la Insulina de la AACE y director médico del Instituto Scripps Whittier para la Diabetes en California.[8] El aumento de la resistencia a la insulina probablemente se ha subestimado desde el principio. Gerald Reaven de la Universidad de Stanford fue quien realizó el estudio original sobre la resistencia insulínica en la década de 1980. Así fue como calculó aproximadamente la cantidad de sujetos que eran insulinorresistentes. Dividió los participantes del estudio —adultos sanos no diabéticos— en cuatro grupos y analizó su capacidad para metabolizar el azúcar y los hidratos de carbono. Descubrió que a pesar de que el 25 por ciento de las personas de un extremo del espectro manejaba bien el azúcar, el 25 por ciento del extremo contrario no lo hacía, pues tenían resistencia a la insulina (o, en la jerga científica, alteración en el mecanismo de la glucosa). Así que durante mucho tiempo se creyó que una de cada cuatro personas era insulinorresistente (el 25 por ciento).

Pero había un problema.

¿Qué ocurrió con el 50 por ciento de las personas que se encontraban *entre* ambos extremos? Por lo visto, no tenían ni el estupendo metabolismo de la glucosa del 25 por ciento de las personas de un extremo del espectro, ni la resistencia a la insulina declarada del 25 por ciento del otro extremo, sino que se encontraban en medio de estos dos extremos. Se podría fácilmente sostener que como solo el 25 por ciento de la población gozaba de un metabolismo de la glucosa perfecto, el resto —el 75 por ciento— ¡tenía un *cierto grado* de resistencia a la insulina! Además, los participantes del estudio de Reaven eran adultos jóvenes y sanos, y su cantidad no era representativa de toda la población. De hecho en la actualidad se sabe que a medida que nos hacemos mayores la sensibilidad a la insulina *disminuye* (y la resistencia a la insulina *aumenta*). Toma nota: la resistencia a la insulina no es algo que solo les ocurre a los demás. La Asociación Americana de Endocrinólogos Clínicos ha estimado que una tercera parte de los estadounidenses son resistentes a la insulina,[9] y nosotros sospechamos que la cantidad es un poco más elevada.

En el capítulo 3 hemos mencionado que calcular la proporción de triglicéridos en cuanto al colesterol HDL es mucho mejor para predecir las enfermedades cardiacas que los niveles de colesterol. (Para que no tengas que volver a consultarlo, la proporción se calcula teniendo en cuenta las mediciones de dos elementos de la analítica: los triglicéridos y el colesterol HDL. Si, por ejemplo, tus valores de triglicéridos son 150 mg/dl, y tus valores de colesterol HDL, 30 mg/dl, tu proporción es 150:30, o sea, 5.) Por lo visto esta misma proporción también es un método muy eficaz para predecir la resistencia a la insulina. En un estudio, una proporción de 3 o mayor era un valor predictivo fiable de resistencia a la insulina.[10]

Esta proporción de triglicéridos en cuanto al HDL también nos ofrece una información muy importante. Como ya hemos señalado, las moléculas LDL pequeñas y densas en forma de perdigón son las perjudiciales (el colesterol «malo» malo). Existen varios análisis de sangre que tu médico puede encargar que te indicarán tanto la cantidad de colesterol «malo» malo (en forma de perdigón) que tienes en tus valores de LDL, como la cantidad de colesterol «malo» bueno (en forma de bolitas de algodón). (Algunas de las pruebas para medir el tamaño de las partículas son el análisis NMR, uno de los más usados; el análisis del perfil de las partículas de lipoproteínas, o LPP; el análisis de Berkeley del colesterol, de los laboratorios Berkeley HeartLab; y el del Vertical Auto Profile o VAP.)

Pero la proporción de triglicéridos en cuanto al HDL también es un gran indicador de la clase de LDL. A los que les aparezca en la analítica una proporción elevada, tendrán más partículas del tipo de LDL en forma de perdigón (el aterogénico), y a los que les salga una proporción baja, tendrán más partículas del tipo de LDL en forma de bolitas de algodón (el inocuo). Los valores de triglicéridos mayores de 120 mg/dl y los niveles de HDL por debajo de lo normal (menores de 40 mg/dl en los varones, y menores de 50 mg/dl en las mujeres) suelen asociarse a las partículas de LDL pequeñas, densas y aterogénicas ¡que no querrás tener![11]

De hecho, si prefieres no realizar ningún cálculo matemático, una sola cifra de tu análisis de sangre ya te indicará si tu colesterol LDL se compone sobre todo de las partículas grandes y esponjosas que son inocuas (patrón A), o de las partículas malas, cabreadas, pequeñas y densas (patrón B). Simplemente observa tus niveles de triglicéridos.

Los niveles elevados de triglicéridos están en general muy relacionados con altos niveles de estas peligrosas partículas de LDL del tipo B. En cambio, los niveles bajos de triglicéridos tienen que ver con niveles más *altos* de las partículas inocuas de LDL del tipo A. Es decir, cuanto más altos tengas los triglicéridos, mayor es la posibilidad de que tu colesterol LDL se componga de la clase de partículas que tienden mucho más a provocar enfermedades cardiacas. Y más posibilidades tendrás de ser insulinorresistente, lo cual a su vez significa que la insulina está contribuyendo mucho a la inflamación que daña el colesterol LDL y que inicia el ciclo de la formación de placas. Toma nota: baja tus triglicéridos (y sube tu HDL), y reducirás el riesgo cardiovascular.

Reducir el consumo de azúcar probablemente no afectará tus niveles de HDL, pero cambiará de manera espectacular dos de los otros tres indicadores que favorecen una vida larga y sana: los triglicéridos y la insulina en ayunas, ambos bajarán sin duda cuando reduzcas el azúcar y los carbohidratos procesados que estás ingiriendo (o bebiendo).

El azúcar: pillado en en escenario del crimen

Estamos seguros de que si les preguntaras al azar a un grupo de personas corrientes qué parte de su dieta creen que es más peligrosa para el corazón, la mayoría te respondería las «grasas».

Pero están en un error.

El principal factor que contribuye a las enfermedades cardiacas es el azúcar.

Las dietas que son más bajas en azúcar y carbohidratos procesados reducen la inflamación, el azúcar en la sangre, la insulina, la resistencia insulínica y los triglicéridos. Y al bajar los triglicéridos, mejora automáticamente el importantísimo porcentaje de triglicéridos en cuanto al HDL. (Si tus triglicéridos fuesen 150 mg/dl y tu HDL, 50 mg/dl, tendrías una proporción de 3, pero si tus triglicéridos se redujeran a 100 mg/dl, la proporción se reducirá automáticamente a 2 o a 100:50. ¡Qué bien!, ¿verdad?)

Tal vez recuerdes del capítulo 3 el concepto de «Los Cuatro Jinetes del Envejecimiento». Ya hemos hablado de dos de estos jinetes —la oxidación y la inflamación— y hemos visto cómo la oxidación inicia la inflamación que acaba provocando la formación de placas y enfermedades cardiacas. Ya es hora de atar algunos cabos sueltos y de presentar al tercer jinete del envejecimiento: el azúcar.

El azúcar es el responsable directo de la mayoría de procesos dañinos en el cuerpo, de algo llamado *glicación*. (El doctor Jonny en un principio la había incluido como uno de los Cuatro Jinetes del Enve-jecimiento, pero como la glicación no puede tener lugar sin el azúcar, y como el azúcar también afecta a las enfermedades cardiacas de otras formas, en este libro hablaremos sobre los efectos perjudiciales para el corazón del azúcar en general.)

Así es como funciona.

La glicación es lo que ocurre cuando las pegajosas moléculas del azúcar se adhieren a determinadas estructuras y se pegan en lugares donde no deberían estar, fastidiándolo todo.

El azúcar es pegajoso (piensa en el algodón de azúcar y en el jara-be de arce). En cambio, las proteínas son blandas y escurridizas (pien-sa en las ostras, que son pura proteína). La naturaleza escurridiza de las proteínas les permite deslizarse fácilmente alrededor de las células y realizar sus tareas con eficacia. Pero cuando tienes un exceso de azúcar en el sistema, no cesa de chocar contra las proteínas y al final se acaba adhiriendo a las moléculas de las proteínas. Estas proteínas se vuelven entonces *glicadas*. Las proteínas glicadas son demasiado gran-des y pegajosas como para deslizarse por el interior de los vasos san-guíneos pequeños y los capilares, como los pequeños vasos sanguí-neos de los riñones, los ojos y los pies, por eso muchos diabéticos corren el riesgo de sufrir enfermedades renales, problemas de visión, y amputaciones en los dedos del pie, en los pies e incluso en las pier-nas. Las proteínas cubiertas de azúcar se vuelven tóxicas y hacen que el mecanismo celular funcione con menos eficiencia. Son perjudicia-les para el cuerpo y agotan el sistema inmunitario. Los científicos les han puesto a estas proteínas el acrónimo PGA (*productos de glicación avanzada*) en parte porque juegan un papel muy importante en el envejecimiento del cuerpo.

¿Qué tiene esto que ver con el colesterol y las enfermedades del corazón? En realidad, tiene que ver con todo. Recordarás que antes hemos hablado de que el colesterol LDL no supone ningún problema hasta que se daña. (Recuerda que el colesterol LDL dañado en forma de perdigón [del patrón B] se adhiere a las paredes arteriales y acaba desencadenando la reacción del sistema inmunitario que causa la in-flamación.) Ya hemos mencionado que el colesterol LDL se daña sobre todo por el estrés oxidativo creado por los radicales libres.

¿Adivinas de qué otra forma se daña?

Con la glicación.

Acabas de pillar al azúcar en el escenario de varios crímenes, todos ellos relacionados con las enfermedades cardiacas. «Los niveles altos de azúcar en la sangre hacen que las capas de células de las arterias se inflamen, alteran el colesterol LDL y causan que el azúcar se pegue a una variedad de proteínas, lo cual cambia la función normal de estas», dice el doctor en medicina Dwight Lundell, autor de *The Cure for Heart Disease*. Los niveles altos de azúcar en la sangre, como se ha visto, también hacen que los niveles de insulina se disparen, y en la mayoría de las personas esto les acaba provocando resistencia a la insulina, que juega un papel fundamental en cualquier enfermedad de las que hemos analizado que esté estrechamente conectada con las enfermedades cardiacas: diabetes, obesidad, hipertensión y síndrome metabólico.

¿No es lógico que nosotros creamos que reducir el azúcar es muchísimo más importante que reducir las grasas o el colesterol?

Y por cierto, no somos los primeros en afirmarlo.

La voz discrepante: John Yudkin

En 1970 la investigación de Ancel Keys ya se había publicado y los medios de comunicación hablaban de ella. Los fanáticos del colesterol bajo o del sin colesterol estaban preparando una arremetida para concienciar al público americano. Pero en 1972, Robert Atkins publicó *La nueva revolución dietética*, que se convertiría en la imagen mediática del movimiento a favor de una dieta baja en carbohidratos dos décadas más tarde. Atkins defendía un método diametralmente opuesto al promovido por Keys: afirmaba que el problema de la dieta americana estaba en la insulina y los hidratos de carbono y no en las grasas y el colesterol.

Como una dieta rica en grasas y proteínas y baja en carbohidratos iba tan en contra de la idea tradicional de aquella época, Atkins fue atacado despiadadamente por la prensa y vilipendiado por el estamento médico, que lo convirtió en un paria de la medicina en la comunidad médica. Pero el mismo año en que Atkins publicó la primera edición de su libro, John Yudkin, un médico inglés, levantaba olas al sugerir amablemente y de manera razonable al estamento médico que quizás el rey de su cuento —una dieta sin colesterol y baja en grasas—, en lugar de llevar un traje nuevo, iba como Dios lo trajo al mundo, refiriéndose a que esta clase de dieta no era más que una falacia.

Yudkin, profesor de nutrición en la Facultad Queen Elizabeth de la Universidad de Londres, era un científico de gran prestigio y un nutricionista que había publicado docenas de artículos en revistas revisadas por expertos de gran renombre como *The Lancet, British Medical Journal, Archives of Internal Medicine, American Journal of Clinical Nutrition* y *Nature*.

Yudkin solía ser presentado por sus detractores como un fanático con ojos de loco que culpaba al azúcar de provocar las enfermedades cardiacas, pero él no era así en absoluto. En *Sweet and Dangerous*, el libro que escribió en 1972, era la cordura personificada al pedir que se volviera a analizar la información —según él plagada de errores— que había llevado a la hipótesis según la cual las grasas causaban enfermedades cardiacas.

En la década de 1960, Yudkin realizó una serie de experimentos con animales en los que alimentó con azúcar y almidón a una variedad de bichejos: como pollos, conejos, cerdos y estudiantes universitarios. Descubrió que los niveles de triglicéridos de todos ellos habían subido. (Recuerda que los niveles altos de triglicéridos es un factor de riesgo cardiovascular muy importante.) En los experimentos de Yudkin el azúcar también aumentaba la insulina, vinculándolo a la diabetes tipo 2, que como ya sabes ahora está muy relacionada con las enfermedades cardiacas.[12]

Yudkin fue uno de los numerosos expertos que señalaron que había muchos otros países con estadísticas sobre las enfermedades cardiacas y el consumo de grasas aparte de los siete citados por Keys, y que aquellas otras cifras no coincidían con la relación: «a más grasas, más enfermedades del corazón», que solo se cumplía en los siete países elegidos. Señaló que existía una relación verdadera y más exacta entre el *consumo de azúcar* y las enfermedades cardiacas y dijo que «había una minoría importante, en la que él se incluía, que creía que las enfermedades coronarias *no* estaban causadas principalmente por el consumo de grasas». (Tres décadas más tarde, el doctor George Mann, director adjunto del estudio Cardiológico de Framingham, llegó a la misma conclusión y convocó a un prestigioso grupo de científicos y médicos para estudiar la prueba de que las grasas y el colesterol causaban enfermedades cardiacas, un concepto al que más tarde llamó «el mayor fraude del siglo».[13])

Pero el mismo año en que Atkins publicó la primera edición de su libro, John Yudkin, un médico inglés, levantaba olas al sugerir amablemente y de manera razonable al estamento médico que quizás el rey de su cuento —una dieta sin colesterol y baja en grasas—, en lugar de llevar un traje nuevo, iba como Dios lo trajo al mundo, refiriéndose a que esta clase de dieta no era más que una falacia.

Por esa misma época, el doctor en medicina Uffe Ravnskov, un brillante experto danés, volvió a analizar la información original de Keys y llegó a la misma conclusión. Su ejemplar erudición estaba respaldada por cientos de citas y estudios que aparecen en su libro *The Cholesterol Myths*, o en su web (www.ravnskov.nu/cholesterol.htm).

Aunque el libro que escribió Yudkin no tratara de una dieta baja en carbohidratos, fue una de las voces más influyentes de su tiempo en cuanto a que el azúcar era el culpable de muchísimos más problemas de salud que las grasas. Su libro hacía hincapié en los países donde la relación entre las enfermedades cardiacas y el consumo de azúcar destacaba mucho más que la relación entre las enfermedades cardiacas y las *grasas*. Y señalaba una serie de estudios —el más chocante era el de los masái de Kenia y Tanzania— en los que los participantes a pesar de consumir grandes cantidades de leche y grasas, no sufrían prácticamente de enfermedades cardiacas. Lo más interesante era que además apenas consumían azúcar.[14]

La edulcoración de Estados Unidos

Para ser claros, Yudkin nunca dijo que el azúcar *causara* las enfermedades de la civilización moderna, solo que era un factor que valía la pena considerar y estudiar lo máximo posible, incluso más que el consumo de grasas. Las enfermedades del corazón están relacionadas con una serie de indicadores, como el consumo de grasas, el sobrepeso, el tabaquismo, el sedentarismo, el consumo televisivo y una alta ingesta de azúcar. (El propio Yudkin realizó varios estudios interesantes sobre la ingesta de azúcar y las enfermedades coronarias. En uno de esos estudios descubrió que un grupo de pacientes coronarios consumía como promedio 147 g de azúcar, el doble que los participantes de dos grupos distintos de control que no sufrían enfermedades coronarias. Estos grupos solo consumían 67 g y 74 g de azúcar respectivamente.[15])

«Muchas de las observaciones clave citadas para sostener que el consumo de grasas causa enfermedades cardiacas respaldan también la teoría del azúcar», escribió Taubes. «Durante la guerra coreana, los patólogos que practicaban autopsias a los soldados americanos caídos en combate advirtieron que muchos de ellos tenían importantes placas en las arterias, incluso los que aún eran adolescentes, en cambio los coreanos muertos en combate no las tenían. Las placas ateroscleróticas de los americanos se atribuyeron al hecho de seguir una dieta rica en grasas, ya que la dieta de los coreanos era baja en grasas. Pero los americanos también estaban manteniendo una dieta rica en azúcar, a diferencia de los coreanos y los japoneses.»

Tal como dijo Yudkin: «Es posible que al final [muchos factores, como el azúcar] produzcan el mismo efecto en el metabolismo y causen enfermedades coronarias por medio del mismo mecanismo». ¿Cuál es este mecanismo? El *exceso de insulina* se estaba empezando a ver como el culpable del origen de al menos algunos de estos efectos metabólicos tan perniciosos para la salud, como las enfermedades cardiacas. Controlar la insulina era la principal finalidad de la dieta original de Atkins y se había convertido en la razón de ser de una dieta baja en carbohidratos. Aunque la dieta Atkins no sea la única forma de controlar la insulina, Atkins, que después de todo era un cardiólogo, es digno de admirar porque profetizó que los efectos de los carbohidratos y la resistencia a la insulina eran los causantes de la diabetes, la obesidad, la hipertensión y, como ya habrás adivinado, las enfermedades cardiacas.

La locura del colesterol

Las advertencias de Yudkin en contra del azúcar y el método Atkins de una dieta baja en carbohidratos para perder peso no eran más que susurros ahogados por los rugidos de la obsesión en contra de las grasas. A mediados de la década de 1980 las grasas se habían demonizado por competo y la fobia en contra de ellas estaba en pleno apogeo, con cientos de libros publicados sobre alimentos sin colesterol para endosárselos a un público crédulo.[16] En noviembre de 1985, el Instituto Nacional del Corazón, los Pulmones y la Sangre lanzó un Programa Educativo Nacional sobre el Colesterol afirmando que su finalidad era «reducir los trastornos y muertes causados por las enfermedades coronarias en Estados Unidos *al bajar el porcentaje de americanos con niveles altos de colesterol en la sangre* (la cursiva la hemos añadido nosotros)».[17]

En 1976 Nathan Pritikin abrió el Centro Pritikin para la Longevidad en Santa Barbara, California, y durante la década siguiente predicó el dogma de una dieta super baja en grasas a cualquiera que quisiera escucharle, que era la mayor parte del país. Pritikin murió en 1985, pero el doctor Dean Ornish ocupó rápidamente su lugar. La fama de Ornish —y la mayor parte de la fe del público en el método de una dieta baja en grasas—, fue alimentada por su famoso estudio de intervención de cinco años de duración, el estudio Cardiaco sobre el Estilo de Vida, que demostraba que unos cambios intensivos en el estilo de vida podían revertir las enfermedades coronarias. En el estudio de Ornish participaron 48 varones de raza blanca de mediana edad con enfermedades cardiacas desde moderadas a graves a los que dividieron en dos grupos. Uno de ellos recibió las «atenciones habituales» y el otro una intervención intensiva especial dividida en cinco partes que tenía que ver con el estilo de vida, compuesta de 1) Ejercicios aeróbicos. 2) Aprender a gestionar el estrés. 3) Dejar de fumar. 4) Un grupo de apoyo psicológico. 5) Una estricta dieta vegetariana rica en fibra con un 10 por ciento de calorías procedentes de grasas.

Cuando el estudio de Ornish demostró que se había revertido hasta cierto punto la aterosclerosis y en menor grado, las enfermedades cardiacas de veinte hombres que habían completado el estudio de cinco años de duración, la conclusión del público —reforzada por la de Ornish— fue que los resultados estaban causados en gran parte por una dieta baja en grasas. Esta conclusión fue un acto de fe increíble que no estaba en absoluto respaldado por dicha investigación. Pero el hecho es que *no hay forma de saber* si los resultados se debieron a la parte del experimento de una dieta baja en grasas (nosotros no creemos que sea esta la razón), al alto contenido en fibra, a los alimentos integrales, a la dieta baja en azúcar o a alguna combinación de estas intervenciones. Es muy posible que Ornish hubiera obtenido los mismos resultados o incluso unos mejores con un programa de ejercicios, de gestión del estrés, de dejar de fumar, y un grupo de terapia, además de una dieta a base de alimentos integrales rica en proteínas y fibra, y baja en azúcar.

Con todo, las dietas bajas en grasas siguieron siendo la receta dietética de cualquier organización sanitaria importante que coincidiera con la corriente dominante de aquella época. Esta recomendación se fundaba en dos creencias básicas: que las dietas bajas en grasas reducen el colesterol y que al reducir el colesterol se reducirían las enfermedades cardiacas y aumentaría la esperanza de vida.

Si bien algunos estudios han revelado que las dietas bajas en grasas reducen el colesterol en general, muchos han demostrado lo contrario. Cuando sustituyes las grasas de la dieta por carbohidratos, que es lo que ocurre exactamente en las dietas bajas en grasas, los triglicéridos acaban *subiendo* y el colesterol HDL *baja*.

Lo cual es una mala noticia, ya que unos niveles más altos de triglicéridos son un factor de riesgo cardiovascular, y esta subida combinada con el descenso del colesterol HDL es doblemente problemática, un «efecto secundario» negativo de la dieta baja en grasas que se supone que es cardiosaludable. No solo aumenta un importante factor de riesgo cardiovascular (triglicéridos), sino que además se reduce una medida *protectora* (colesterol HDL), y por si esto fuera poco, la proporción de triglicéridos en cuanto al colesterol HDL, que tan importante es, también cambia para peor. Unos niveles más elevados de triglicéridos y unos valores más bajos de colesterol HDL significan una proporción *mucho más elevada* de triglicéridos en cuanto al HDL. Como ya hemos visto, lo que quieres es que esta proporción sea *baja* y no alta, pero las dietas ricas en carbohidratos hacen que esta proporción *suba más aún*.

El lobi del azúcar en acción

¿Cómo acabaron las grasas siendo demonizadas y el azúcar en cambio consiguió zafarse del asunto?

Bueno, no hay un lobi político para las «grasas», pero sí que hay uno muy poderoso para el azúcar.

En 2003 la Organización Mundial de la Salud (OMS) —que no estaba formada precisamente por un puñado de radicales con ojos de locos— publicaron un informe prudente y moderado titulado *Dieta, nutrición y la prevención de enfermedades crónicas*.[18] En él la OMS afirmaba de manera anodina que era una buena idea no consumir a diario más de un 10 por ciento de calorías procedentes de azúcares añadidos. El informe sugería que al consumir menos azúcares, se reducía el riesgo de sufrir obesidad, diabetes y enfermedades cardiacas. Era una recomendación no polémica de lo más «sencilla» afín a la corriente dominante de la época. ¿Quién iba a oponerse a ella?, te preguntarás.

Pues la industria americana del azúcar.

«Con la esperanza de frenar el informe [...] la Asociación Azucarera amenazó con presionar al Congreso para que retirara los 406 millones de dólares que Estados Unidos entrega cada año a la OMS», escribió Juliet Eilperin en el *Washington Post*.[19] El *Post* citaba una carta del 14 de abril de 2003 de Andrew Briscoe, presidente de la Asociación Azucarera, dirigida al director general de la OMS, en la que le decía: «Recurriremos a cualquier medida posible para poner en evidencia la dudosa naturaleza del informe *Dieta, nutrición y la prevención de enfermedades crónicas*».

Dos senadores escribieron una carta a Tommy G. Thompson, el por aquel entonces secretario del Departamento de Salud y Servicios

Humanos, instándole a retirar el informe. Al poco tiempo, el Departamento de Salud y Servicios Humanos de Estados Unidos publicó unos comentarios sobre dicho informe afirmando que la «evidencia de que las sodas estaban relacionadas con la obesidad no era demasiado convincente».

¿Ah sí? Me recuerda cuando los de la industria del tabaco defendían los cigarrillos.

QUÉ DEBES SABER

- La hipertensión, los niveles altos de triglicéridos y una proporción elevada de triglicéridos en cuanto al HDL, son unos factores más fiables para predecir las enfermedades del corazón que el colesterol. El azúcar, o en concreto la fructosa, sube los niveles de todos ellos.
- Las grasas suben el colesterol LDL, pero también suben el de las partículas inocuas grandes y esponjosas (que producen el aconsejable perfil del patrón A), y reducen las partículas perjudiciales y pequeñas en forma de perdigón, que son las que causan las enfermedades cardiacas. En cambio, el azúcar produce el efecto contrario, aumenta la cantidad de moléculas malas de colesterol LDL (crean el perjudicial perfil de patrón B) y reduce la cantidad de moléculas inocuas. Además, los altos niveles de azúcar y de insulina dañan las partículas pequeñas y malas de LDL, haciendo que sean mucho más proclives a empezar el proceso inflamatorio.
- Si aceptas nuestra teoría sobre que es la inflamación, y no el colesterol, la que «origina» las enfermedades cardiacas, merece la pena señalar que los efectos metabólicos del azúcar son sumamente inflamatorios para las paredes de tus arterias.

En un informe de 2005 del Instituto de Medicina, los autores reconocían que había un montón de pruebas que sugerían que el consumo de azúcar aumentaba el riesgo de sufrir enfermedades cardiacas y diabetes, y que hasta podía subir el colesterol LDL («malo»). El problema estaba en que no podían decir que la investigación fuera definitiva. «Existe la suficiente ambigüedad, concluyeron, como para no poder siquiera establecer un límite sobre cuál es la cantidad excesiva de azúcar», escribió Taubes.

Esta afirmación coincidía con la última realizada sobre el azúcar por la Administración de Alimentos y Medicamentos (FDA) en 1986, que básicamente decía: «No hay una evidencia concluyente sobre los azúcares que demuestre que la cantidad consumida en la actualidad sea peligrosa para la salud».

«Es otra forma de decir que la evidencia no las refutaba [las acusaciones en contra del azúcar], pero no era concluyente ni clara», dijo Taubes. También vale la pena señalar que en aquella época se consumía cerca de 18 kilos al año de «azúcares añadidos», lo cual significaba que se consumía mucho más azúcar del que obtenemos de manera natural de las frutas y las verduras. (Esta cantidad equivale a doscientas calorías adicionales diarias procedentes del azúcar, cerca de una lata y media de Coca-Cola.)

Después de todo no era nada del otro mundo y si fuera esta la cantidad de azúcar que consumiéramos, la mayoría de nutricionistas de Estados Unidos se darían por satisfechos. Pero el problema es que no eran 18 kilos anuales. Incluso en aquella época el Departamento de Agricultura dijo que se estaban consumiendo 34 kilos anuales per cápita, y a principios de 2000 había aumentado a 40. Y a finales del 2011, ascendían a 70 kilos anuales. Lo cual equivale a 70 paquetes de 1 kilo por cada hombre, mujer y niño de Estados Unidos.[20]

¿Por qué es tan malo el azúcar?

La forma en que el azúcar perjudica al corazón está relacionada de manera directa con la resistencia a la insulina.

El azúcar de mesa, conocido técnicamente como *sacarosa*, se compone en partes iguales de glucosa y fructosa, dos azúcares simples que son muy distintos metabólicamente hablando. La glucosa la puede usar cualquier célula del cuerpo. En cambio la fructosa es un veneno para el metabolismo. La fructuosa de nuestros alimentos edulcorados es la que más debemos temer.

Antes de echarle la culpa solo al jarabe de maíz alto en fructosa (JMAF), un aditivo que se encuentra prácticamente en todos los alimentos procesados que existen en el mercado, considera lo siguiente:

- El azúcar de mesa (sacarosa) se compone de un 50 por ciento de glucosa y de un 50 por ciento de fructosa.
- El jarabe de maíz alto en fructosa se compone de un 55 por ciento de fructosa y de un 45 por ciento de glucosa, una diferencia que no importa demasiado.
- Así que el azúcar y el jarabe de maíz alto en fructosa son *básicamente* lo mismo.

Como el jarabe de maíz alto en fructosa ha sido sometido a unas temperaturas muy elevadas durante el prensado, algunos fabricantes de alimentos ahora anuncian con orgullo que sus productos no contienen jarabe de maíz y que en su lugar están edulcorados con azúcar «natural» (se refieren a la sacarosa común). Mientras tanto, la Asociación de Refinadores de Maíz ha afirmado que la gente se ha metido injustamente con el jarabe de maíz alto en fructosa cuando este no es peor que el azúcar «común».

Por desgracia, la asociación tiene razón en el sentido técnico. La fructosa es la parte perjudicial del azúcar y tanto da si consumes la que procede del azúcar de mesa como la del JMAF. Aunque esto no significa que el JMAF no sea malo, solo significa que el azúcar «común» es *tan* malo como el JMAF. Lo que está causando tanto daño es la fructosa que contiene, y te explicaremos por qué.

El cuerpo metaboliza la fructosa y la glucosa de forma totalmente distinta. *No* actúan del mismo modo. La glucosa va directa al torrente sanguíneo y luego a las células, en cambio la fructosa va directa al hígado. Las investigaciones han revelado que la fructosa tiende siete veces más a formar PGA (productos de glicación avanzada), el daño arterial que hemos mencionado con anterioridad. El cuerpo metaboliza la fructosa como grasa, y la transforma casi de inmediato en grasa (triglicéridos). «Cuando consumes fructosa no estás consumiendo carbohidratos, sino grasas», afirma Robert Lustig, profesor de pediatría en la Universidad de California, en San Francisco.

La fructosa es la causa principal de la acumulación de grasa en el hígado, un trastorno conocido técnicamente como *esteatosis hepática*, aunque la mayoría de nosotros lo conozcamos como hígado graso. Y existe una relación directa entre el hígado graso y nuestra vieja amiga, la resistencia a la insulina.

Varman Samuel de la Facultad de Medicina de Yale, uno de los investigadores más destacados en el campo de la resistencia insulínica, dijo en el *New York Times* que la relación entre la grasa en el hígado (hígado graso) y la resistencia a la insulina era muy estrecha. «En cuanto la grasa se deposita en el hígado es cuando nos volvemos insulinorresistentes», afirmó.[21]

Dicho esto, ¿adivinas qué es lo que hace que la grasa se acumule en el hígado? La fructosa.

Si quieres ver a un puñado de animales de laboratorio volverse insulinorresistentes, aliméntalos con fructosa. Si les das la suficiente, el hígado la transformará en grasa y entonces se acumulará en él, y la resistencia insulínica no tardará en llegar. Esto puede tener lugar en tan solo una semana si les das la suficiente fructosa, o al cabo de varios meses si la consumen en la proporción que los humanos normalmente la ingerimos. Los estudios realizados por el doctor Luc Tappy, en Suiza, revelaron que si se les daba a los participantes una dosis diaria de fructosa como la que contienen de 8 a 10 latas de soda, a los pocos días les producía resistencia a la insulina y les elevaba los triglicéridos.[22]

La fructosa de alimentos naturales como las frutas es sin embargo otra historia. En una manzana no hay demasiada fructosa que digamos, y además contiene una buena cantidad de fibra, lo cual hace que los carbohidratos se asimilen con más lentitud y reduzcan la respuesta a la insulina. Pero la fructosa extraída de la fruta, concentrada en jarabe y añadida luego a prácticamente cada producto que compramos en el supermercado —desde pan y panecillos para hamburguesas, hasta pretzels y cereales—, es otra cosa muy distinta.

El jarabe de maíz alto en fructosa se inventó en Japón en la década de 1960 y se convirtió en Estados Unidos en un producto alimenticio en torno a la de 1970. Desde el punto de vista de los fabricantes de alimentos, tenía dos ventajas en cuanto al azúcar de mesa. En primer lugar, era más dulce, así que en teoría con una pequeña cantidad bastaba. Y en segundo lugar, salía mucho más económico que el azúcar. Los productos bajos en grasas tenían un gusto «más agradable» si se les añadía JMAF y al poco tiempo los fabricantes de alimentos ya le estaban añadiendo jarabe de maíz a todo. (¿No nos acabas de creer? Pues date una vuelta por el supermercado de tu barrio y lee las etiquetas de los productos. Ya verás como no encontrarás ni un solo producto procesado que no contenga jarabe de maíz.)

El resultado es que nuestro consumo de fructosa se ha disparado. Hoy día el 25 por ciento de adolescentes consumen ¡un 15 por ciento de calorías procedentes de fructosa! Como Lustig señaló en una brillante conferencia: «El azúcar: la amarga verdad» (aparece en YouTube), en la dieta americana el porcentaje de calorías procedentes de grasas ha bajado, pero al mismo tiempo se ha disparado el consumo de fructosa, al igual que las enfermedades cardiacas, la diabetes, la obesidad y la hipertensión. ¿Una casualidad? Lustig no lo cree así y nosotros tampoco.

¿Te acuerdas de que hemos hablado del síndrome metabólico? Es una serie de síntomas: los triglicéridos altos, la grasa abdominal, la hipertensión y la resistencia a la insulina aumentan en gran medida el riesgo cardiovascular. Los roedores que consumen elevadas cantidades de fructosa desarrollan rápidamente la resistencia insulínica.[23] En los humanos, una dieta rica en fructosa sube los triglicéridos casi al instante. El resto de los síntomas asociados al síndrome metabólico tarda un poco más en desarrollarse en los humanos que en las ratas, pero acaba apareciendo.[24] La fructosa también sube los niveles de ácido úrico en el torrente sanguíneo. El exceso de ácido úrico se conoce como una de las características de la gota, pero ¿sabías que también ayuda a predecir la obesidad y la hipertensión?

La fructosa y la glucosa actúan de forma muy distinta en el cerebro, como sugieren las investigaciones realizadas en la Universidad Johns Hopkins. La glucosa reduce la ingesta de comida, en cambio la fructosa, la aumenta. Si tu apetito aumenta, comerás más, con lo que tenderás mucho más a ser obeso y a sufrir enfermedades cardiacas. «Si llevas a un niño a un McDonald's y le compras una Coca-cola, ¿comerá más o comerá menos?», dijo Lustig.

El doctor M. Daniel Lane, de la Facultad de Medicina de la Universidad Johns Hopkins afirmó: «Creemos que [los descubrimientos sobre la fructosa y el apetito] son muy importantes en cuanto al aumento masivo del uso de edulcorantes ricos en fructosa (tanto el jarabe de maíz alto en fructosa como el azúcar de mesa) en prácticamente todos los alimentos endulzados, sobre todo las sodas. El consumo per cápita de estos edulcorantes en Estados Unidos es de 65 kilos al año aproximadamente y es muy probable que los adolescentes y los niños ingieran una cantidad incluso mayor al consumir más sodas».[25]

Dicho esto, a nosotros el caso contra el consumo de fructosa como un factor clave en el desarrollo de enfermedades cardiacas nos parece mucho más convincente que el caso contra el consumo de grasas. También vale la pena señalar que cada uno de los efectos negativos de la fructosa que aumenta el riesgo cardiovascular —y lo aumentan notablemente—, no tiene nada que ver con el colesterol alto.

En realidad el azúcar es muchísimo más perjudicial para el corazón que las grasas o el colesterol, pero aun así el estamento dietético sigue manteniendo que debemos preocuparnos sobre todo por las grasas y el colesterol.

Como dice una vieja máxima periodística: «Nunca dejes que los hechos se interpongan en una buena historia».

Por desgracia, esta historia hace ya mucho que ha caducado. Seguir creyendo en ella a pesar de todas las evidencias no hace más que propiciar que muchas personas contraigan graves enfermedades.

5

La verdad sobre las grasas:
no son lo que crees

No se puede hablar del colesterol sin hablar también de las grasas, lo cual a nosotros ya nos va bien, porque es exactamente de lo que hablaremos en este capítulo.

Cuando acabes de leerlo tendrás una perspectiva totalmente distinta sobre las grasas y una idea mucho más exacta de lo que significa «grasas buenas» y «grasas malas». Y no, no vamos a decirte lo que ya has oído un millón de veces, como que «la grasa del pescado es buena» (totalmente cierto) y que las «grasas saturadas son malas» (lo cual muy pocas veces es verdad).

Pero no nos adelantemos a los hechos.

Según las ideas predominantes, las grasas y el colesterol son los dos grandes males de las enfermedades cardiacas que equivalen al Infierno y a la Condenación, o a Bonnie y Clyde. Nos han advertido que bajemos nuestros niveles de colesterol y que dejemos de consumir grasas saturadas. Estos dos mandatos son la base de la hipótesis dieta-corazón por la que se ha estado rigiendo la política sobre salud pública relativa a una dieta saludable durante décadas, y básicamente mantiene que el consumo de grasas y colesterol es una causa directa importante de las enfermedades cardiacas.

De acuerdo, o sea, que las grasas y el colesterol (estén presentes en la dieta o en el torrente sanguíneo) son como parientes lejanos.

En los capítulos anteriores hemos hablado del colesterol, y en este aclararemos algunas ideas falsas sobre las grasas, explicaremos qué son las grasas, qué hacen y que no hacen, y por qué todo esto es importante. Y después de conocerlo, podremos ver con nuevos ojos la relación que existe entre las enfermedades cardiacas, el consumo de grasas y el colesterol en la sangre.

¡Pongámonos manos a la obra!

¿Qué son exactamente las grasas?

Las «grasas» es el nombre colectivo que se le ha dado a cualquier conjunto grande formado de unidades más pequeñas llamadas ácidos grasos. Las «grasas» y los «ácidos grasos» son como los billetes y la calderilla. Un billete de un dólar es las «grasas» y los «ácidos grasos» son la calderilla. Al igual que un dólar se puede componer de distintas combinaciones de monedas —cien peniques, cuatro monedas de 25 centavos, diez monedas de 10 centavos, veinte monedas de 5 centavos, etc.— las «grasas» se componen de distintas combinaciones de ácidos grasos.

Hay muchos más ácidos grasos en una cucharada de mantequilla que en una cucharadita, al igual que un billete de 5 dólares se compone de más monedas que uno de 1 dólar, pero tanto si se trata de una cucharadita de mantequilla, de una tarrina de manteca de cerdo o de una cucharada de aceite de pescado, todas las grasas de la Tierra se componen de ácidos grasos. La única diferencia entre las grasas del aceite de oliva y las de la manteca de cerdo es que tienen un aspecto distinto al observarlas bajo un microscopio, pues a través de él se ve que están hechas de una mezcla distinta de ácidos grasos (es decir, de monedas de 5 centavos, de 10 centavos, de 25 centavos, etc.).

Existen tres familias de ácidos grasos: ácidos grasos saturados, ácidos grasos monoinsaturados y ácidos grasos poliinsaturados. (En realidad, hay una cuarta clase de ácidos grasos llamada grasas trans, una especie de «grasas Frankenstein», pero hablaremos de ellas más tarde.) En esta parte nos centraremos sobre todo en las grasas saturadas, pero resérvate un hueco para dos miembros de la familia de los poliinsaturados llamados ácidos grasos *omega 3* y *omega 6*. Son muy importantes y más adelante hablaremos de ellos con más detenimiento.

Hablando con franqueza, en realidad escribimos este libro para nuestras familias. Queríamos que las personas con una inteligencia normal y corriente y sin estudios científicos pudieran entender los razonamientos básicos y tomar nota de los mensajes. Queríamos tratar los temas de este libro con la suficiente sencillez como para que los entendiera cualquier persona que no fuera un profesional de la medicina. Pero francamente, las grasas no son fáciles de explicar.

Esta es la parte del libro donde si no nos hubiéramos andado con ojo, podríamos haber acabado presentado un breve curso sobre la bioquímica de las grasas, pues es un tema muy interesante con el que se pueden llenar páginas y páginas. Pero no te preocupes, no te mataremos de aburrimiento hablando de su estructura química, porque a la mayoría de la gente no le importa un pimiento los complicados detalles de la arquitectura y la composición de las grasas, que es lo que hace que un ácido graso sea «saturado» y otro «insaturado». (Pero si te mueres por saberlo, tiene que ver con la cantidad de dobles enlaces químicos en la cadena molecular de los ácidos grasos. Las grasas monoinsaturadas solo tienen un doble enlace. Y las grasas poliinsaturadas tienen más de uno. ¡Ala!, ahora ya lo sabes.)

Y por más que nos guste hablar de este tema y nos encantase charlar largo y tendido de él si te topases con nosotros en una fiesta, la verdad es que hace que la gente se aburra como una ostra al cabo de poco. O sea, que si te interesa el tema de los dobles enlaces, la saturación, la longitud de la cadena molecular y otras cosas que molan tanto como estas, ¡adelante! Esta información es fácil de conseguir, no es controvertida ni polémica, y además no tiene demasiado que ver con nuestra historia. Por eso, para no darte la lata, hemos decidido saltarnos este tema y ofrecerte en su lugar una idea general de lo que debes saber sobre las grasas saturadas, poliinsaturadas y monoinsaturadas.

Las grasas saturadas: todo lo que aprendimos ¡era falso!

Las grasas saturadas se encuentran sobre todo en la comida de origen animal (la carne, el queso, la mantequilla, los huevos) y con menor frecuencia en ciertos alimentos de origen vegetal, como el coco, el aceite de coco y el aceite de palma. A temperatura ambiente se solidifican (piensa en la mantequilla), y cuando hace calor se licúan.

QUÉ DEBES SABER

- Las grasas saturadas se han demonizado erróneamente.
- Las grasas saturadas elevan el colesterol (HDL) «bueno».
- Las grasas saturadas tienden a cambiar el patrón de tu colesterol (LDL) «malo», transformándolo en el más favorable patrón A (partículas grandes y esponjosas).
- Varios estudios recientes han revelado que las grasas saturadas no están vinculadas a un mayor riesgo cardiovascular. Un estudio de Harvard concluyó que «un mayor consumo de grasas saturadas se asocia a una menor progresión de la aterosclerosis coronaria, en cambio el consumo de carbohidratos se asocia a una mayor progresión».
- El estudio de Salud de las Enfermeras reveló que el consumo de carbohidratos refinados estaba vinculado a un aumento del riesgo cardiovascular.
- Los ácidos grasos omega 6, por ejemplo, los de los aceites vegetales, son proinflamatorios.
- El equilibrio entre los ácidos grasos omega 6 y omega 3 es muchísimo más importante que el consumo de grasas saturadas.
- Las dietas bajas en grasas funcionan porque reducen el consumo de ácidos grasos omega 6 y no por reducir el de grasas saturadas.

Grasas: las distintas clases de ácidos grasos

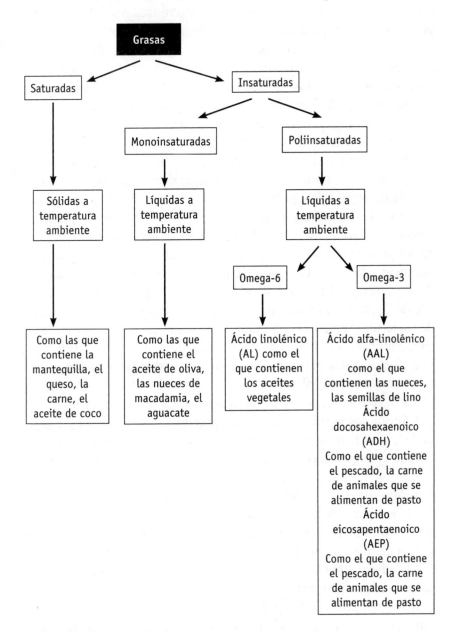

Gráfico de Michelle Mosher.

También tienen otras características que vale la pena mencionar. Las grasas saturadas son muy estables. Son resistentes: cuando se exponen a altas temperaturas no se «mutan» o «dañan» tan fácilmente como sus delicadas hermanas, las grasas insaturadas. Es una de las razones por las que la manteca de cerdo (con un alto contenido de ácidos grasos saturados) es mejor opción para freír los alimentos que los aceites vegetales baratos y procesados que se han ido reemplazando progresivamente a medida que los restaurantes procuraban estar más concienciados sobre la comida saludable.

El problema con los aceites vegetales es que al no ser ni por asomo tan resistentes como las grasas saturadas, se dañan fácilmente. Cuando los calientas y reutilizas para freír alimentos, como se hace prácticamente en todos los restaurantes, se forman compuestos nocivos de toda índole, como los carcinógenos. Comparados con las grasas saturadas, los ácidos grasos insaturados de los aceites vegetales se dañan mucho más fácilmente al someterlos a altas temperaturas y son más proclives a oxidarse y a producir radicales libres. Estos aceites vegetales al sufrir el estrés de las altas temperaturas y reutilizarse, se transforman en todo tipo de moléculas mutantes, en cambio las grasas saturadas ante las altas temperaturas se comportan como el tío fuerte y silencioso de la familia: todos los demás se vuelven locos, pero él ¡conserva la calma y la serenidad! (Más adelante hablaremos de algunos de los otros problemas que conlleva el uso excesivo de los aceites vegetales en nuestra dieta.)

Ahora nos gustaría hacerte una pregunta, y sé sincero al responderla: ¿Se te han puesto los pelos de punta cuando hemos dicho que cocinar con manteca de cerdo era mejor? Probablemente has pensado: «¡Ahora sí que se han pasado! ¿Han dicho que es mejor freír con manteca de cerdo que con aceite de canola? ¡Están locos!»

Nos sorprendería que no hubieras reaccionado así. La mayoría de las personas se quedan horrorizadas al leerlo porque les han inculcado la idea de que las grasas son lo peor de lo peor.

La idea de que la manteca de cerdo, rica en grasas saturadas, pueda ser incluso una mejor opción que los aceites vegetales ricos en omega 6 tan promovidos por la teología de las grasas, nos choca porque nos han estado diciendo hasta la saciedad que las grasas saturadas y el colesterol son la causa de todas las enfermedades cardiacas. Esta idea es el dogma que ha estado prevaleciendo durante décadas sobre las grasas saturadas, el colesterol y las enfermedades cardiacas. Pero ahora no solo estás familiarizado con esta idea, conocida como la hipótesis dieta-corazón, sino que además se ha convertido en el mantra en el que prácticamente todas las organizaciones sanitarias más importantes del gobierno y de la corriente dominante, como la Asociación Americana del Corazón, han basado la política pública sobre la dieta y las enfermedades cardiacas.

Pero hay un problema.

No es verdad.

Pese a su mala fama, las grasas saturadas no son ningún demonio dietético. Cada vez son más los profesionales de la salud, los investigadores, los científicos, los médicos y los nutricionistas que están empezando a examinar de nuevo el caso contra las grasas saturadas, y están descubriendo que se basa en unas pruebas muy poco sólidas (y en muchos amiguismos para protegerse las espaldas).

Las grasas saturadas y las enfermedades del corazón: ¿dónde está la evidencia?

A pesar de haber un montón de estudios que señalan la relación entre un mayor consumo de grasas saturadas y el riesgo cardiovascular, hay varias cosas que debemos tener en cuenta sobre ellos.

DOCTOR JONNY:

Cuando hacía el quinto curso en un colegio de Queens, en Nueva York, había un chico llamado A. J. que siempre, y cuando digo *siempre* es en el sentido literal, se metía en problemas. Pero se debía a cosas sin importancia, como llegar un par de minutos tarde del recreo, cuchichear en clase o en el peor de los casos, lanzar bolitas de papel masticadas. Aunque hubiera cinco chicos más haciendo lo mismo, siempre pillaban a A. J. Y entonces tenía que afrontar todas las humillaciones que sus travesuras acarreaban: le acusaban, le reñían y llamaban a sus padres al colegio para contarles lo que su hijo había hecho.

Pero en la clase había un par de chavales que eran de armas tomar. Gilbert, uno de ellos, se dedicaba compulsivamente a pegarle a todo el mundo un susto de muerte lanzándole petardos, y luego se esfumaba del escenario del crimen antes de que lo pudieran pillar. Otro, Howie, se lo pasaba en grande rompiendo ventanas a pedradas. Y había un tercero, Corky, que era el matón de la clase. Y, sin embargo, nunca les atraparon. A estos chicos raras veces les llamaban la atención echándoles un severo sermón. El papel de «chico malo» de la clase lo hacía A. J, que es a quien pillaban, castigaban de cara a la pared y reñían gritando delante de toda la clase, y todo por unas travesuras sin importancia, en cambio los chicos que hacían las peores trastadas salían impunes.

A. J. era travieso, pero a diferencia de los otros chicos nunca pegó a ningún compañero, ni hizo nada realmente malo, ni destruyó la propiedad de nadie y, sin embargo, cuando había algún problema era siempre el que se las cargaba.

Las grasas saturadas son como A. J. Aunque no sean unos angelitos, son mucho menos importantes que los otros factores que ignoramos, como un alto consumo de ácidos grasos omega 6, un bajo consumo de omega 3 y un consumo desmedido de azúcar y carbohidratos procesados.

¿Son las grasas saturadas tan maravillosas que todos debemos decidir fundir una carretada de mantequilla para añadirla ahora mismo a nuestros *smoothies*? No, claro que no. Las grasas saturadas también tienen sus aspectos negativos. Son ligeramente inflamatorias. Y pueden contribuir a la resistencia insulínica.

Si los dictócratas dietéticos quieren advertirnos sobre los componentes inflamatorios de los alimentos, ¿por qué eligen las grasas saturadas, un factor que juega un papel relativamente pequeño en la inflamación comparado con el de la proporción entre los omega 6 y los omega 3? Si quieren advertirnos sobre las grasas saturadas por su supuesta relación con la resistencia a la insulina, ¿por qué siguen fomentando un consumo tan absurdamente alto de carbohidratos cuando se puede demostrar que es lo peor que hay para la salud?

Las grasas saturadas son como A. J. No son unos angelitos, pero tampoco se merecen cargar con toda la culpa. Y lo más curioso es que mientras todo el mundo se mete con ellas y les echa la culpa de todo lo malo que pasa, los verdaderos culpables siguen en libertad.

UNAS PALABRAS SOBRE LOS METAANÁLISIS Y POR QUÉ SON IMPORTANTES

Te explicaremos brevemente qué son los metaanálisis y por qué se realizan. Pongamos que quieres aprender sobre los hábitos sexuales de los universitarios. Seguramente haya un par de docenas de estudios relevantes sobre este tema que podrías consultar, pero como ocurre en cualquier otro campo de investigación, no hay ninguna garantía de que todos lleguen a las mismas conclusiones. A decir verdad, es casi seguro que no lo harán. Un estudio tal vez revele, por ejemplo, que los universitarios tienen más sexo, y en cambio otro afirme que en realidad tienen menos. (Si analizamos estos dos estudios con una mirada crítica, quizá descubramos que los investigadores de uno y otro no han usado la misma definición de la palabra «sexo» al investigar a los estudiantes, lo cual sea tal vez la causa de los distintos resultados.)

A veces los investigadores pasan por alto una variable evidente que podría alterar los resultados. Aunque siempre intenten controlar estas variables (como la edad, el sexo y el tabaquismo) y procuren en general que los participantes «encajen» con los criterios más importantes, no siempre controlan cada una de las variables que podría marcar una diferencia (y esto ocurre sobre todo en las investigaciones dietéticas). La cuestión es que si observas cualquier cosa que valga la pena analizar, encontrarás siempre un montón de investigaciones realizadas sobre ella, y entre estos estudios es casi seguro que te toparás con conclusiones contradictorias y áreas en las que no coinciden en su forma de interpretarlas.

Incluso algo que en la actualidad parece estar tan claro como el vínculo entre el tabaco y el cáncer empezó como una hipótesis y se ha experimentado en toda clase de poblaciones y en todo tipo de condiciones. Los estudios también llegan a distintas conclusiones dependiendo de las medidas estadísticas usadas, las poblaciones estudiadas e incluso la definición de los términos. (¿La definición de «fumador» se refiere a alguien que se fuma solo un cigarrillo a la semana? ¿O a alguien que se fuma al menos medio paquete diario?)

Lo cual nos lleva por fin a los metaanálisis.

A veces los investigadores reúnen un montón de estudios, agrupan los resultados y los ponen a la vista, como si fueran los mapas electorales de la CNN cubiertos de banderitas. Luego se preguntan: «¿Qué nos indican estos estudios en su conjunto?» Por ejemplo, reúnen todos los estudios que hay sobre el tabaco y el cáncer, los estudiantes universitarios y el sexo, o las grasas saturadas y las enfermedades cardiacas. Después los examinan escrupulosamente y descartan cualquier estudio con unos métodos, un plan o unos datos que no cumplen lo que exigen los modelos de una investigación perfecta. (Los metaanálisis suelen excluir los pequeños estudios piloto, los estudios que no son de doble ciego, los estudios con demasiados pocos participantes, o los que no contienen información sobre algo que los investigadores consideran importante.)

En cuanto seleccionan la «flor y nata» de los estudios por inclusión (y eliminan los estudios que no dan la talla), los investigadores se ponen en acción y aplican cada método estadístico habido y por haber para descubrir la verdadera relación que existe entre la enorme cantidad de información reunida. Observan las conclusiones de los estudios y las comparan. Y también analizan a los participantes que han formado parte de ellos. Lo hacen para encontrar tendencias, direcciones, datos estadísticos importantes y relaciones ocultas. Y aunque los metaanálisis no sean infalibles, son una buena forma de hacerte una idea general para evaluar lo que en realidad está pasando.

En primer lugar, las relaciones sugeridas son mucho menos sólidas de lo que parecen, dado lo arraigada que está la idea de que las grasas saturadas nos taponan las arterias. En muchos de estos estudios, el mayor «riesgo» analizado fue el colesterol, así que en realidad se trata de un razonamiento viciado en el que un mayor consumo de grasas saturadas aumenta el riesgo cardiovascular, pero *solo* si se acepta que los niveles altos de colesterol son los causantes de las enfermedades cardiacas. Existen pocos estudios que evalúen de manera *directa* los efectos de las grasas saturadas sobre las enfermedades cardiacas y la mortalidad, en su lugar lo hacen de manera indirecta evaluando los efectos de las grasas saturadas sobre los niveles de colesterol. Pero con todo, hay algunos importantes de los que hablaremos enseguida.

En segundo lugar, como los científicos han analizado con más atención la relación entre el consumo de grasas saturadas y los niveles de colesterol en la sangre, están empezando a ver que incluso en este caso la relación no es tan clara como se creía. Las grasas saturadas, como ya hemos señalado, aumentan los niveles de colesterol total, pero sus efectos siguen siendo más positivos que negativos, porque hacen que los niveles de HDL suban más que los de LDL. Y lo más importante es que las grasas saturadas afectan de manera positiva el tamaño de las partículas de LDL y de HDL, *aumentando* la cantidad de partículas grandes y esponjosas —las benéficas—, y *reduciendo* notablemente la cantidad de partículas pequeñas y densas —las inflamatorias— (como las LDL del patrón B y las HDL-3). (Lo cual se llama *cambiar la distribución* de las partículas de LDL.) Y como ya hemos dicho, el tamaño de las partículas de colesterol es mucho más importante que los niveles totales. Más adelante, cuando hablemos de los dos principios de la teología de las grasas, aprenderás por qué es así y por qué debemos fijarnos en el *tamaño de las partículas.*

Uno de los principios básicos de la teología de las grasas es que las grasas saturadas aumentan el riesgo cardiovascular. En la bibliografía científica, esta cuestión no se ha resuelto ni mucho menos como habrás sospechado después de escuchar a la CNN. Recientemente, la doctora Patty Siri-Tarino, y el doctor Ronald Krauss, del Instituto de Investigación del Hospital Infantil de Oakland, junto con el doctor Frank B. Hu, de Harvard, decidieron realizar un metaanálisis: un estudio de los estudios. En este caso, consultaron los estudios publicados que investigaban la relación entre las grasas saturadas y las enfermedades coronarias (EAC), los infartos cerebrales o las enfermedades cardiovasculares (ECV). Ten en cuenta que es uno de esos estudios que tanto escasean, como ya hemos señalado antes: un estudio sobre los *efectos directos* de las grasas saturadas en la salud. Los investigadores además de estar interesados por los efectos de las grasas saturadas en el *colesterol,* querían descubrir los efectos de las grasas saturadas en las *enfermedades cardiacas.* (Recuerda que estas dos cosas ¡no son lo mismo!)

En el metaanálisis se seleccionaron veintiún estudios por inclusión, lo cual quiere decir que estos estudios se consideraron bien planeados y fiables. En total, en los veintiún estudios habían participado 347.747 sujetos que fueron objeto de un seguimiento de entre cinco a veintitrés años de duración. A lo largo de este espacio de tiempo, 11.006 de los participantes desarrollaron una enfermedad coronaria (EAC) o un infarto cerebral.

¿Estás listo para saber los descubrimientos que hicieron?

La cantidad de grasas saturadas que consumían no era en absoluto un factor predictivo de riesgo cardiovascular. Según las propias palabras de los investigadores: «El consumo de grasas saturadas no está relacionado con un aumento del riesgo de desarrollar una enfermedad coronaria (EAC) o un infarto cerebral, ni tampoco con un aumento del riesgo de sufrir una enfermedad cardiovascular (ECV)». Los participantes que más grasas saturadas consumían fueron estadísticamente hablando idénticos a los que menos consumían en cuanto a la probabilidad de desarrollar una EAC, un infarto cerebral o una EVC. Incluso cuando los investigadores tuvieron en cuenta la edad, el sexo, y la calidad del estudio, los resultados fueron los mismos. El consumo de grasas saturadas no hacía nada de nada: no aumentaba ni reducía el riesgo de ninguna forma importante. Y punto.

«No existe ninguna prueba importante para concluir que el consumo de grasas saturadas vaya asociado a un aumento del riesgo de desarrollar EAC o ECV», concluían los investigadores.[1]

Aunque esto no significa —lo cual es muy importante— que no exista ninguna prueba de que las grasas saturadas suban el colesterol. Porque las hay, y dentro de poco hablaremos de esta cuestión. Pero el metaanálisis que hemos citado no solo tuvo en cuenta los niveles de colesterol, sino también lo que de verdad nos importa sobre las enfermedades cardiacas y la mortalidad. Así que tanto me da que las grasas saturadas me suban el nivel de colesterol. Lo que realmente quiero saber es si el consumo de grasas saturadas tiene algo que ver con que yo pueda sufrir un infarto. El metaanálisis se centró en esta cuestión que es la que más nos importa, y basándose en este punto tan importante reveló que el consumo de grasas saturadas no tenía prácticamente ningún efecto en cuanto a ello.

Este metaanálisis no es el único estudio que ha descubierto que el consumo de grasas saturadas no está relacionado de manera directa con las enfermedades cardiovasculares. En el otoño del 2011 se publicó un nuevo estudio en el *Netherlands Journal of Medicine* titulado «Las grasas saturadas, los carbohidratos y las enfermedades cardiovasculares». Al igual que el metaanálisis del que hemos hablado, su objetivo era analizar la información científica actual sobre los efectos de las grasas saturadas, y se tuvieron en cuenta todas las controversias y los posibles mecanismos relativos al papel que las grasas saturadas jugaban en las enfermedades cardiacas.

Los investigadores escribieron lo siguiente:

«El consumo de ácidos grasos saturados está relacionado con un modesto aumento del colesterol sérico total, pero *no* se asocia a las enfermedades cardiovasculares (la cursiva la hemos añadido nosotros)».[2]

Como hemos venido diciendo a lo largo del libro, el colesterol solo se usa como indicador. (Es decir, es una respuesta para sustituir lo que *realmente* queremos saber, en concreto, ¿qué probabilidades tenemos de desarrollar una enfermedad cardiaca?) Pero si lo que buscas es un valor para predecir quién va a contraer una enfermedad del corazón y quién no la va a contraer, el colesterol, como se ha visto en este libro, no sirve de gran cosa en este sentido. Si el colesterol sirviera para predecir quién contraerá una enfermedad cardiaca (primera idea falsa), y si las grasas saturadas fueran malísimas para los niveles del colesterol (segunda idea falsa), en este caso habría una buena razón para eliminar las grasas saturadas de tu dieta.

Pero resulta que ninguna de estas dos ideas es cierta.

Veamos estas dos ideas por separado, porque la teología de las grasas se basa en ellas.

Teología de las grasas: demolición de los dos principios más importantes

Un equipo de investigadores de Japón realizó otro metaanálisis para examinar el primero de estos principios: el colesterol es un buen factor predictivo de las enfermedades cardiacas. Buscaron todos los estudios que habían analizado la relación entre el colesterol y la mortalidad, excluyendo los realizados antes de 1995 y cualquier otro de menos de cinco mil participantes. Hubo nueve estudios que coincidieron con este criterio, pero se excluyeron cuatro de ellos por contener una información incompleta. Después los investigadores realizaron el metaanálisis con los cinco estudios que quedaron, en los que habían participado en total más de 150.000 sujetos que habían sido objeto de seguimiento a lo largo de cinco años.

Los investigadores incluyeron a los participantes en uno de los cuatro grupos según sus niveles de colesterol: menos de 160 mg/dl, de 160 a 199 mg/dl, de 200 a 239 mg/dl, y más de 240 mg/dl. (Estas categorías reflejan las pautas de la Asociación Americana del Corazón, que afirman que 200 mg/dl o menos son los valores «aconsejables», de 200 a 239 mg/dl son el «límite máximo recomendado», y que los valores mayores de 240 mg/dl son una mala noticia.)

¿Qué grupo crees que fue el que tuvo los peores resultados?

Según todo lo que les hemos oído decir a los fanáticos del colesterol, la respuesta es sencilla: los sujetos con los niveles más altos de colesterol (240 mg/dl o una cantidad mayor) son los que más posibilidades tendrían de morir, y los que están en el «límite máximo recomendado» de 200 a 239 mg/dl, tendrían más posibilidades de morir que los sujetos con valores de 160 a 199 mg/dl. Y los del grupo de los niveles más bajos de colesterol, los que no pasaran de 160 mg/dl, deberían de ser ¡los más longevos!

Pues esto fue exactamente lo que *no* pasó.

En realidad, el *mayor* índice de muertes se dio en el grupo con los niveles más bajos de colesterol.

En términos científicos, el mayor índice de riesgo de morir por cualquier causa (llamado «mortalidad por cualquier causa») se dio en el grupo con los niveles más bajos de colesterol. Comparado con el grupo de referencia (de 160 a 199 mg/dl), el riesgo de morir por cualquier causa fue mucho menor en el grupo del «límite máximo recomendado», el de los valores de colesterol de 200 a 239 mg/dl, y se redujo más aún en el grupo que «más» colesterol tenía (más de 240 mg/dl. En cambio, el mayor índice de riesgo de morir por cualquier causa se dio en el grupo con valores de colesterol inferiores a 160 mg/dl.[3]

¿Está el colesterol *alto* relacionado con un *menor* riesgo de mortalidad? Es exactamente lo que el estudio reveló, aunque creyeras que iba a suceder lo contrario.

El colesterol total es tan irrelevante como medida que en 2007 la Sociedad Japonesa de la Aterosclerosis dejó de usarlo como referencia en sus pautas en cualquier tabla relacionada con el diagnóstico o el tratamiento.

El colesterol total es tan irrelevante como medida que en 2007 la Sociedad Japonesa de la Aterosclerosis dejó de usarlo como referencia en sus pautas en cualquier tabla relacionada con el diagnóstico o el tratamiento.[4] Esto no significa ni mucho menos que la Sociedad haya abandonado la teoría del colesterol, pero ahora solo se basa en los niveles de LDL para determinar quién pertenece a la categoría del «colesterol alto», sosteniendo que si los valores del colesterol total son altos solo por tener niveles muy elevados de HDL, esto no debe considerarse como algo negativo. Muchos médicos americanos —incluso los más conservadores— seguramente coincidirían en que los niveles de LDL es lo que realmente importa, aunque no comulguen por completo con la idea de que lo más importante es la *clase* de LDL y no la cantidad.

Pero ¿son los niveles de LDL un factor más fiable en la predicción de las enfermedades cardiacas o de la mortalidad que los niveles totales de colesterol?

Vayamos a los hechos para ver si es así.

Un equipo de investigadores de Japón realizó el estudio de Isehara[5] para responder a esta pregunta. Este estudio se basaba en la información reunida de los chequeos anuales de los habitantes de Isehara, una ciudad más bien pequeña (100.000 habitantes) situada en la Prefectura de Kanagawa en el centro de Japón. A los 8.340 varones (de 64 años de edad como promedio) y a las 13.591 mujeres (de 61 años como promedio) les midieron los valores de colesterol, y a los 21.931 participantes se les dividió en siete grupos que iban de los niveles de colesterol LDL más bajos a los más altos (en mg/dl): <80, de 80 a 88, de 100 a 119, de 120 a 139 (grupo de referencia), de 140 a 159, de 160 a 179, y >180.

Tanto en los hombres como en las mujeres, los mayores índices de mortalidad se dieron en el grupo con los niveles más bajos de colesterol LDL (por debajo de 80 mg/dl).

Si bien es cierto que en este estudio la mortalidad por enfermedades cardiacas fue mayor en el grupo con los niveles más altos de LDL (por encima de 180 mg/dl, reconocemos que son altísimos), solo se dio en los hombres. En las mujeres ocurrió lo contrario: en el grupo con los niveles más altos de colesterol LDL fue donde menos mujeres murieron por enfermedades cardiacas. En cualquier caso, este aumento de enfermedades cardiacas en el grupo masculino que pertenecía a los niveles más altos de LDL, estaba por lo visto más que compensado por el aumento de muertes por cualquier otra causa.

Espero que esta información os haga al menos cuestionaros tanto a ti como a tu médico la idea de si el colesterol es realmente un valor o un factor predictivo importante de las enfermedades cardiacas. Pero para demostrar la cuestión, pongamos que tú, o tu médico, no estáis dispuestos a abandonar la teoría del colesterol. Vale, no pasa nada. Después de todo, a ti, como a la mayoría de nosotros, te han inculcado la idea de que cualquier cosa que suba el colesterol es mala y no es fácil abandonarla, especialmente cuando la has estado oyendo toda la vida.

Pero antes de volver a demonizar las grasas saturadas, analicemos la segunda creencia en la que se basa la teología de las grasas: la idea de que las grasas saturadas son malas para el colesterol.

Cuando el colesterol se evaluaba a la antigua usanza —«total», «bueno» y «malo»—, esta idea podía tener hasta cierto punto sentido, porque una serie de estudios revelan que las grasas saturadas suben los niveles de colesterol total y de colesterol LDL. Y si creías en la teoría sobre que el colesterol es uno de los principales causantes de las enfermedades cardiacas, era razón suficiente para dejar de comer mantequilla. Pero hoy día se sabe que las grasas saturadas suben el colesterol HDL («bueno») más que el colesterol LDL, haciendo que la proporción entre el colesterol total y el colesterol HDL —proporción que todo el mundo acepta como medida de riesgo de las enfermedades cardiacas— siga siendo la misma o incluso mejor.

Si consumes menos grasas saturadas y el colesterol te baja como resultado, tu médico tal vez crea que es una buena noticia y se dé por satisfecho. Pero aquí está el error: no puedes fijarte solo en los niveles de LDL y en nada más. El descenso en los niveles de LDL como resultado de consumir menos grasas saturadas, que hace que todo el mundo salte de alegría y celebre tu buena «salud», te sale muy caro: reduce precisamente las moléculas de LDL que más deseas tener, las «buenas ciudadanas», esas partículas de LDL grandes y esponjosas que, cuando predominan, hacen que el perfil del colesterol sea del patrón A.[6] Cuando la cantidad de partículas grandes y esponjosas se reduce, la proporción de la población de tu LDL cambia a favor de las partículas malas, irritadas y aterogénicas en forma de perdigón, y ahora son ellas las que tienen la «mayoría». Sí, los niveles de LDL te bajan y tu médico se lleva una gran alegría, pero mientras tanto, como la población de tu LDL ha cambiado, tu riesgo cardiovascular *aumenta*.

Pero cuando sigues una dieta rica en grasas saturadas y baja en carbohidratos, sucede lo contrario. Las partículas de LDL grandes, esponjosas e inocuas aumentan notablemente y las partículas de LDL pequeñas, densas e irritadas se reducen. La población de tu LDL ha cambiado, y ahora las partículas grandes, esponjosas e inocuas son las que tienen mayoría, con lo que se reduce el riesgo cardiovascular. Los niveles de LDL tal vez te suban un poco, pero lo que en realidad ha ocurrido es que ahora la población de tu LDL se compone de más «buenas ciudadanas» y de menos «malas ciudadanas». Es decir, has salido ganando.

El trueque de los carbohidratos

Durante décadas la mayoría de profesionales de la salud nos han estado diciendo que nos haremos un gran favor si reducimos las grasas saturadas y las reemplazamos por carbohidratos. Y esto es exactamente lo que la mayoría de las personas han hecho. Después de todo, esta idea encajaba a la perfección con el espíritu imperante: las grasas saturadas son malas y los carbohidratos «complejos» son buenos. Si hacemos un trueque, todo el mundo saldrá ganando y todo se habrá solucionado.

Pero como diría nuestro viejo amigo el doctor Phil: «¿A ti te funciona?»

La respuesta es: «Pues no del todo».

Un estudio importante arrojó luz sobre el trueque de «las grasas saturadas por carbohidratos», pero dejó desconcertados a muchos por sus inesperados resultados. El estudio, titulado «El consumo de grasas y carbohidratos y la progresión de la aterosclerosis coronaria en mujeres posmenopáusicas» lo realizó Dariush Mozaffarian, un prestigioso investigador, y sus colegas de la Facultad de Medicina de Harvard.[7]

Como sugiere el título del estudio, Mozaffarian se dedicó a investigar cómo varias grasas saturadas, poliinsaturadas y monoinsaturadas influían en la progresión de enfermedades cardiacas en mujeres posmenopáusicas que tomaban una dieta relativamente baja en grasas. Advirtiendo que los consejos dietéticos habituales han sido siempre consumir menos grasas saturadas, los investigadores se preguntaron exactamente qué cosas horribles pasarían si se reemplazaban las terribles grasas saturadas por otros alimentos. Según los consejos dietéticos habituales, si se reemplazaban por productos más «sanos» (p. ej. carbohidratos o «grasas buenas» como las aportadas por los aceites vegetales), las enfermedades cardiacas deberían reducirse en gran medida.

Pero no fue así.

«Un mayor consumo de grasas saturadas está relacionado con una *menor* progresión de la aterosclerosis coronaria, en cambio un mayor consumo de carbohidratos se asocia a una *mayor* progresión (la cursiva la hemos añadido nosotros)», concluían los autores del estudio. «Las mujeres con una dieta rica en grasas saturadas manifestaban una menor progresión de la aterosclerosis coronaria.»

El mayor consumo de grasas saturadas también estaba relacionado con niveles más altos de colesterol HDL y HDL-2, un descenso de los triglicéridos, y una mejor proporción entre el colesterol total y el HDL. Las grasas saturadas, al menos en este estudio, no eran el demonio dietético en el que las han convertido.

Y si esto no basta para convencerte, ¿a que no sabes lo que está relacionado con una mayor progresión de la aterosclerosis coronaria? Es mejor que te sientes, porque te vas a llevar una buena sorpresa.

DOCTOR SINATRA: EL CASO CONTRA EL ACEITE DE CANOLA

En 1997 escribí un artículo para el *Connecticut Medicine* sobre el LDL oxidado y los radicales libres. En aquel tiempo era un fanático del aceite de canola, como la mayoría de mis colegas, y solía recomendarlo a diestro y siniestro.

Pero rechazaron mi artículo.

Un profesor de medicina de Yale, un bioquímico que formaba parte del equipo que revisaba los artículos, revisó el mío y se negó a que lo publicaran. Pero fue lo bastante amable como para sugerirme que leyera varios artículos publicados sobre el aceite de canola.

Me los leí.

Mi reacción fue: «Pero ¿cómo he podido estar tan ciego todos estos años?»

El éxito del aceite de canola y su fama de ser uno de los aceites más saludables se debe al triunfo del marketing sobre la ciencia. Es un aceite terrible. Normalmente se extrae y refina sometiéndolo a altas temperaturas y usando disolventes derivados del petróleo (como el hexano). Después se somete a un proceso de refinamiento, desgomado y decoloración, y, como apesta, lo desodorizan usando incluso más sustancias químicas. El único aceite de canola saludable es el ecológico prensado en frío y sin refinar, pero precisamente es la clase que casi nadie utiliza.

El doctor Fred Pescatore, amigo nuestro, autor del bestseller *The Hamptons Diet*, y exdirector médico del Centro Atkins, es un experto en aceites para cocinar. Dice lo siguiente del aceite de canola: «¡Nunca lo usaría!»

Si deseas saber más cosas sobre el lado oscuro del aceite de canola, lee el artículo de Mary Enig, bioquímica de lípidos, y de Sally Fallon, presidenta de la Fundación Weston A. Price. Lo encontrarás fácilmente en internet, y lleva el elocuente título de «El gran Con-Ola».

En cuanto al artículo que escribí en 1997, lo revisé y saqué la recomendación de usar aceite de canola. Después de eso lo aceptaron y me lo publicaron.

Los carbohidratos.

Sobre todo la variedad de carbohidratos procesados de alto índice glucémico, que es exactamente lo que solemos comer al reemplazar las grasas saturadas por carbohidratos llamados «complejos», como el pan, la pasta, el arroz y los cereales.

«Los descubrimientos también sugieren que el consumo de carbohidratos puede aumentar la progresión aterosclerótica, sobre todo cuando las grasas saturadas o monoinsaturadas se reemplazan por carbohidratos refinados», escribieron los investigadores.

«¡Espera un momento!» tal vez exclames. «Cuando reemplazo las grasas saturadas por carbohidratos de alto índice glucémico, ¿estoy en realidad *aumentando* el riesgo de desarrollar enfermedades cardiacas?»

Hum, pues sí.

A propósito, Mozaffarian y su equipo de investigación no se centraron solo en el colesterol. También tuvieron en cuenta episodios clínicos como los infartos y las muertes por cualquier otra clase de enfermedad cardiovascular. Y, además, se fijaron en parámetros menos conocidos que solo tu médico puede apreciar (como la revascularización coronaria y la angina inestable).

En resumidas cuentas: un mayor consumo de grasas saturadas no aumenta el riesgo de desarrollar esta clase de enfermedades.

DOCTOR JONNY: CARBOHIDRATOS BUENOS, CARBOHIDRATOS MALOS

Siempre que doy una conferencia sobre comer de manera saludable y menciono que una dieta muy rica en hidratos de carbono es problemática para la mayoría de la gente, me aseguro de aclarar: «¡No me refiero a las frutas y verduras!» Aquí tienes una chuleta sobre los carbohidratos «buenos» frente a los carbohidratos «malos».

Los carbohidratos buenos se encuentran en:

- Frutas
- Verduras
- Judías y otras legumbres

Los carbohidratos malos se encuentran en casi todos los productos envasados y etiquetados con un código de barras,* como:

- Cereales
- Arroz blanco
- Pasta
- Pan
- Galletas
- Repostería
- Snacks
- Sodas
- Zumos de fruta
- Crackers

* En lo que respecta al pan y los cereales hay excepciones, pero son muy pocas. Como, por ejemplo, la avena en copos (salvo la instantánea). El pan Ezekiel 4:9 es otra excepción. Pero si te mantienes lejos de la mayoría de los alimentos de la lista que acabo de citar o los consumes lo menos posible, estarás mucho más sano.

Aceites vegetales: mitos e ideas falsas

Los investigadores también analizaron qué sucede cuando las grasas saturadas se reemplazan por grasas poliinsaturadas (como las de los aceites vegetales), el consejo dietético típico dado por las organizaciones sanitarias más importantes. Tal vez los hidratos de caborno ricos en azúcar no sean tan buenos para nosotros después de todo, pero ¿qué sucede con los promocionados aceites vegetales que los médicos tanto nos aconsejan por contener «grasas sanas»? Reemplazar las grasas saturadas por las grasas de una buena ración de aceite vegetal debe ser la solución para tener un corazón sano, ¿no?

Así que los científicos observaron los efectos de reemplazar las grasas saturadas por grasas poliinsaturadas. Por curiosidad, también observaron qué ocurre cuando los hidratos de carbono se reemplazan por grasas poliinsaturadas.

Cuando los hidratos de carbono se reemplazaron por grasas po-liinsaturadas los investigadores se llevaron un buen chasco, porque no hubo ningún cambio en la progresión aterosclerótica en cuanto al riesgo cardiovascular. Pero cuando las grasas saturadas se sustituye-ron por grasas poliinsaturadas, hubo un gran cambio, aunque no en el sentido que esperaban. Reemplazar las grasas saturadas por grasas poliinsaturadaas produjo un *aumento* en la progresión de la ateroscle-rosis coronaria.[8] (Este descubrimiento en apariencia absurdo tendrá mucho más sentido cuando hablemos de las clases especiales de gra-sas poliinsaturadaas mencionadas en el capítulo anterior, las omega-3 y omega-6. Sigue leyendo.)

Si estos descubrimientos te han desconcertado, no eres el único. El *American Journal of Clinical Nutrition* dedicó una editorial entera a ellos, titulada «¿Previenen las grasas saturadas las enfermedades coro-narias? Una paradoja americana».[9] Pero es una paradoja si nos nega-mos a cuestionarnos la idea en la que se basa la teología de las grasas sobre que el consumo de grasas saturadas aumenta el riesgo cardio-vascular. La investigación nos muestra que no es así.

La recomendación sistemática y absurda de reducir las grasas sa-turadas a toda costa nos preocupa mucho, porque significa que la gente las reemplazará siempre por carbohidratos procesados. Este trueque reduce sin duda el colesterol HDL y aumenta los triglicéridos, y si lo que estás intentando es prevenir las enfermedades cardiacas esta solución te traerá muy malos resultados.[10] El estudio Cardiológi-co de las Enfermeras reveló, por ejemplo, que los carbohidratos refi-nados y su alta carga glucémica estaban relacionados por sí solos con un aumento del riesgo cardiovascular.[11]

La recomendación sistemática y absurda de reducir las grasas saturadas a toda costa nos preocupa mucho, porque significa que la gente las reemplazará siempre por carbohidratos procesados.

ÍNDICE GLUCÉMICO Y CARGA GLUCÉMICA

El índice glucémico es la medida de la rapidez con la que una determinada cantidad de comida sube el azúcar en la sangre (y lo mantiene elevado). La carga glucémica es una medida relacionada sobre lo mismo (es más exacta). Los alimentos de alto índice glucémico, como la mayoría de pan blanco, el arroz blanco y los cereales, hacen que el azúcar en la sangre suba y baje como si estuviera en una montaña rusa. Entre los alimentos de bajo índice glucémico se encuentran la mayoría de frutas y verduras, y también las judías y otras legumbres.

Pero ahora no nos malinterpretes. Si quieres consumir menos grasas saturadas y las reemplazas por algunos alimentos ricos en carbohidratos y en fibra y bajos en azúcar, como las coles de Bruselas o la col rizada, no hay ningún problema. Sustituir las grasas saturadas por hidratos de carbono de bajo índice glucémico, como las verduras, no aumenta el riesgo de sufrir un infarto, pero sustituirlas por carbohidratos de alto índice glucémico sí que lo aumenta notablemente. Un estudio publicado en el *American Journal of Clinical Nutrition* reveló que reemplazar las grasas saturadas por carbohidratos de alto índice glucémico se asociaba a un aumento de un 33 por ciento del riesgo de sufrir un infarto.[12] Como la mayoría de la gente sustituye las grasas saturadas por esta clase de carbohidratos procesados de alto índice glucémico (ricos en azúcar) (p. ej. pan, cereales y pasta), la opinión generalizada de reducir las grasas saturadas y consumir un montón de carbohidratos en su lugar está empezando a ser una idea de lo más absurda. Aunque no sean perfectas, las grasas saturadas son beneficiosas para el cuerpo en ciertos aspectos. Reemplazarlas por hidratos de carbono de la peor clase es hacer que el remedio sea peor que la enfermedad.[13]

Un reciente estudio holandés se sumó a la lista de investigaciones que revelan que cuando las grasas saturadas se sustituyen por carbohidratos de alto índice glucémico, aumenta el riesgo cardiovascular.[14] Pero los investigadores holandeses descubrieron además otra cosa:

que la acumulación de grasas saturadas en el cuerpo no es lo más aconsejable ni mucho menos.

Señalaron que consumir una gran cantidad de hidratos de carbono hace que el cuerpo retenga los ácidos grasos saturados que también consumes, y estas grasas saturadas se conservan y almacenan en el cuerpo en lugar de quemarlas para transformarlas en energía. Mientras tanto, todos estos hidratos de carbono extra que estás consumiendo se convierten en más ácidos grasos saturados que se depositan en el hígado. Ahora tienes un serio exceso de ácidos grasos saturados al conservar los que consumes y además tu hígado elabora incluso más todavía por los carbohidratos que estás ingiriendo. Y como las grandes cantidades de grasas saturadas pueden reducir las acciones antiinflamatorias del colesterol HDL,[15] no es una buena situación.

Sin embargo, los investigadores holandeses advirtieron que reducir el consumo de grasas saturadas no era la forma más eficaz de combatir la acumulación de ácidos grasos saturados en el cuerpo. Es muchísimo mejor, sugirieron, reducir el consumo de hidratos de carbono. De este modo el cuerpo produce menos ácidos grasos saturados y tiende menos a retener los que consumes. «En lugar de centrarnos en los efectos perjudiciales del consumo de grasas saturadas, lo que debemos hacer es prevenir la acumulación de ácidos grasos saturados (en el cuerpo)», escribieron los autores. «Este cambio hará hincapié en la importancia de reducir el consumo de carbohidratos, sobre todo los de alto índice glucémico, en lugar de reducir el consumo de grasas saturadas.»[16]

Los hidratos de carbono tienen un efecto negativo en el tamaño de las partículas de colesterol, que como ya has visto es muchísimo más importante que el colesterol total, el LDL, o incluso el HDL. Dos investigadores del Departamento de Investigación de la Aterosclerosis, que forma parte del Instituto de Investigación del Hospital Infantil de Oakland, en California, decidieron ver los efectos del consumo de carbohidratos en el tamaño y la densidad de las partículas LDL y HDL. Descubrieron que los sujetos que más carbohidratos consumían —sobre todo azúcares y féculas de alto índice glucécimo— tenían unos niveles mucho más altos de las partículas irritadas, densas y aterogénicas de LDL (el patrón B). También eran los que tenían una mayor cantidad de partículas HDL pequeñas y densas.[17]

La grasa en la dieta: nuestro punto de vista

Queremos proponerte una nueva forma de ver el consumo de grasas. Creemos que lo que vamos a sugerirte explica en gran medida las conclusiones contradictorias, o aparentemente contradictorias, sobre las grasas saturadas, la dieta, el menor consumo de grasas y las enfermedades cardiovasculares.

Para llevarlo a cabo antes tenemos que presentarte brevemente otras dos clases de grasas además de las saturadas: las grasas monoinsaturadas y las grasas poliinsaturadaas. (Recuerda que todos los ácidos grasos pertenecen a una de estas tres amplias categorías.)*

Las grasas monoinsaturadas son las que predominan en el aceite de oliva (y también en los frutos secos y en los aceites extraídos de frutos secos, como el aceite de nueces de macadamia). Sus beneficios para la salud están muy bien documentados y no existe ninguna controversia al respecto. Las grasas monoinsaturadas se consumen sobre todo en la dieta mediterránea que tanto se ha promocionado, y en general se acepta que esta clase de grasas son saludables. Por esta razón no les dedicaremos demasiado tiempo, porque son irrelevantes para la cuestión que queremos tratar.

El problema está en las grasas poliinsaturadas

Recuerda que las grasas poliinsaturadas, que se encuentran sobre todo en los aceites vegetales, son las que más nos han advertido que incluyamos en nuestra dieta. Cuando la manteca de cerdo se dejó de consumir en la primera mitad del siglo XX, los dictócratas de la salud empezaron a promover con entusiasmo las grasas vegetales. (Los que más se beneficiarían de esta campaña que convertiría las grasas vegetales en sinónimo de «saludables» serían los fabricantes de Crisco, la manteca vegetal más popular de aquella época, pese a estar repleta de grasas trans.) Incluso ahora la mayoría de la gente

* Las grasas trans pertenecen a una categoría distinta.

cree que reemplazar las grasas de origen animal por aceites vegetales es una buena idea.

Pero ¿siempre es así?

Vayamos, como se dice, a los hechos.

Las grasas poliinsaturadas se dividen en dos subclases: ácidos grasos omega-3 y omega-6. (Para los que os habéis preguntado qué diablos significa «omega», podéis imaginaros que *omega-3* y *omega-6* son como propiedades inmobiliarias: describen simplemente la ubicación de ciertas estructuras químicas —llamadas dobles enlaces— en los ácidos grasos. Los omega-3 tienen su primer doble enlace en el tercer átomo de carbono de la cadena, y los omega-6, en el sexto. Ahora, para la cuestión que nos ocupa, olvídate de todo esto y céntrate en cómo estas dos clases de ácidos grasos actúan en el cuerpo.)

Los omega-6, como ya hemos mencionado, se encuentran sobre todo en los aceites vegetales y en algunos alimentos de origen vegetal. Y los omega-3, en el pescado, como el salmón, en ciertos alimentos de origen animal, como la carne de vacuno de animales que se alimentan de pasto, y también en algunos alimentos vegetales, como las semillas de lino y el aceite de lino. De momento, todo va bien.

Pero aquí es donde empieza el problema.

Tanto las hormonas inflamatorias como las antiinflamatorias, conocidas como *eicosanoides* se crean en el cuerpo de las grasas poliinsaturadas. (Y para responder a la pregunta inevitable, sí, necesitas a ambas. Los compuestos inflamatorios son una parte necesaria del sistema inmunitario y juegan un papel importante en el proceso curativo cuando te haces una herida u otra clase de lesión.)

Los omega-6 son los precursores de los compuestos inflamatorios en nuestro cuerpo: constituyen los componentes básicos que el cuerpo utiliza para crear estas hormonas inflamatorias (en concreto, *prostaglandinas de la serie 2*). Y los omega 3 realizan la función contraria. El cuerpo utiliza los omega 3 como los componentes básicos para los compuestos antiinflamatorios (conocidos como *prostaglandinas de la serie 1 y protaglandinas de la serie 3*).

Un montón de investigaciones han establecido que la proporción idónea entre los omega-6 y los omega-3 en la dieta humana es entre 1:1 y 4:1. Por lo visto es el mejor equilibrio para mantener a raya la inflamación y para que todo funcione bien. Es la proporción que está presente tanto en la dieta de los cazadores-recolectores como en la de las sociedades indígenas sanas donde las enfermedades del corazón son muy inusuales.[18]

Pero en las dietas occidentales la proporción entre los omega-6 y los omega-3 es desde un asombroso 15:1 hasta un increíble 20:1 a favor de los omega-6.[19] Si consideras las hormonas inflamatorias y las antiinflamatorias como dos ejércitos que actúan juntos en el cuerpo para crear un equilibrio en él, significa que estamos financiando de más al ejército de la inflamación ¡de un 1.500 a un 2.000 por ciento!

La ley de las consecuencias no buscadas

Nuestro consumo sumamente alto de aceite vegetal tiene otra consecuencia no buscada que puede afectar en gran medida la salud cardiovascular. Pero para entenderla tienes que realizar una breve incursión en el mundo de los ácidos grasos omega-3. (Confía en mí, es una incursión corta y fácil.)

En realidad existen tres ácidos grasos omega-3: AAL (ácido alfalinolénico), AEP (ácido eicosapentaenoico) y ADH (ácido docosahexaenoico). El único «esencial» en la dieta es el AAL, que se encuentra en las verduras de hojas verdes, en las semillas de lino, chía y perilla, y en las nueces. Aunque esto no significa que los otros dos no sean importantes. En lo que respecta a sus efectos generales sobre la salud humana, los otros dos son probablemente *más* importantes que los AAL. Los otros dos —AEP y ADH— no se consideran «esenciales» porque los científicos no utilizan la palabra *esencial* de la misma forma que la gente corriente en una conversación normal. En este contexto, *esencial* significa algo que el cuerpo no puede fabricar, o sea, que hay que obtenerlo de la dieta. Tu cuerpo puede fabricar AEP y ADH, por eso no se han clasificado como «esenciales». Pero como no puede producir AAL, se considera un omega 3 «esencial».

Ahora bien, el hecho de que el cuerpo pueda fabricar AEP y ADH de los AAL no significa que haga un buen trabajo de ello. Convierte los AAL de la dieta en AEP y ADH usando *enzimas* y unas complicadas series de operaciones conocidas como *elongación* y *desaturación*, el éxi-

to de las cuales depende de muchos distintos factores, como la cantidad de omega 6 inflamatorio que consumimos. Incluso en las mejores
circunstancias solo una pequeña cantidad de AAL se convierte adecuadamente en los fundamentales AEP y ADH.

Los omega 6 y los omega 3 compiten por las mismas enzimas, y
cuando se consumen grandes cantidades de omega 6, estos ganan la
competición por incomparecencia. Un alto consumo de omega 6 reduce la conversión del AAL en AEP y ADH, otra razón por la que las
dietas ricas en omega 6 favorecen las enfermedades cardiacas.[20] Así
que los ácidos grasos omega 6 además de ser proinflamatorios por sí
solos, también reducen la capacidad del cuerpo de producir dos de las
sustancias más antiinflamatorias del planeta: los omega 3 AEP y ADH.
Es una doble desventaja y tu corazón es el que sale perdiendo.

No, los omega 6 tan queridos por los movimientos a favor de las
dietas ricas en carbohidratos y bajas en grasas, los aceites vegetales
que nos han aconsejado usar en lugar de las grasas animales —los
aceites vegetales de los que nuestra dieta está «saturada» (no hemos
hecho el juego de palabras aposta) al incorporarlos a cada alimento
horneado, frito y procesado del supermercado, los aceites vegetales
que los restaurantes se jactan de usar por ser tan «saludables»—, son
en realidad tan malos, o peores, que las grasas saturadas (como la
manteca de cerdo) a las que han reemplazado, al igual que la margarina ha acabado siendo mucho peor que la mantequilla.

**Los aceites vegetales que nos han aconsejado usar
en lugar de las grasas animales, son en realidad tan
malos, o peores, que las grasas saturadas (como la
manteca de cerdo) a las que han reemplazado, al
igual que la margarina ha acabado siendo mucho
peor que la mantequilla.**

Por ejemplo, se ha demostrado que el primordial ácido graso
omega 6 —el ácido linoleico—, aumenta la oxidación del colesterol
LDL, con lo que incrementa la gravedad de la aterosclerosis coronaria.[21] Una investigación reveló que una dieta enriquecida con ácido
linoleico aumentaba la oxidación de las partículas de LDL pequeñas y

malas, justamente las partículas de colesterol más peligrosas y las que más participan en la formación de placa arterial.[22] Los omega 6 incluso inhiben la capacidad del cuerpo de incorporar plenamente el AEP obtenido del pescado o de los suplementos de aceite de pescado a las membranas celulares, lo cual es importante, porque el AEP es el omega 3 que más influye en el corazón.[23]

Los valores publicados sobre el consumo de omega 6 reflejan con precisión los índices de mortalidad por enfermedades coronarias observados en poblaciones de toda índole a nivel mundial.[24] Y en el famoso estudio MRFIT, los sujetos con las proporciones más bajas de omega 6 y omega 3 (es decir, los que menos omega 6 consumían comparado con el consumo de omega 3), fueron los que tuvieron los índices más bajos de mortalidad.[25]

La paradoja de la dieta bajísima en grasas

A estas alturas tal vez te preguntes por qué las dietas bajas en grasas y altas en carbohidratos funcionan en el caso de hacerlo. Si las grasas saturadas no son tan malas como creíamos y los hidratos de carbono no son siempre tan buenos, ¿por qué algunos de estos programas ricos en carbohidratos y superbajos en grasas funcionan a veces?

Me alegro de que lo hayas preguntado, porque tenemos una teoría al respecto.

Si bien mucha gente cree que las dietas bajísimas en grasas funcionan por el menor consumo de grasas saturadas que comportan, sospechamos que el beneficio viene de reducir los omega 6. Los omega 6 son las grasas que más consumimos y, como se ha visto, las consumimos en exceso. Cuando seguimos una dieta muy baja en grasas, consumimos menos omega 6, con lo que se reduce de manera automática la proporción entre las hormonas proinflamatorias y las antiinflamatorias. El hecho de consumir menos grasas saturadas es en realidad secundario.

Además, las famosas dietas bajas en grasas y altas en carbohidratos, como las promocionadas por McDougall, Ornish y Esselstyn, son muy bajas en azúcar. El consumo de carbohidratos tal vez sea alto, pero no son los hidratos de carbono de los que la mayoría de la gente suele atiborrarse. Los carbohidratos de estas dietas ricas en hidratos de carbono tienden a proceder de verduras, frutas y de un poco de fécula, como la de las judías y el arroz integral. Y aunque algunas de las féculas sean de alto índice glucémico (como las patatas), no contienen un montón de fructosa (como la mayoría de carbohidratos procesados y de prácticamente todos los productos manufacturados). La fructosa es la clase de azúcar más peligrosa para el metabolismo y juega un papel muy pequeño en cualquiera de las dietas pobres en grasas y altas en hidratos de carbono que funcionan. Sospechamos que cuando las dietas muy bajas en grasas y altas en carbohidratos funcionan por casualidad, ya que no suelen hacerlo, se debe a tres factores dietéticos: al menor consumo de omega 6 inflamatorio y de carbohidratos de alto índice glucémico, y a la cantidad mucho menor ingerida de fructosa o azúcar. Creemos que cualquier beneficio que provenga de las dietas sumamente bajas en grasas y altas en carbohidratos se podría también alcanzar reduciendo simplemente el consumo de azúcar y de hidratos de carbono procesados, eliminando las grasas trans, *aumentando* los omega 3 y *reduciendo* los omega 6. Reducir el consumo de grasas saturadas y colesterol no tiene nada que ver con ello.

Además, ¿cuál es el mecanismo por el cual las grasas saturadas pueden causar enfermedades cardiacas? En 2008 el prestigioso bioquímico Bill Lands intentó responder a esta pregunta y a otras relacionadas con los consejos dietéticos habituales en un artículo muy bien argumentado (respaldado por 231 referencias bibliográficas científicas) que se publicó en la revista científica *Progress in Lipid Research*.

Aquí tienes lo que Lands dijo sobre las grasas saturadas y las enfermedades cardiacas.

«El consejo de reemplazar las grasas saturadas por grasas insaturadas fomentó mis tempranos experimentos en los que investigaba los lípidos. Hizo que me preguntara cuáles eran los mecanismos por los que las grasas saturadas podían ser «malas» y las grasas insaturadas «buenas» [...] Cincuenta años más tarde sigo sin poder citar un mecanismo o un mediador definitivo a través del cual se demuestre que las grasas saturadas matan a la gente [...] El consejo actual dirigido al público tiene que identificar los mecanismos y los mediadores causales lógicos para poder centrarnos lógicamente en las opciones alimenticias que se deben evitar.»[26]

En cuanto a la teoría sobre que las grasas saturadas matan a la gente, Lands estaba básicamente retando a sus colegas, los científicos, a «demostrarla».

Y no lo han hecho.

6

El fraude de las estatinas

Stephanie Seneff siempre quiso ser bióloga.

Desde que ella recuerda, siempre le ha fascinado el funcionamiento de las cosas, sobre todo el de los seres vivos. Quería saber cómo saltaban las ranas, cómo respiraban los saltamontes, cómo se comunicaban las células, cómo le hablaba el corazón al cerebro, todo cuanto los científicos estudian en detalle, pasándose a menudo un montón de horas al día pegada al microscopio. Le interesaban los sistemas, y para ella el cuerpo humano era el más fascinante de todos. Así que al terminar el instituto se llevó una gran alegría cuando la aceptaron en el MIT para hacer la carrera de biología.

Tras licenciarse en biofísica, empezó el doctorado en el Instituto Tecnológico de Massachusetts (MIT) y se pasó un año trabajando bajo la supervisión del profesor Harvey Lodish en el laboratorio dirigido por David Baltimore, al que más tarde le concederían el Premio Nobel de Fisiología y Medicina.

Pero había un problema.

Después de pasar un año en el laboratorio de Baltimore, Seneff descubrió dos cosas. La primera era que no estaba hecha para el aislamiento que exigía la vida en un laboratorio, y la segunda, que quería formar una familia. Así que no terminó el doctorado.

Pero siguió yendo al MIT. «En aquellos días podías conseguir un trabajo como programador sin tener ninguna experiencia», nos contó. «Me salió un trabajo en el Laboratorio Lincoln del MIT, donde tuve la suerte de formar parte de un grupo de pioneros en el nuevo campo del tratamiento computacional del lenguaje.»

Y *voilà*. Seneff encontró un hogar, una mezcla perfecta de sus dos grandes pasiones: la biología y los sistemas de diálogo informatizados. Hizo un doctorado en ingeniería eléctrica en el MIT, publicó más de 170 artículos y llegó a ser una de las mayores expertas a nivel mundial en combinar los sistemas biológicos con la inteligencia computacional. (Su labor pionera en el campo del reconocimiento de la voz y los sistemas informáticos fue la que llevó a la creación de aplicaciones comerciales como la del SIRI, el asistente virtual del iPhone dotado de la asombrosa capacidad de reconocer lo que le dices y ejecutar las órdenes dictadas.)

Pero de pronto ocurrió algo: al marido de Seneff le diagnosticaron una enfermedad cardiaca.

Su médico le recetó altas dosis de estatinas —cuadruplicó la dosis habitual— y le advirtió que no dejara de tomárselas bajo ningún concepto. «Si no lo haces, o si reduces siquiera la dosis, ya no podré seguir siendo tu médico», le dijo.

Los efectos secundarios aparecieron casi al instante. Los hombros se le empezaron a debilitar, le dolían los músculos, se sentía débil (no podía abrir los cajones ni los botes), tenía problemas cognitivos y de memoria, y además depresión, algo de lo que nunca antes había sufrido.

Todos sabemos lo que hacemos cuando nos diagnostican una enfermedad o nos recetan un medicamento con el que no estamos familiarizados, o cuando empezamos a tener un montón de síntomas inexplicables o de efectos secundarios. Recurrimos a internet, que es lo que Seneff hizo.

Salvo que ella, como te puedes imaginar, no era una googlera como otra cualquiera. Aplicó sistemáticamente sus habilidades profesionales, que no eran pocas, para investigar sobre el tema e intentó reunir toda la información posible sobre el colesterol, las enfermedades cardiacas y los medicamentos con estatinas. Tanto le daba las horas que le tomara su investigación, lo único que quería era que su marido se recuperara. Ella no se había pasado cuatro años en la Facultad de Medicina con la industria farmacéutica haciéndole un lavado de cerebro, ni había recibido a diario la visita de sus encantadores equipos de representantes para endosarle los estudios —financiados por estas mismas compañías farmacéuticas— que promocionaban los grandes beneficios de sus productos. Ni le habían pagado jugosas sumas de dinero (como al doctor Sinatra) para dar conferencias «educativas» a favor de sus productos médicos (conferencias que no eran más que tácticas de marketing disfrazadas de erudición).

Es decir, no estaba comprada ni influida por ninguna compañía farmacéutica que fabricara estatinas para reducir el colesterol o prevenir las enfermedades cardiacas, ni tampoco estaba supeditada a ellas por ningún acuerdo económico. No tenía ideas preconcebidas, fueran positivas o negativas, sobre lo que descubriría. Las investigaciones que realizaría durante los siguientes años estarían motivadas sobre todo por dos cosas: la primera, ayudar a su marido a recuperarse, y la segunda, dedicarse a la biología y la nutrición, los temas que siempre le habían apasionado.

Y no te olvides de que estamos hablando de una mujer con una capacidad prodigiosa para comprender los sistemas, la teoría, las estadísticas, la interpretación, los sesgos en los estudios experimentales, las variables que inducen a confusión y todo el resto de meollos esotéricos que tenían que ver con evaluar estudios.

Cuando nos pusimos en contacto con Seneff con motivo de este libro, esto fue lo que nos dijo de las estatinas: «Los medicamentos con estatinas son tóxicos. Yo los comparo con el arsénico que te va envenenando poco a poco». (P. D.: el marido de Seneff dejó la terapia con estatinas y todos sus síntomas desaparecieron. Huelga decir que cambió de médico.)

¿La siguiente tragedia médica?

Seneff se ha convertido en una de las críticas más respetadas y francas en cuanto a la hipótesis del colesterol, y no tiene pelos en la lengua al decir que no está de acuerdo con las estatinas, piensa que causarán la siguiente tragedia médica que nos espera.

Nos gustaría aclarar una cosa: aunque Seneff y otros investigadores independientes no tengan ninguna duda sobre los efectos negativos de los medicamentos con estatinas, nosotros somos un poco más moderados. (Solo un poco.) Ninguno de nosotros, sobre todo Steve, creemos que los medicamentos con estatinas sean siempre malos. Como ya hemos mencionado, Steve los sigue recetando muy de vez en cuando, en ciertas circunstancias limitadas (a hombres de mediana edad que ya han tenido un primer infarto y que corren un riesgo muy alto de sufrir otro). Incluso el doctor Duane Graveline, quizás el que ha criticado las estatinas con más franqueza en el planeta y autor de *Lipitor: Thief of Memory*, enumera la terapia con bajas dosis de estatinas como una posible opción para las personas con «alto riesgo» de sufrir infartos.

Los fármacos con estatinas son útiles en algunos casos, pero sus beneficios, y las circunstancias en las que son apropiados, son mucho más limitados de lo que las compañías farmacéuticas nos quieren hacer creer. Además, cualquier beneficio que produzcan no tiene que ver con bajar el colesterol, como pronto verás.

Los fármacos con estatinas son antiinflamatorios. Reducen la proteína C reactiva (una proteína en la sangre que es un indicador excelente de inflamación sistémica), y también la viscosidad de la sangre (significa que se vuelve más fluida). Cualquiera de los beneficios de los medicamentos con estatinas, por moderados que sean, y por más que los hayan exagerado al promocionarlos, tiene solo que ver con estos otros dos efectos y no con el poder del medicamento de bajar el colesterol, lo cual apenas sirve de nada.

(En realidad, cuando acabes de leer esta parte tal vez descubras que estás de acuerdo con una creciente cantidad de profesionales de la salud que piensa que los medicamentos con estatinas serían incluso *más eficaces si no redujeran el colesterol*. Pero nos estamos apartando del tema.)

Si sigues dudando de que el efecto de las estatinas de reducir el colesterol sea lo menos importante que hagan, ponte la gorra de detective por un momento y considera lo siguiente:

Antes de lanzar al mercado los medicamentos con estatinas en la década de 1990,* se habían realizado una serie de estudios en los

---

* Mevacor, un medicamento con estatinas, se lanzó al mercado en 1987, pero las estatinas no se volvieron populares en la década de 1990.

que otros fármacos habían bajado con éxito el colesterol, sobre todo la clase de medicamentos conocida como *fibratos*, el tratamiento más habitual para el colesterol alto antes de reemplazarlo de manera generalizada por el de las estatinas en la última década del siglo XX. Hay que decir que estos fármacos eran muy buenos bajando el colesterol. Si bajar el colesterol sirviera para prevenir los infartos o los derrames cerebrales, en este caso se tendría que apreciar un descenso importante de infartos y embolias cada vez que se lograra bajar con éxito, al margen del medicamento (o la dieta) usado para conseguirlo.

Pero las investigaciones sobre los estudios acerca del descenso del colesterol realizadas antes del uso generalizado de los fármacos con estatinas, revelaron lo contrario. Y existen pruebas, todas ellas catalogadas, reunidas y recopiladas en una obra, gracias a Russell Smith.

«Morir con unos niveles adecuados de colesterol no es un buen resultado»

A finales de la década de 1980, Russell Smith, un psicólogo experimental americano con una sólida formación en fisiología, matemáticas e ingeniería, decidió escribir la obra más completa y crítica de toda la literatura médica sobre las enfermedades cardiacas y la dieta. Publicada en dos volúmenes de más de seiscientas páginas que contenían tres mil referencias bibliográficas, se tituló *Diet, Blood Cholesterol and Coronary Heart Disease: A Critical Review of the Literature*.

QUÉ DEBES SABER

- Los beneficios de los medicamentos con estatinas se han exagerado mucho y cualquiera de ellos no tiene nada que ver con su poder de bajar el colesterol.
- Los medicamentos con estatinas reducen en gran medida las reservas del cuerpo de la coenzima Q_{10}, uno de los nutrientes más importantes para el corazón. La falta de CoQ_{10} puede causar dolor muscular, debilidad y fatiga.

- El cerebro depende del colesterol para funcionar óptimamente. El colesterol ayuda a estimular el pensamiento y la memoria.
- Los medicamentos con estatinas acaban reduciendo las hormonas sexuales, como han demostrado varios estudios. La disfunción sexual es un efecto secundario común (pero no se menciona) de los fármacos con estatinas.
- Las estatinas interfieren con los receptores de la serotonina en el cerebro.
- Según varios preocupantes indicadores, los fármacos con estatinas podrían estar relacionados con un mayor riesgo de desarrollar cáncer y diabetes.
- En un exhaustivo estudio realizado por la Universidad de California, en San Diego, los investigadores de la Facultad de Medicina demostraron que la mayoría de los médicos desechan las quejas de los pacientes sobre los efectos secundarios de las estatinas y *no* las comunican a MedWatch, el sistema de la Administración de Alimentos y Medicamentos estadounidense para denunciar cualquier experiencia desagradable relacionada con el uso de productos médicos o fármacos (experiencias que se conocen en su conjunto como «episodios adversos»). Es decir, por inaudito que parezca, los efectos secundarios no se denuncian.
- Las estatinas no deben recetarse a las personas mayores ni a la gran mayoría de mujeres, ni tampoco deben recetarse *nunca* a los niños.
- Las investigaciones revelan que (salvo raras excepciones) los medicamentos con estatinas solo son beneficiosos para los hombres de mediana edad con una enfermedad coronaria en su historial.

Smith publicó, en 1991, junto con Edward Pinckney, M. D., editor de cuatro publicaciones médicas y excoeditor del *Journal of the American Medical Association*, un resumen de esta voluminosa obra en un libro titulado *The Cholesterol Conspiracy*.

Entre muchas otras cosas, Smith y Pinckney revisaron todos los ensayos clínicos realizados antes de 1991 sobre la reducción del colesterol. Los estudios revelaron que los fármacos para bajar el colesterol eran eficaces, el problema estaba en que no hacían gran cosa más. Si bajar el colesterol era el no va más de la prevención de las enfermedades cardiacas y la mortalidad, era de esperar que la investigación mostrara una reducción en los infartos, los derrames cerebrales y la mortalidad al lograr bajar el colesterol, ¿verdad?

Veamos lo que Smith y Pinckney tienen que decir al respecto.

«En doce ensayos clínicos (es decir, estudios) se usaron medicamentos para bajar los niveles del colesterol. Ocho de ellos se realizaron aleatoriamente y con el método de doble ciego.* De los ocho que se ajustaban a estas pautas, la mortalidad total en seis de estos estudios era la misma o mayor en el grupo tratado con el fármaco que en el grupo de control. En cuanto a los cuatro restantes (que no eran aleatorios ni se habían realizado a ciegas), no hubo ninguna diferencia entre el grupo de tratamiento y el grupo de control.»

Lo cual en lenguaje llano viene a decir que en la gran mayoría de estudios revisados no hubo ninguna diferencia en la cantidad de muertes entre el grupo donde se redujeron los niveles de colesterol y el grupo donde no se redujeron. A decir verdad, en unos pocos casos murieron más personas en el grupo en el que se redujeron.

En la gran mayoría de estudios revisados no hubo ninguna diferencia en la cantidad de muertes entre el grupo donde se redujeron los niveles de colesterol y el grupo donde no se redujeron.

De acuerdo, los resultados de diez de los doce estudios fueron decepcionantes, pero ¿y los de los dos restantes?

En los otros dos, hubo menos muertes en el grupo tratado con el medicamento reductor del colesterol que en el grupo de control. Estos dos estudios, que solo equivalen a una sexta parte de los estudios so-

---

* Los estudios aleatorios realizados con el método de doble ciego son los ensayos de más calidad y se consideran mucho más fiables que los que no son aleatorios ni de doble ciego.

bre esta clase de medicamentos, ya que el resto demostró no producir beneficio alguno, fueron precisamente los que realizó el estamento del colesterol como prueba para «demostrar» la relación entre el colesterol y las enfermedades cardiacas. «Sin embargo, uno de estos ensayos clínicos lo realizó la compañía farmacéutica que evaluó su propio medicamento reductor del colesterol»,[1] dijeron Smith y Pinckney. El segundo ensayo tenía que ver con un medicamento con estrógeno que causó más mal que bien en los otros tres ensayos.[2] Por lo tanto, ambos ensayos son sospechosos.

Resultado: diez de los doce estudios revelaron que no producían ningún beneficio, y los dos que afirmaron lo contrario eran cuestionables.

Elegir uno o dos estudios que dan resultados positivos y ocultar el resto que no los dan es una táctica muy habitual de la industria farmacéutica. Es como encontrar dos fichas blancas en un cubo lleno de fichas negras y mostrarlas en alto afirmando que son la prueba de que todas son blancas.

Volvamos a los resultados.

Smith y Pinckney se centraron entonces en dieciséis estudios aleatorios de doble ciego que investigaban el efecto de combinar los fármacos con la dieta para bajar el colesterol. «En catorce de los estudios, la cantidad de muertes por cualquier causa en los grupos de tratamiento fue la misma o mayor, estadísticamente hablando, que la de los grupos de control», escribieron. «En quince de los estudios la cantidad de muertes por enfermedades coronarias en los grupos de tratamiento fue la misma o mayor que la de los grupos de control. Y en quince de los estudios la cantidad de enfermedades coronarias no mortales en los grupos de tratamiento fue la misma que la de los grupos de control.»

¿Te has quedado en blanco? No pasa nada. Deja que te lo traduzcamos. Si se considera «beneficioso» el hecho de reducir la cantidad de infartos mortales o no mortales, quince de dieciséis estudios demostraron, por increíble que parezca, que bajar el colesterol no produce beneficio alguno en este sentido. ¡Caramba!

Los autores de la exhaustiva revisión de la bibliografía médica resumieron sus descubrimientos del siguiente modo:

«De hecho, la información de los ensayos clínicos demostró en su inmensa mayoría que los medicamentos reductores del colesterol no paliaron en absoluto las muertes por enfermedades coronarias, los episodios coronarios no mortales, ni las muertes por cualquier causa.»

Así que antes de lanzar al mercado los medicamentos con estatinas ya era evidente que bajar el colesterol no servía por sí solo para prevenir una sola muerte, ni siquiera para mejorar una enfermedad coronaria de cualquier forma importante. Por lo tanto, si los estudios revelaron que los nuevos medicamentes con estatinas no producían ningún efecto positivo en este sentido (a diferencia de los de antes para bajar el colesterol), sus efectos positivos no podían deberse a la reducción del colesterol.

Como Smith y Pinckney demostraron de manera concluyente, los cerca de treinta estudios realizados antes de 1990 demostraron que por más que bajes tus niveles de colesterol, no ganarás ni un día más de vida. John Abramson, profesor de medicina en la Facultad de Medicina de Harvard y autor de *Overdosed America*, resumió recientemente el problema a la perfección en la revista médica *The Lancet*: «Aunque bajes el colesterol con un medicamento, no te servirá de nada. Y morir con unos niveles adecuados de colesterol no es un buen resultado».

Los fármacos con estatinas: riesgos versus beneficios

Hagamos un repaso: bajar el colesterol, como demostraron los treinta y tantos estudios realizados antes del 1990, no sirve de nada (a parte de bajar el colesterol). Si los medicamentos tienen algún beneficio, en el caso de tenerlo, viene de *otro factor* y no de su poder de bajar el colesterol.

Y ¡qué más da!, tal vez nos respondas. Supongamos que tenéis razón y que el poder de los fármacos con estatinas de bajar el colesterol es irrelevante, pero ¿y si van bien de todos modos? ¿No se pueden usar para lo que sí funcionan?

Una buena pregunta. Pero para responderla necesitamos saber dos cosas: La primera es, ¿hasta qué punto los medicamentos con estatinas son beneficiosos? Y la segunda, ¿cuáles son sus efectos secundarios?

Es decir, queremos saber qué riesgos comportan estos medicamentos y qué nos pasará si los tomamos.

Solo cuando sepamos las respuestas a estas dos preguntas podemos tomar una decisión inteligente sobre si decidimos recurrir a esta clase de medicamentos (o a cualquier otra). Queremos conocer los riesgos que comportan para ver si valen la pena, así sabremos exactamente lo que ganaremos con ello. Por ejemplo, si el riesgo de tomar un fármaco es una posibilidad entre cien de que te duela un poco la barriga, pero su posible beneficio es reducir el riesgo de contraer cáncer en un 25 por ciento, seguramente te tomarás este medicamento sin pensártelo dos veces. ¿Por qué? Porque los posibles beneficios que comporta son muy grandes y el posible inconveniente es muy pequeño. En cambio, si el riesgo de tomarlo consistiera en un 40 por ciento de probabilidades de perder el cabello, y el posible beneficio fuera hacer que un catarro te durara varias horas menos, decidirías que los beneficios son demasiado insignificantes para justificar siquiera ¡la posibilidad de quedarte calvo!

Teniendo esto en cuenta, veamos un aspecto de los fármacos con estatinas que seguramente ignoras. (Como es lógico, no es la información que los fabricantes de estos medicamentos están deseando publicar.)

Además de ser mucho menos efectivas de lo que te han hecho creer, las estatinas producen un montón de efectos secundarios desagradables y en algunos casos graves o incluso mortales.

El lado oscuro de los fármacos con estatinas

Además de ser mucho menos efectivas de lo que te han hecho creer, las estatinas producen un montón de efectos secundarios desagradables y en algunos casos graves o incluso mortales, como los que tuvo el marido de Seneff. Como dolor muscular, debilidad, fatiga, problemas de memoria y cognitivos, y —como dentro de poco verás— incluso serios problemas relacionados con la función sexual.

Es decir, los medicamentos con estatinas hacen que el cuerpo deje de producir colesterol. Lo cual es evidente, ¿no? Pero para entender por qué los efectos secundarios de esta acción que parece tan «inocua» son tan graves y problemáticos, necesitas entender cómo los medicamentos con estatinas detienen la producción de colesterol en el cuerpo. Cuando lo entiendas, verás que este efecto de las estatinas es como intentar detener el crecimiento de una rama en la copa de un árbol dejando de alimentar las raíces. Los «efectos secundarios» de dejar de alimentar las raíces es que acabas cargándote el árbol. Lo irónico del caso es que además no había ninguna necesidad de eliminar la rama.

Te lo explicaremos.

Las estatinas y el cerebro: la memoria, el pensamiento y el alzhéimer

El colesterol se sintetiza en el hígado a través de una vía llamada *ruta del mevalonato*, también conocida como *ruta de la HMG-CoA reductasa*. No te preocupes por estas palabras tan largas, pero presta atención a lo que esta ruta hace. La enzima HMG-CoA reductasa es la responsable de manera directa de iniciar la producción de colesterol, precisamente la enzima que los medicamentes reductores del colesterol afectan. (Esta clase de medicamentos se conocen técnicamente como inhibidores de la HMG-CoA reductasa.)

Pero la HMG-CoA reductasa se encuentra en la base de la ruta del mevalonato, al igual que el tronco de un árbol está en la base de donde crecen las ramas. En el caso de la ruta del mevalonato, además de la «rama» del colesterol «crecen» en ella muchas otras. La ruta del mevalonato produce colesterol, pero también se ocupa de fabricar la coenzima Q_{10}, uno de los nutrientes más vitales para el corazón. Cortar la ruta del mevalonato desde la raíz también bloquea o reduce la producción del factor nuclear kappa B (NF-kB) —hablaremos más de él dentro de poco— y altera las actividades de las rutas que regulan la producción de proteínas tau, dolicoles y selenoproteínas.

No te preocupes. No voy a hablarte de todas estas ramas y de lo que hacen. Basta con decir que son unas rutas importantísimas que producen unos compuestos muy importantes para el cuerpo, y el efecto a la larga de alterar estos complicados sistemas es impredecible en el mejor de los casos. Pero sí que vamos a hablar un poco de las cuatro acciones de los medicamentos reductores del colesterol que tienen que ver con una buena parte de sus efectos como, lamentablemente, sus importantes y numerosos efectos secundarios.

La primera de estas acciones es la más evidente: los medicamentos con estatinas reducen el colesterol y son muy eficaces en este sentido. Lo son tanto que incluso reducen el colesterol en el cerebro, pero esto no tiene nada de bueno.

El cerebro depende totalmente del colesterol para funcionar óptimamente. Aunque produzca solo un 2 por ciento del colesterol del cuerpo, contiene un 25 por ciento del colesterol del organismo. El colesterol es una parte vital de las membranas de las células cerebrales y juega un papel fundamental en la transmisión de los neurotransmisores. Sin colesterol las neuronas no pueden «hablar» bien unas con otras, la comunicación celular falla, y la cognición y la memoria se ven afectadas en gran medida, normalmente ¡no en el sentido positivo! (Véase más adelante: «Historia de un astronauta: el extraño caso de la pérdida de memoria».)

Los problemas cognitivos y de memoria son unos de los efectos secundarios más espectaculares y frecuentes de los medicamentos con estatinas, y en un estudio del 2009 realizado por la Universidad del Estado de Iowa se demuestra por qué ocurren. Yeon-Kyun Shin, biofísico y profesor del departamento de bioquímica, biofísica y biología molecular de la Universidad del Estado de Iowa, investigó el mecanismo de los neurotransmisores de las células cerebrales en un experimento novedoso. (Los neurotransmisores afectan el procesamiento de información y las funciones de la memoria.) Observó cómo el sistema liberaba neurotransmisores cuando se eliminaba el colesterol de las células y lo comparó con cómo funcionaba el sistema cuando se reponía el colesterol.

El colesterol quintuplicaba la función de las proteínas.

Ruta del mevalonato: el corredor del colesterol

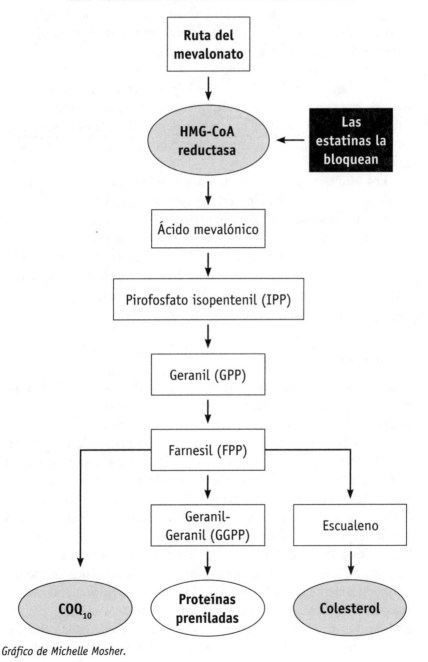

Gráfico de Michelle Mosher.

«Nuestro estudio demuestra que hay una relación directa entre el colesterol y la liberación de neurotransmisores», dijo Shin. «El colesterol cambia la forma de las proteínas para estimular el pensamiento y la memoria.»[3] Es decir, afecta lo listo que eres y tu capacidad para recordar las cosas.[4]

Nota para los padres: ahora que lo comprendes, el hecho de que algunos grupos recomienden dar medicamentos con estatinas a los niños, cuyo cerebro no está totalmente desarrollado hasta haber cumplido los 25 años, debería como mínimo horrorizarte, como nos pasa a nosotros.

Los adultos tampoco deberían confiarse demasiado. En la conversación mantenida en un almuerzo organizado por Project A. L. S. en 2008 —una organización sin ánimo de lucro dedicada a recaudar fondos para la investigación cerebral y llegar a entender la esclerosis lateral amiotrófica—, Orli Eingin, vicepresidente de medicina del Hospital Presbiteriano de Nueva York, nos dijo con relación a Lipitor, el medicamento con estatinas más vendido en todo el mundo: «Este fármaco hace que las mujeres se vuelvan estúpidas».[5]

Los fármacos con estatinas y tu energía

Aquí tienes otro hecho incontrovertible e indisputable: los medicamentos con estatinas reducen en gran medida las reservas del cuerpo de la coenzima Q_{10} (CoQ_{10}).

Si aún no sabes qué es la CoQ_{10}, es el momento idóneo para conocerla. En cuanto entiendas lo importante que es para la salud humana, comprenderás en el acto por qué la falta de CoQ_{10} causada por los medicamentos con estatinas es tan preocupante. La reducción de CoQ_{10} es uno de los efectos negativos más importantes de las estatinas, la responsable sobre todo de un montón de efectos secundarios habituales como el dolor muscular, la debilidad y la falta de energía.

La CoQ_{10} es un compuesto similar a una vitamina que se encuentra prácticamente en cada célula del cuerpo humano y cuando los niveles de CoQ_{10} caen en picado, la salud se resiente. La CoQ_{10} se utiliza en las rutas metabólicas productoras de la energía de cada célula. Es un poderoso antioxidante que combate el daño oxidativo producido por los radicales libres y protege las membranas celulares, las proteínas y el ADN. En su anterior libro, el doctor Sinatra se refería a la CoQ_{10} como «la chispa de la vida», y el doctor Jonny ha escrito largo y tendido sobre ella en *The Most Effective Natural Cures on Earth*. Sin la CoQ_{10} nuestro cuerpo simplemente no puede vivir.

La producción de CoQ_{10} se da en una de las ramas del árbol de la ruta del mevalonato que la acción de los medicamentos con estatinas bloquea. Cuando se altera la producción de colesterol de esta forma, se reduce también la de CoQ_{10}, y lo curioso es que —el corazón— el músculo más importante del cuerpo, es el que contiene la mayor concentración de CoQ_{10}. La grave reducción de CoQ_{10} causada por los fármacos con estatinas no solo afecta al corazón, sino también a los músculos esqueléticos que dependen de la CoQ_{10} para producir energía. Lo irónico del caso es que el medicamento que intenta prevenir las enfermedades cardiacas —lo cual solo hace en circunstancias muy limitadas— sea precisamente el que tanto debilita al órgano que se supone ¡ha de proteger!

Desde hace décadas se sabe que los medicamentos con estatinas hacen caer en picado los niveles de CoQ_{10}. Merck, el fabricante de Zocor (uno de los medicamentos con estatinas más vendidos) ya adquirió en 1990 la patente de un fármaco que combinaba las estatinas con la CoQ_{10}, pero nunca llegó a lanzarlo al mercado. Aunque nadie conoce a ciencia cierta la razón, se cree que Merck nunca fabricó el medicamento porque no había ningún incentivo económico en alertar al público del problema con la CoQ_{10} y «resolverlo» luego con un medicamento combinado. Si nadie lo hacía, ¿por qué Merck debía preocuparse por ello?

A medida que nos hacemos mayores producimos menos CoQ_{10}, por eso conservar la que tenemos es incluso más importante aún en la mediana edad y en la vejez, cuando más se recetan los medicamentos con estatinas. Una reducción de los niveles de CoQ_{10} significa menos producción de energía en el corazón y los músculos. Stephanie Seneff y sus colegas del MIT reunieron una gran cantidad de informes subjetivos de pacientes sobre diversos medicamentos. Reunieron más de 8.400 encuestas realizadas por internet a pacientes que tomaban fármacos con estatinas y compararon los efectos secundarios mencionados con la misma cantidad de encuestas de sujetos de la misma edad elegidos al azar que tomaban una amplia gama de otros medicamentos.

En la tabla de la página 151 puedes ver los efectos secundarios de los medicamentos con estatinas comparados con los de otros medicamentos sin estatinas.

HISTORIA DE UN ASTRONAUTA: EL EXTRAÑO CASO DE LA PÉRDIDA DE MEMORIA

En 2006 el ilusionista y escapista David Blaine decidió hacer un número en el que permanecía sumergido bajo el agua durante siete días. Con el fin de prepararse para tan agotadora hazaña, decidió entrenarse con Duane Graveline.

Graveline tiene un currículum muy interesante. Es tanto médico como astronauta, uno de los seis científicos elegidos por la NASA para el programa Apollo. También es un famoso experto en el campo de la investigación del descondicionamiento muscular debido a la falta de gravedad. Blaine lo eligió como asesor porque Graveline se había pasado siete días sumergido bajo el agua como parte de su propio programa de descondicionamiento muscular debido a la falta de gravedad.

Si le preguntaras a Graveline si la experiencia de estar sumergido bajo el agua durante una semana le había resultado terrorífica, seguramente te respondería que no fue nada comparada con la repentina pérdida de memoria que sufrió.

La historia de Graveline empezó en 1999 en el chequeo médico anual realizado a los astronautas. El médico le dijo que tenía el colesterol demasiado alto y le recetó Lipitor, el medicamento más vendido en la historia de la medicina.

Pero al poco tiempo de empezar a tomarlo, Graveline vivió un episodio de seis horas de amnesia global transitoria (AGT). La AGT es el término médico que recibe un extraño fenómeno que puede durar de quince minutos a doce horas. Los que lo padecen de pronto no se acuerdan de los hechos más recientes ni reconocen el entorno con el que están familiarizados. A menudo ni siquiera reconocen a los miembros de su familia y se sienten confusos y desorientados. Los que sufren AGT experimentan literalmente una regresión en el tiempo —de horas, días, semanas o incluso años— y no se acuerdan del tiempo vivido antes de la época a la que han retrocedido.

Después del episodio, Graveline dejó de tomar estatinas. Pero al cabo de un año, durante la siguiente revisión, el médico le convenció para que volviera a ellas, aunque en esta ocasión le recetó solo media dosis comparada con la anterior. A los dos meses volvió a sufrir un episodio de AGT. Esta vez le duró doce horas. Retrocediendo cincuenta y seis años en el tiempo, volvió a la época de cuando tenía 13 años, se acordaba de los nombres de los profesores y de todos los compañeros de la clase, pero no podía recordar su vida posterior. Ni siquiera reconocía a su mujer, que estaba con él cuando le ocurrió el incidente. Se le habían borrado de la memoria un puñado de décadas como si nunca hubieran ocurrido.

Por suerte, la amnesia desapareció y volvió a recuperar la memoria. Pero dejó de tomar estatinas, y esta vez para siempre.

Graveline empezó a investigar por su cuenta todo lo referente a las estatinas y lo que descubrió fue de lo más preocupante.

Se enteró de que cientos de otros pacientes habían sufrido AGT al tomar medicamentos con estatinas. También descubrió que los efectos secundarios que producían solían ser potencialmente graves y que además apenas se denunciaban, como altos niveles de enzimas hepáticas, debilidad muscular, disfunción sexual y fatiga. Empezó a hurgar un poco más en el tema de los medicamentos con estatinas y las enfermedades del corazón. Se cuestionó algunas de las ideas aceptadas sobre el colesterol, ideas en las que él había creído por completo: por ejemplo, la de que el colesterol causa enfermedades cardiacas y que reducirlo es una de las cosas más importantes para proteger el corazón.

«Vi que el colesterol no era ni por asomo el enemigo abyecto que me habían hecho creer que era —escribió—. En su lugar, comprendí que el colesterol era la sustancia más importante de nuestro cuerpo, una sustancia sin la cual la vida tal como nosotros la entendemos dejaría de existir. Los miles de millones de dólares gastados en combatir sin tregua ni cuartel una sustancia tan importante para nuestra salud es sin duda uno de los mayores engaños científicos de nuestro tiempo.»[6]

En la actualidad muchos médicos siguen sin saber que las estatinas reducen las reservas de CoQ_{10} del cuerpo y lo importante que es esta coenzima. Uno de nosotros, el doctor Jonny, ha estado jugando a tenis durante años con Marty, un tipo genial de 80 años. Aunque estaba en muy buena forma, Marty siempre se quedaba sin resuello, tardaba en recobrar el aliento, y a menudo sufría dolores musculares y fatiga, algo que él (y su médico) atribuían a que «se estaba haciendo mayor». Por lo visto su médico le había recetado un medicamento con estatinas para el colesterol. Sus síntomas indicaban un caso típico de falta de CoQ_{10}. Cuando el doctor Jonny se lo señaló y le sugirió que tomara enseguida un suplemento de CoQ_{10}, Marty respondió: «¡Se lo preguntaré a mi médico!»

El médico de Marty, que apenas sabía lo que era la CoQ_{10}, no tenía ni idea de su importancia y desconocía por completo los importantes efectos secundarios del medicamento que había recetado, medicamento que era sobre todo innecesario en este caso, porque el colesterol alto ejerce en realidad un efecto *protector* en los ancianos.

Este no es más que un ejemplo de lo que a nosotros nos gusta llamar «la locura del colesterol».

Si estás tomando un medicamento con estatinas y necesitas seguir tomándolo por alguna razón, no dejes pasar un día más sin complementarlo con CoQ_{10}. Ve volando a la farmacia o a la tienda de productos naturales más cercana y compra unos cuantos frascos. Te aconsejamos tomar al menos 100 mg dos veces al día, si es posible en forma de ubiquinol o de ubiquinona de alta biodisponibilidad.

Los fármacos con estatinas y la inmunidad (NF-kB)

Uno de los aspectos positivos de los fármacos con estatinas es que son antiinflamatorios. Esto es importante y probablemente una de las razones principales por las que las estatinas a veces van bien, ya que la inflamación, como has aprendido en el capítulo 3, es una de las cuatro mayores causas de enfermedades del corazón.

Queremos que nuestro arsenal antiinflamatorio sea lo más potente posible porque la inflamación es un componente muy importante de todas las enfermedades degenerativas conocidas por el género hu-

INFORMACIÓN PROCEDENTE DE PACIENTES SOBRE LOS EFECTOS SECUNDARIOS DE LAS ESTATINAS Y DE OTRAS CLASES DE MEDICAMENTOS

Efectos secundarios	Cantidad de encuestas donde se mencionan los efectos secundarios de las estatinas	Cantidad de encuestas donde se mencionan los efectos secundarios de fármacos sin estatinas	Valor p* asociado (probabilidades de que las diferencias sean fruto de la casualidad)
Calambres musculares	678	193	0,00005
Debilidad general	687	210	0,00006
Debilidad muscular	302	45	0,00023
Dificultad para caminar	419	128	0,00044
Pérdida de masa muscular	54	5	0,01323
Embotamiento	293	166	0,01552
Espasmos musculares	136	57	0,01849

Fuente: Stephanie Seneff, «Cómo funcionan las estatinas explica por qué no funcionan», http://people.csail.mit.edu/seneff/why_stat-ins_dont_really_work.html.

* El valor p (valor de probabilidad) es la cantidad de posibilidades de que dichos resultados se deban a la casualidad. En estadística, una probabilidad de 0,05 o menor significa que el resultado será fruto de la casualidad probablemente cinco o menos veces por cada cien casos. Cuando esto ocurre, estadísticamente se considera que el resultado no es fruto de la casualidad. Todas las cifras de la tabla se rigen por este criterio (algunas de ellas, de manera notable), lo cual significa que estadísticamente se consideran importantes.

mano. Por eso los alimentos, los suplementos y los fármacos antiinfla-matorios nunca están de más.

El hecho de que las estatinas sean antiinflamatorias es positivo, pero la forma en que realizan esta acción antiinflamatoria puede traer problemas.

Uno de los compuestos producidos en la ruta del mevalotano se llama factor nuclear kappa B, también conocido como NF-kB. El NF-kB es una parte importante del sistema inmunitario, pero es suma-mente inflamatorio. (Recuerda que la inflamación es una parte impor-tante del proceso curativo, por eso necesitas una cierta cantidad de compuestos inflamatorios en el cuerpo para ayudar a combatir los microbios infecciosos.) Se cree que las estatinas son antiinflamatorias sobre todo porque reducen la producción de NF-kB (al igual que re-ducen la producción de CoQ_{10}, otra «rama» en la ruta del mevalonato que las estatinas bloquean).

Tal vez pienses que esto es positivo, ¿no? Las estatinas reducen el NF-kB, que es una sustancia química inflamatoria, y cuanta menos tengamos, ¡mejor!

Bueno, tal vez.

Aunque a simple vista parezca que reducir esta sustancia química tan inflamatoria produce un buen efecto general, el problema está en que el NF-kB no es «bueno» ni «malo». Algunos organismos infeccio-sos —como el *E coli* y la salmonela, por ejemplo— logran infectar al cuerpo inhibiendo el NF-kB, al igual que los medicamentos con esta-tinas. Otros microbios, como la bacteria que causa la clamidiasis, en realidad *aumenta* el NF-kB. El virus de Epstein-Barr inhibe el NF-kB en ciertos momentos de la vida del virus y lo activa en otros.

La cuestión es que nadie conoce las consecuencias que trae a la larga la constante inhibición del NF-kB al cortar la ruta del mevalo-nato, como hacen los medicamentos con estatinas. Algunos de los resultados —en personas con ciertas enfermedades— son positivos. Pero algunos otros —en personas con *otras* enfermedades— pueden ser desastrosos. Hay formas mucho más fáciles, seguras y naturales de reducir la inflamación que usar un medicamento que se ha de-mostrado que está estrechamente relacionado con graves efectos se-cundarios y que puede —como en el caso de la inhibición a largo plazo del NF-kB— tener unas consecuencias que ni siquiera conocemos.

Pero el impacto que tiene reducir el colesterol sobre el sistema inmunitario no se limita al efecto sobre el NF-kB. Las investigaciones han revelado que el LDL humano (el llamado colesterol «malo») es capaz por sí solo de desactivar más de un 90 por ciento de los productos bacterianos más malos y tóxicos.[7]

Una serie de estudios han relacionado el colesterol bajo con un mayor riesgo de infecciones. Una revisión de diecinueve extensos estudios realizada por expertos sobre más de 68.000 muertes reveló que el colesterol bajo pronosticaba un mayor riesgo de morir de enfermedades respiratorias y gastrointestinales, y unas y otras suelen venir de una infección.[8] Otro estudio que realizó un seguimiento sobre más de 100.000 sujetos sanos en San Francisco reveló que los que tenían el colesterol bajo al principio de los quince años que este duró, fueron los que tendieron mucho más a ingresar en el hospital por una enfermedad infecciosa.[9] Y un interesante descubrimiento procedente del estudio MRFIT demostró que dieciséis años después de que se les hubieran medido por primera vez los niveles de colesterol, el grupo de varones con valores de colesterol de 160 o inferiores eran cuatro veces más proclives a morir de sida que el grupo de varones ¡con un colesterol superior a 240![10]

¿ESTATINAS PARA LOS NIÑOS?

El doctor Sinatra recetaba a veces, aunque no a menudo, un medicamento con estatinas a un grupo de población muy concreto: varones de mediana edad con un infarto o una enfermedad coronaria en su historial. Ambos creemos que los medicamentos con estatinas no son indicados para nadie más. Indudablemente no deben recetarse a la mayoría de mujeres, ni tampoco a los hombres que no han tenido un infarto, y bajo ningún concepto deben recetarse a los niños.

Queremos aclarar esta postura de nuevo, en parte para ayudar a contrarrestar las colosales presiones de las compañías farmacéuticas que, mientras escribimos este libro, están intentando incansablemente expandir el mercado de los medicamentos con estatinas para incluir también a los niños, una de las peores ideas de toda la historia. En *The End of Illnes*, el doctor David Agus, recomienda que cualquier persona del país tome medicamentos con estatinas. Agus lo hace con buena intención, pero comete un craso error. Si su idea se aceptara podría ser el siguiente desastre médico que nos espera.

A un hombre de mediana edad que ya ha tenido su primer infarto tal vez le vaya bien seguir un tratamiento con estatinas y complementarlo tomando suplementos de coenzima Q_{10} y aceite de pescado.

Pero el resto ¡debe andarse con mucho ojo!

Los fármacos con estatinas y tu vida sexual

Y ahora toca la parte de la que nadie habla, el secretillo sucio sobre los medicamentos con estatinas. Pero por favor no mates a los mensajeros. ¿Estás listo para conocerlo?

Los medicamentos con estatinas tienen la increíble habilidad de arruinarte la vida sexual.

No estamos bromeando.

Además de ser un efecto secundario muy común de la reducción del colesterol, no se denuncia la mayor parte de las veces. Y lo peor de todo es que muchas personas con disfunción sexual, sobre todo los hombres, no tienen ni idea de que pueda estar estrechamente relacionada con el medicamento que toman para bajar el colesterol.

La disfunción eréctil afecta a más de la mitad de los hombres de entre 40 y 70 años.[11] Ya hemos visto cómo la reducción del colesterol puede tener graves consecuencias para la memoria, el proceso mental y el estado de ánimo. Al igual que el cerebro necesita colesterol para que los neurotransmisores funcionen adecuadamente, las gónadas lo necesitan para producir el combustible hormonal para que nuestra vida sexual esté animadilla. Todas las hormonas sexuales más importantes —testosterona, progesterona y estrógenos— proceden del colesterol. Es de lo más absurdo suponer que al reducir el colesterol, que equivale a reducir el tamaño de la fábrica de hormonas sexuales del cuerpo, el funcionamiento sexual no se vaya a resentir en gran medida por ello.

Claro que es absurdo. Y se resiente.

Varios estudios han demostrado sin dejar lugar a dudas que los medicamentos con estatinas acaban reduciendo las hormonas sexuales, sobre todo la testosterona.[12] Y este detalle es muy importante.

Recuerda que los niveles bajos de testosterona no son solo un problema masculino, las mujeres también producen testosterona (aunque en cantidad mucho menor) y cada vez es más evidente que incluso esta pequeña cantidad de testosterona influye mucho en el deseo sexual femenino. (La mayoría de clínicas antienvejecimiento ahora siempre recetan a las mujeres posmenopáusicas pequeñas dosis fisiológicas de testosterona para tratar los bajos niveles de la libido que sufren y mejorar su bienestar general. La testosterona es importantísima ¡para ambos sexos!)

Sabemos con certeza que los valores bajos de colesterol están relacionados con los niveles bajos de testosterona en las mujeres por los estudios realizados sobre mujeres con una enfermedad conocida como síndrome del ovario poliquístico (SOP). Las mujeres con SOP sufren un aumento anormal de los niveles de testosterona, pero cuando les bajan los niveles de colesterol, los de testosterona también caen en picado, de modo que es evidente los efectos antihormonales de los medicamentos con estatinas.[13] El efecto que les produce a los hombres es muy fácil de documentar y muchos estudios ya lo han hecho. Uno revelaba que Crestor, uno de los medicamentos con estatinas más populares, aumentaba el riesgo de sufrir disfunción eréctil ¡al menos de dos a siete veces más![14]

Aunque la libido y la salud sexual fueran las dos únicas cosas que se alteraran al bajar los niveles de testosterona, esto ya sería una buena razón para preocuparse. Pero los niveles bajos de testosterona también influyen sobre la salud de una forma mucho más global. La testosterona baja se asocia a una menor esperanza de vida y también a un mayor riesgo de morir de enfermedades cardiovasculares.[15] Y a los que tienen los niveles de testosterona por debajo del límite recomendado, este riesgo ¡se les dobla!

Por importante que sea, la testosterona no es la única que promueve el sexo y el deseo en hombres y mujeres. Otra hormona importante es la oxitocina, conocida como la «hormona del amor».

La oxitocina se produce en el cerebro y los niveles son muy altos durante el parto y la lactancia, porque una de sus funciones es ayudar a la madre a establecer un vínculo emocional con su hijo. Cuando abrazas a tu pareja después de practicar el sexo, estás lleno de oxitocina. (Los varones también producen oxitocina, aunque no tanta como las mujeres.) A los investigadores les encanta estudiar a los ratones de las praderas macho porque son una rara excepción de la dicotomía masculino-femenino de la oxitocina. Los ratones de las praderas, a diferencia de los machos de la mayoría de especies, producen un montón de oxitocina. También son un raro ejemplo de monogamia en el reino animal y hace ya mucho que esta se ha atribuido a su producción de oxitocina, la cual los predispone a «la vida en pareja». En resumidas cuentas, la oxitonica, que te ayuda a sentirte bien y a crear un vínculo emocional con otra persona (¡o con otro ratoncito de la pradera!) es una parte importante del deseo sexual humano, de la expresión de las emociones y la satisfacción.

¿Y qué tiene que ver la oxitocina con el colesterol?

La oxitocina, a diferencia de la testosterona, no está hecha de colesterol. Pero llega a los órganos elegidos por medio de los receptores celulares y estos dependen en gran medida de las membranas ricas en colesterol. Las partes tan importantes de las membranas celulares, conocidas como balsas lipídicas, no funcionan bien sin el colesterol, lo cual significa que la reducción del colesterol interfiere en el poder de las hormonas, como en el caso de la oxitocina, de llegar a su destino y realizar su acción mágica. (Como ya se ha visto, esto también sucede con los neurotransmisores del cerebro que dependen de las membranas ricas en colesterol para la comunicación celular.)

Y, por último, las estatinas también interfieren con los receptores de serotonina en el cerebro.

En el caso de que no sepas qué es la serotonina, es uno de los neurotransmisores esenciales implicados en el estado de ánimo. Los antidepresivos más recetados, como Prozac, Zoloft y Lexapro, que han batido récords de ventas, y otros parecidos, se conocen como *inhibido-*

res selectivos de la recaptación de serotonina (ISRS), porque actúan sobre todo para mantener la serotonina durante más tiempo en el cerebro. La serotonina tiene mucho que ver con la sensación de relajación, bienestar y satisfacción.

¿Cómo actúan exactamente las estatinas sobre la fisiología de la serotonina?

Es sencillo. La serotonina depende, de una forma muy parecida a la de la oxitocina (de la que acabamos de hablar), de los receptores celulares para penetrar en las células. Los receptores de la serotonina —como los de la oxitocina— están anclados en las balsas lipídicas ricas en colesterol de las membranas celulares. Si bajas el colesterol, interfieres con la captación de serotonina en las células. Es así de simple. En realidad las investigaciones han demostrado convincentemente que los medicamentos con estatinas pueden hacer que los receptores de la serotonina no funcionen.[16]

El célebre médico e investigador francés Michel de Lorgeril, (autor principal del estudio de Lyon sobre Dieta y Corazón) está tan convencido de que las estatinas están echando a perder nuestra vida sexual que ha dedicado un libro a este tema. Es su único libro escrito en inglés, y contiene un razonamiento brillante respaldado por noventa y dos referencias bibliográficas procedentes de publicaciones científicas revisadas por expertos y de libros de texto. Se titula *A Near-Perfect Sexual Crime: Statins Against Cholesterol,* y en él Longeril dice lo que piensa de las estatinas y de nuestra vida sexual.

Estatinas y mortalidad por cualquier causa, diabetes y cáncer

En un capítulo anterior hemos hablado de cómo la mayoría de estudios sobre la reducción del colesterol no revelan ninguna diferencia en el índice de mortalidad entre los pacientes que tomaron medicamentos reductores del colesterol y los que no los tomaron. En algunos de estos casos el ligero descenso en las muertes por enfermedades cardiacas estaba compensado por un ligero aumento en las muertes por cualquier causa, de modo que el «resultado» en términos de vidas salvadas equivalía a cero patatero.

Pero los estudios revelan resultados incluso más preocupantes.

Por ejemplo, un estudio publicado en el *Journal of Cardiac Failure* revelaba que el colesterol iba asociado a un aumento en la mortalidad por insuficiencia cardiaca.[17] Y el estudio Longitudinal Italiano sobre el Envejecimiento publicado en el *Journal of the American Geriatric Society*, reveló que los que tenían niveles de colesterol inferiores a 189 eran mucho más propensos a morir que los que tenían niveles más altos de colesterol. Los investigadores concluyeron: «Los sujetos con volúmenes bajos de colesterol total tienen un riesgo mucho mayor de morir aunque muchos otros factores relacionados se hayan tenido en cuenta». Y añadían que «[...] los médicos tal vez quieran considerar los niveles muy bajos de colesterol como un posible signo de advertencia de una enfermedad oculta o como una señal de un rápido declive de la salud».[18]

También existen unos preocupantes indicadores de que los medicamentos con estatinas están relacionados con un mayor riesgo de sufrir cáncer y diabetes, aunque la prueba es mucho más concluyente. Los investigadores del Departamento de Medicina del Centro Médico Tufts y de la Facultad de Medicina de la Universidad Tufts, examinaron veintitrés estudios sobre las estatinas para descubrir una relación entre los niveles de colesterol y el cáncer. Concluyeron que «el riesgo de sufrir cáncer se asocia de manera importante a la reducción de los niveles de colesterol LDL», y añadieron que «los beneficios cardiovasculares de los menores niveles de colesterol LDL alcanzados pueden en parte compensarse con un mayor riesgo de sufrir cáncer».[19] Además, un metaanálisis de cinco estudios sobre las estatinas reveló que las «altas dosis» de la terapia con estatinas se asociaban a un mayor riesgo de sufrir diabetes.[20] Este descubrimiento también aparecía en el conocido estudio JUPITER sobre el que hablaremos con más detalle dentro de poco.

¿Te acuerdas de Duane Graveline? ¿El médico astronauta que sufrió una amnesia global transitoria por tomar medicamentos con estatinas? Graveline se ha pasado la última década reuniendo información sobre los efectos secundarios de las estatinas. Cientos, por no decir miles, de personas le han escrito explicándole los efectos secundarios de los medicamentos con estatinas, y en su web aparecen docenas de ensayos sobre los diversos síntomas, trastornos y efectos secundarios que causan.[21] Además, la doctora Teresa Graedon, y el médico Joe Graedon, autores del popular libro *The People's Pharmacy*, han publicado en su web una serie de cartas de los lectores acerca de los efectos secundarios de las estatinas. Aquí tienes tres ejemplos:

«Hace tiempo que tomo una medicación para reducir el colesterol. Le estuve diciendo a mi médico que la medicación me afectaba los músculos, pero no me creyó. Cambié de médico y el nuevo descubrió que mis niveles de enzimas musculares eran 800 (lo normal es 200). Me dijo que dejara de tomar esta medicación y cuando lo hice me bajaron los niveles de enzimas. Pero al tomar otra clase de medicamento con estatinas me volvieron a subir.»[22]

«Mi médico insiste en que debo tomar estatinas para bajar el colesterol aunque me produzcan dolor. A veces el dolor es tan fuerte que tengo que aguantarme para no echarme a llorar cuando cruzo el pasillo del colegio de mis hijos. El médico me ha dicho que acepte ¡esta pequeña molestia! Dice que es algo muy inusual, pero conozco a muchas personas que han sufrido el mismo dolor muscular que el mío.»[23]

«Llevo varios años tomando Lipitor y ahora se me duermen los pies, de vez en cuando me falla la memoria, y además me cuesta hacer cuadrar las cuentas y usar el ordenador. Como tengo un doctorado, esta situación me parece alarmante. Mi médico dice que el medicamento no tiene nada que ver con ello. Que no deje de tomarlo, porque mis niveles de colesterol son perfectos. ¿Existe alguna prueba de que el Lipitor pueda estar relacionado con estos síntomas?»[24]

De acuerdo. Salta a la vista que los medicamentos con estatinas tienen unos efectos secundarios muy comunes. Pero si tanta gente experimenta tantos síntomas por tomar medicamentos con estatinas, ¿por qué, tal vez te preguntes, no se ha oído hablar de ellos? ¿Es que los médicos no los conocen?

Una pregunta interesante, ya que la doctora Beatrice Golomb, realizó un estudio pionero, en el que investigó a fondo qué hacían los médicos con las quejas de sus pacientes sobre los efectos secundarios de las estatinas.[25] Lo que descubrió es preocupante. La mayoría de los médicos descartaba por comodidad esta clase de quejas. Los pacientes del estudio se quejaron de síntomas como dolor muscular, tensión, calambres o debilidad a 138 médicos, el 62 por ciento de los cuales descartó la posibilidad de que se debieran a las estatinas. También se quejaron de síntomas de lesiones nerviosas, conocidas como neuropatías, a 49 médicos, el 65 por ciento de los cuales descartó la posibilidad de que tuvieran que ver con las estatinas. Y otros pacientes se quejaron de tener problemas para pensar o de fallarles la memoria a 56 médicos, el 76 por ciento de los cuales, por increíble que parezca, ¡desechó cualquier posibilidad de que estuvieran relacionados con la medicación![26]

Esta investigación es importante por muchas razones, pero hay una en particular que vale la pena mencionar. Si los médicos no están aceptando estos síntomas —conocidos como *efectos adversos*—, significa que tampoco los están denunciando a MedWatch, el sistema de denuncia de episodios adversos de la Administración de Alimentos y Medicamentos y estadounidense. Prácticamente cualquier médico de los que conocemos que sea consciente de ello, cree que no se están denunciando los efectos secundarios de los fármacos con estatinas, un hecho que debería importarnos a todos (aunque no haga que a las compañías farmacéuticas les remuerda la conciencia ni un ápice).

De acuerdo, hemos respondido a la primera parte de la pregunta: «¿Cuáles son sus riesgos?» Es hora de analizar la segunda: «¿Cuáles son sus beneficios?» Solo entonces podremos tomar una decisión inteligente sobre la proporción entre riesgos y beneficios, y decidir si tiene sentido tomar (o seguir tomando) medicamentos con estatinas. Vayamos a los hechos.

Los «beneficios» de los fármacos con estatinas: no son exactamente los que nos han hecho creer

Para comprender cómo te han engañado sobre los beneficios de los medicamentos con estatinas, primero te explicaremos cómo es posible engañarte con cifras.

Imagínate, si quieres, que estás en un concurso televisivo y la presentadora te pregunta: «¿Quieres elegir el 90 por ciento del dinero que está detrás de la puerta número uno o el 10 por ciento del dinero que está detrás de la puerta número dos?» Si hubiera la misma cantidad de dinero detrás de ambas puertas, elegirías la opción del 90 por ciento. Pero entonces el concurso no tendría ninguna gracia, ¿verdad? La cuestión es que a no ser que sepas cuánto dinero hay detrás de las puertas, es imposible saber el verdadero significado del 90 por ciento y del 10 por ciento. Evidentemente, elegirías el 10 por ciento de 1 millón de dólares antes que el 90 por ciento de 100 dólares.

De modo que para saber hasta qué punto algo es importante, debes conocer la cantidad real y *absoluta*. La cifra del *tanto por ciento* por sí sola no tiene ningún sentido a no ser que sepas a qué se refiere.

Supongamos que eliges el 90 por ciento del dinero que hay detrás de la puerta número uno y descubres que son 100 dólares. Puedes referirte a esta cantidad como el «noventa por ciento del total» ganado, o como 90 dólares. Ambas opciones son correctas, pero la primera (la del 90 por ciento) es engañosa. (A nosotros nos recuerda la frase que dice bromeando Jack, la pareja de tenis del doctor Jonny, cuando le gana por 2 a 1: «¡Te he ganado en un cien por cien!»

Cuando te refieres al dinero ganado como el «90 por ciento», estás expresando la cantidad en términos relativos. Los 90 dólares son el 90 por ciento con relación a la cantidad total. Dicho de esta forma parece mucho dinero, ¿verdad? Pero cuando te refieres al dinero que has ganado como 90 dólares, estás expresando la cantidad real en términos absolutos. Noventa dólares es la cantidad *real* de dinero del que estamos hablando. ¡A quién le importa el tanto por ciento!

Absoluto y *relativo*. No te olvides de estas palabras.

Pero también hay otro concepto parecido al de la cantidad absoluta y relativa que los estudios clínicos siempre están usando. Se llama riesgo absoluto frente al riesgo relativo. El «riesgo absoluto» es real, la cantidad de riesgo real que reduces cuando tomas, por ejemplo, un medicamento conocido por ayudar a prevenir las enfermedades cardiacas. Esta es la cifra que quieres conocer. La otra, la del «riesgo relativo», no es más que una gran cortina de humo para *confundirte* sobre lo que quieres saber, al igual que el «90 por ciento del dinero de la puerta número uno» *da la impresión* de ser un dineral cuando en realidad no lo es.

Te pondremos un ejemplo. Digamos que eres un jugador y te ofrecen la oportunidad de comprar una varita mágica especial que te garantiza que tendrás un cien por cien más de posibilidades de que te toque la lotería. Parece una ganga, ¿verdad? Pero recuerda que es una cantidad relativa. Para saber las posibilidades reales que tienes de que te toque la lotería, debes fijarte en la cantidad *absoluta*. Tus posibilidades de que te toque la lotería sin la varita mágica son 1 de entre 87.000.000, o sea, que la varita mágica solo hace que sean 2 de entre 87.000.000 ¡Quién lo iba a decir! Sí, es un cien por cien más, lo cual impacta de entrada, pero en realidad no es nada. Al fin y al cabo la posibilidad de que te toque la lotería sigue siendo prácticamente ninguna y además has tenido que pagar la varita. Es como tener el 90 por ciento de una «fortuna» que equivale a un dólar.

Este ejemplo tal vez parezca absurdo, pero ilustra exactamente lo que los investigadores hacen para que los resultados parezcan incluso más espectaculares aún, sobre todo cuando los resultados de la investigación se usan para promocionar los beneficios de un medicamento. (Recuerda que la mayoría de las compañías farmacéuticas financian sus propios estudios. Muchos de ellos, por no decir todos, no son más que tácticas de marketing disfrazadas de ciencia.) Los investigadores usan porcentajes, sobre todo porcentajes que hacen que los resultados parezcan mucho más impactantes de lo que son. Sí, lo que dicen es técnicamente verdad, al igual que lo es que la varita mágica te ofrece un cien por cien más de posibilidades de que te toque la lotería, pero es una cifra muy engañosa. Una forma más exacta de expresar lo que estás ganando con la varita mágica es decir que de tener 1 de entre 87.000.000 posibilidades, has pasado a tener 2 de entre 87.000.000. Olvídate del «cien por cien más», lo que en realidad ha ocurrido es que ahora en lugar de tener una posibilidad entre tropecientas, tienes dos. No es algo por lo que pagarías un montón de dinero, ¿verdad?

¿Todas juegan con las cifras?

Veamos ahora cómo las compañías farmacéuticas usan las mismas engañosas cantidades «relativas» para engañarte sobre los efectos de sus medicamentos.

Los fabricantes de Lipitor, por ejemplo, anunciaban a bombo y platillo este medicamento en las revistas diciendo que reducía en un

33 por ciento el riesgo de sufrir infartos. Pero si lees la letra pequeña te darás cuenta de que es una cantidad relativa. Así es como se extrae. Pongamos que de cien varones elegidos al azar que no estén tomando este medicamento, tres de ellos estadísticamente hablando, sufrirán seguramente un infarto a lo largo de cinco años, es decir, un 3 por ciento de la cantidad total de hombres (cien) tendrá seguramente un infarto.

Pero si tomaran Liptor durante cinco años, solo dos de ellos tendrían seguramente un infarto (un 2 por ciento del total de hombres). Pasar de tres infartos a dos es una reducción de un 33 ½ por ciento en cuanto al riesgo relativo, pero la cantidad real y *absoluta* de infartos evitados es solo *uno*. Entre los cien hombres, solo ha habido un infarto menos a lo largo de cinco años. La *reducción absoluta* real *en el riesgo* es de un 1 por ciento (la diferencia entre el 3 por ciento en el grupo de varones sin tratar que habrían tenido un infarto, y el 2 por ciento en el grupo de los que tomaban Lipitor). La «reducción en un 33 por ciento» es una cantidad relativa, y como es mucho más impactante que la mucho más veraz del «1 por ciento» (la cantidad absoluta), los investigadores al revelar los resultados suelen usar ¡el riesgo relativo en lugar del absoluto! (¿Acaso no suena mucho mejor decir que Lipitor reduce el riesgo en un 33 por ciento, que decir que en vez de reducir los infartos en un 3 por ciento, los reduce en un 2 por ciento?)

Tenlo en cuenta cuando leas nuestras críticas sobre algunos estudios realizados para promocionar la idea de que las estatinas salvan vidas.

Hay otro concepto del que nos gustaría hablarte antes de analizar los estudios clínicos: se trata de la diferencia entre *prevención primaria* y *prevención secundaria*. La prevención primaria se refiere a tratar a los pacientes que no han tenido un infarto para evitar que sufran uno. Y la prevención secundaria tiene que ver con tratar a los pacientes que ya han tenido un infarto para evitar que sufran otro. Como verás dentro de poco, el efecto de las estatinas en estas dos poblaciones es muy distinto.

Antes de hablar de ello, hay algo más que debes saber sobre la interpretación de los estudios en general que te ayudará a entender mejor la propaganda de las estatinas. Los estudios suelen generar un montón de información que se puede interpretar según como a uno más le convenga. Lo ilustraremos con el alcohol, una sustancia muy común que todos conocemos. Hay un montón de estudios que demuestran que el consumo moderado de alcohol reduce el riesgo cardiovascular. Hasta ahora, todo va bien. Pero estos estudios también han descubierto una preocupante conexión: el consumo de alcohol aumenta el riesgo de sufrir ¡cáncer de mama! Ambos hechos —que el alcohol es cardiosaludable y que aumenta el riesgo de sufrir cáncer de mama— son ciertos, pero los fabricantes de bebidas alcohólicas solo te dirán que reduce el riesgo cardiovascular y no te comentarán que también se asocia al cáncer de mama.

Del mismo modo, el estudio financiado por una compañía farmacéutica tal vez revele que un medicamento en particular tiene un efecto beneficioso sobre el corazón parecido al del alcohol. Pero además de reducir el riesgo cardiovascular, el medicamento aumenta el riesgo de diabetes —descubrimiento que aparece en un par de estudios sobre los fármacos con estatinas—, sin embargo este hallazgo se puede ocultar fácilmente en el texto del estudio de manera que solo los investigadores más resueltos sean capaces de sacarlo a la luz.

Ahora que entiendes estos conceptos: el porcentaje relativo frente al absoluto, la prevención primaria frente a la secundaria, y el hecho de ocultar los aspectos negativos de un fármaco donde menos se puedan ver, veamos algunos estudios representativos sobre los medicamentos con estatinas y lo que dicen *realmente*, frente a lo que sus fabricantes les gustaría hacerte *creer* que dicen.

El estudio ALLHAT: no salvó ni una sola vida

El estudio sobre el Tratamiento Antihipertensivo y Lípido Reductor para Prevenir los Infartos (ALLHAT), realizado entre 1994 y 2002, fue el mayor estudio norteamericano que jamás se ha llevado a cabo sobre el colesterol, y en cuanto al del 2002, fue el mayor estudio realizado utilizando pravastina, un fármaco de la familia de las estatinas (comercializado como Pravachol). Los diez mil participantes del estudio con niveles altos de colesterol LDL se dividieron en dos grupos. Uno fue tratado con pravastina, y al otro solo le aconsejaron los «cambios típicos» que debía hacer en su estilo de vida.

Al 28 por ciento de los que tomaron pravastina les bajó el colesterol un poco, aunque estadísticamente el porcentaje era importante comparado con el 11 por ciento del otro grupo que logró lo mismo «cambiando de estilo de vida». Este dato permitió a los fabricantes de pravastina anunciar a bombo y platillo una reducción importante en el colesterol y declarar el estudio un éxito.

Pero ¡espera un momento!

Cuando se analizaron los índices de muertes por infarto, no había ninguna diferencia entre los dos grupos. El fármaco con estatinas redujo el colesterol del 28 por ciento de quienes lo tomaron, pero no salvó una sola vida. La pravastina no reducía de manera importante la mortalidad por «cualquier causa» (la muerte por cualquier razón), ni tampoco las enfermedades coronarias mortales o no mortales en los pacientes que la tomaban.[27]

El estudio ASCOT-LLA: no fue ni por asomo un éxito para Lipitor

Los Resultados del Estudio Cardiológico Angloescandinavo de la Rama Lipo Reductora (ASCOT-LLA) fue un ensayo aleatorizado y multicéntrico en el que más de diez mil pacientes hipertensos y con al menos otros tres factores de riesgo cardiovascular fueron divididos en dos grupos. La mitad de ellos tomaron Lipitor, y la otra mitad, un placebo (una sustancia inactiva en forma de pastilla). No te olvides de que todos los pacientes de este estudio eran hipertensos. La mayoría tenían sobrepeso (IMC: 28,6 de media), el 81 por ciento eran hombres y una tercera parte, fumadores.

En este estudio, incluso al cabo de un año, los que tomaban Lipitor experimentaron claros beneficios, aunque como hemos señalado, se podía deber a muchos otros efectos de los fármacos con estatinas aparte del de bajar el colesterol. Y como los participantes del estudio tenían factores de riesgo (p. ej. sobrepeso, hipertensión, etc.), podía deberse a cualquiera de los efectos positivos de los fármacos con estatinas (p. ej. a su poder antioxidante, anticoagulante o antiinflamatorio). Los infartos cerebrales mortales y no mortales, y los episodios cardiovasculares y coronarios totales descendieron de manera importante.

Parece todo un éxito para Lipitor, ¿verdad?

Bueno, quizás.

A los tres años, no había estadísticamente ninguna diferencia en la cantidad de muertes entre los dos grupos. (De hecho, hubo algunas más entre las mujeres que tomaban Lipitor que entre las que tomaban el placebo.) El estudio costó cerca de 100 millones de dólares, pero no salvó ni una sola vida.

Vale la pena señalar que de los catorce investigadores a los que se les atribuye el estudio ASCOT-LLA, todos ellos trabajaban de asesores en compañías farmacéuticas que fabricaban medicamentos reductores del colesterol, como Merck, Bristol-Myers Squibb, AstraZeneca, Sanofi, Schering-Plough, Servier, Pharmacia, Bayer, Novartis y Pfizer, y estas compañías además les cubrían los gastos del viaje, les pagaban las conferencias o les financiaban investigaciones. Pfizer (la que crea el fármaco Lipitor) fue la principal fuente de financiación de este estudio. Este hecho por sí solo no invalida los resultados del estudio, pero vale la pena mencionarlo.

El estudio Cardioprotector: una protección que deja mucho que desear

El estudio Cardioprotector (HPS, por sus siglas en inglés) dividió a más de veinte mil adultos con enfermedades coronarias o diabetes en dos grupos. A los de un grupo les dieron 40 mg de estatinas de la marca Zocor a diario y a los del otro, un placebo.[28] Los autores del estudio afirmaron haber obtenido «grandes beneficios» al reducir el colesterol con este fármaco con estatinas, y de hecho murieron menos personas de las del grupo del Zocor que de las del grupo del placebo.

Pero veamos las cifras absolutas. Cinco años más tarde, en el grupo del Zocor se había dado un índice de supervivencia de un 87,1 por ciento, pero en el grupo del placero hubo un 85,4 por ciento, una diferencia absoluta de un 1,8 por ciento. Y lo más importante es que los índices de supervivencia no tenían que ver con el descenso del colesterol. Es decir, bajar los valores de LDL no había afectado en lo más mínimo el riesgo de mortalidad por enfermedades cardiacas. (Lo cual es fácil de entender si se tiene en cuenta lo que los fármacos con estatinas hacen aparte de bajar el colesterol. Al menos demuestra que los fármacos con estatinas pueden ser útiles en determinadas poblaciones, pero en el caso de serlo no tiene nada que ver con su poder de bajar el colesterol. En realidad, cada vez es más evidente que bajar el colesterol es lo menos importante que hacen.)

Como el doctor Uffe Ravnskov afirmó en una carta dirigida al editor del *British Medical Journal* respecto a los resultados del estudio Cardioprotector: «Si le dices a un paciente que si no toma estatinas sus posibilidades de no morir durante cinco años son de un 85,4 por ciento y que si las toma [estatinas], son de un 87,1 por ciento, ante estas cifras dudo mucho que nadie aceptara tomarlas, ya que se desconoce los efectos que pueden tener a la larga».[29]

Estudio Japonés de Intervención sobre los Lípidos: no hay ninguna relación entre las LDL y las muertes

En este estudio, más de cuarenta y siete mil pacientes tomaron Zocor durante seis años. Este tratamiento produjo unas respuestas muy variadas. Algunos participantes vieron cómo los niveles de LDL les bajaban en picado, otros apreciaron un moderado descenso, y otros ninguno en especial.

Al cabo de cinco años, los investigadores examinaron los índices de mortalidad entre los participantes y relacionaron estas muertes con los niveles de LDL de los pacientes. Tal vez creas que era el estudio perfecto para demostrar la relación entre los niveles más bajos de LDL y un descenso en el riesgo de padecer enfermedades cardiacas, ¿verdad? Que los sujetos a los que les había bajado el colesterol en picado tendrían muchas más posibilidades de vivir, mientras que los que conservaban los mismos niveles eran mucho más proclives a morir, y que los que habían experimentado un moderado descenso se encontraban entre estos dos extremos.

Estamos seguros de que esto es lo que los investigadores esperaban descubrir.

Pero no fue así.

Al cabo de cinco años no había ninguna relación entre los niveles de LDL y el índice de mortalidad en los tres grupos. Es decir, sus niveles de colesterol, tanto si habían bajado como si no, no tenían nada que ver con que se murieran o no. El índice de mortalidad de los pacientes con los niveles más altos de LDL fue más o menos el mismo que el de los niveles más bajos (y que el de los que se encontraban en medio de ambos extremos). En resumidas cuentas: bajar los niveles de colesterol no te protege ni una pizca contra la muerte.

PROSPER: algunos beneficios, pero solo para algunos

El estudio Prospectivo sobre la Pravastatina en los Ancianos con Riesgo (PROSPER, por sus siglas en inglés) fue interesante por varias razones. En este estudio, a los ancianos que participaban se les dividió en dos grupos. El primero estaba formado por pacientes sin historial de enfermedades cardiacas (grupo de prevención primaria), y el segundo, por pacientes que tenían una enfermedad cardiovascular o que la habían sufrido en el pasado (grupo de prevención secundaria). La mitad de cada grupo recibió Pravachol (un fármaco con estatinas), y la otra mitad, un placebo.

Hubo un cierto descenso en los infartos o en los derrames cerebrales, pero solo en el grupo de prevención secundaria (los que tenían una enfermedad cardiaca o habían sufrido alguna en el pasado). Sin embargo, en el grupo de prevención primaria, el de los que no tenían ninguna enfermedad cardiaca en su historial, no se redujeron los infartos ni los derrames cerebrales. Los hallazgos de este estudio se parecen mucho a los de la mayoría de este estilo que se han realizado.

Pero los investigadores descubrieron además dos cosas interesantes, y una de ellas era muy preocupante.

Cuando los representantes de las compañías farmacéuticas interpretaron la información del estudio PROSPER, solo se centraron en que el Pravachol reducía los infartos y los derrames cerebrales (quitándole importancia al factor de que solo lo había hecho en el grupo que ya había tenido una enfermedad cardiaca). De acuerdo, esto no es tan malo después de todo, prevenir varios infartos y derrames cerebrales, incluso en una población limitada, siempre es una buena noticia. Pero ¿y las otras cifras relacionadas con la salud, las enfermedades y el bienestar aparte de las de los infartos y los derrames cerebrales?

Para responder a esta pregunta, los investigadores decidieron analizar otras cifras relacionadas con el efecto del medicamento sobre la salud. Observaron el «total de muertes» y el «total de episodios adversos graves» y descubrieron que el Pravachol no había influido en ello ni un ápice. El medicamento con estatinas era beneficioso para los infartos y derrames cerebrales en la población de prevención secundaria, pero en la población de prevención primaria no había ayudado a salvar ni una sola vida.

El segundo descubrimiento era más preocupante. En ambos grupos que habían tomado Pravachol había aumentado el riesgo de contraer cáncer. Lo más curioso es que los investigadores descartaron este hallazgo tan importante en el sentido estadístico tachándolo de «pura casualidad».

El estudio JUPITER: «es defectuoso»

Hemos dejado este estudio para el final porque es el más jugoso, el ejemplo más perfecto de la gran locura del colesterol, el bombo publicitario, la manipulación encubierta y la deshonestidad intelectual.

Si leíste los artículos o viste las noticias en 2009, seguramente habrás oído hablar de este estudio, aunque quizá no sepas cómo se llamó. Su nombre, JUPITER, corresponde a las siglas en inglés de Justificación por el Uso de Estatinas en la Prevención Primaria: Estudio de Intervención para Evaluar la Rosuvastatina. (Incluso el título del estudio da que pensar, porque realizar un estudio para justificar el uso de un fármaco que uno ya ha decidido lanzar al mercado no tiene ningún sentido. ¿Y si los resultados del estudio revelaran lo contrario? Un estudio científico no puede ser objetivo si ya se conocen los resultados de antemano.)

Bueno, volvamos al estudio, del que se podría cuestionar y criticar, por ejemplo, todo.

El estudio JUPITER realizó un seguimiento a casi dieciocho mil personas con niveles de colesterol totalmente normales o incluso tirando a bajos. Pero lo que sí tenían eran niveles altos de la proteína C reactiva (PCR). Como se ha visto, la PCR es una medida sistémica de inflamación y la consideramos importante. (En el capítulo 9 hablamos más detenidamente de las pruebas para medir los niveles de PCR.) Lo que salta a la vista es que los fabricantes del medicamento querían demostrar que los fármacos con estatinas ayudaban a prevenir las muertes incluso en pacientes con niveles normales de colesterol.

Esta fue la línea partidista del estudio JUPITER que se repitió hasta la saciedad en prácticamente cada telediario emitido en Estados Unidos: el estudio JUPITER ha supuesto un éxito tan rotundo que lo han tenido que interrumpir porque «no era ético» seguirlo, ya que en el grupo que tomó el medicamento (Crestor) hubo la mitad de muertes, derrames cerebrales e infartos de los que se dieron en el grupo de control (que no lo había tomado).

El estudio JUPITER se promocionó a los cuatro vientos como la prueba de que debían cambiarse las pautas sobre el colesterol. Sin duda se ha demostrado, sostenían los fabricantes del medicamento, que las personas con los niveles de colesterol recomendados, o superiores, al bajar incluso más aún sus niveles «normales» han salido ganando, porque ¡han reducido a la mitad el riesgo de morir de cualquier clase de terrible enfermedad! Es evidente, decían a cualquiera que quisiera escucharlos, que los niveles «normales» de colesterol recomendados ¡se deben bajar todavía más! (¿Te imaginas los vítores que se oirían en las reuniones de los accionistas si el producto por el que habían apostado aumentaba su mercado ganando cerca de once millones de consumidores más?[30] Era casi tan bueno como la idea de aumentar el mercado de adultos ¡incluyendo a los niños! ¡Oh, qué buena ida! Esto era lo que el grupo de presión de las estatinas hacía incluso en 2011. Pero ¡no importa!)*

Eso fue entonces. Ahora es otra cosa.

Nueve autores de gran prestigio, como varios miembros de la Facultad de Medicina de Harvard, se unieron para escribir una revalua-

---

* Cuando aparecieron los resultados de JUPITER, las acciones de AstraZeneca, la compañía farmacéutica que fabrica el medicamento Crestor, subieron como la espuma llegando a dos cifras.

ción en contra del estudio JUPITER, revaluación que se publicó en 2010 en *Archives of Internal Medicine*, una de las revistas médicas más respetadas y conservadoras del mundo.[31] «El estudio es defectuoso», escribieron. «Se interrumpió (según las normas preestablecidas) después de un seguimiento que no llegó a los dos años, sin que hubiera ninguna diferencia entre los dos grupos en lo que atañe a los criterios más objetivos». Los autores añadieron: «La posibilidad de que el estudio sea partidista nos preocupa mucho por los grandes intereses comerciales del mismo». Concluyeron que «los resultados del estudio no confirman el uso del tratamiento con estatinas para la prevención primaria de las enfermedades cardiovasculares».

¿Cómo logró entonces el estudio cosechar esta clase de titulares: «El medicamento Crestor ha reducido en más de un 50 por ciento el riesgo de sufrir un infarto»?

Volvamos a echarle una mirada.

En el estudio JUPITER participaron 17.800 sujetos —varones de más de 70 años y mujeres de más de 50—, a los que dividieron en dos grupos. Uno recibió 20 mg de Crestor a diario y el otro, simplemente un placebo.

Antes de decirte los resultados, recordemos de nuevo la diferencia que hay entre una cantidad relativa y una absoluta, concepto del que ya hemos hablado.

El estudio duró 1,9 años y al final de este periodo se determinó que el riesgo de sufrir un infarto en el grupo del placebo era de un 1,8 por ciento, mientras que el del grupo del Crestor era de un 0,9 por ciento.

Así que ¡este era el 50 por ciento menos de riesgo! Hablando en términos relativos. Pero calculemos la cantidad que realmente nos importa, el riesgo absoluto.

Si el grupo del placebo tenía un 1,8 por ciento de riesgo, y el del Crestor, un 0,9 por ciento, para saber cuánto se ha reducido el riesgo en términos absolutos y reales hay que restarle al 1,8 por ciento de un grupo, el 0,9 por ciento del otro, y este cálculo da un 0,9 por ciento. Lo cual en términos absolutos significa que en un grupo de 100 sujetos sin tratar, un 1,8 por ciento de ellos sufrirá un infarto en algún momento a lo largo de casi dos años. Y que si se tratara al mismo grupo con Crestor durante el mismo tiempo, un 0,9 de ellos sufriría un infarto. Los investigadores calcularon que estos resultados se traducían en 120 sujetos que necesitarían tomar Crestor durante 1,9 años para prevenir un infarto. Gastar más de un cuarto de millón de dólares en un tratamiento con Crestor de casi dos años de duración es una suma de dinero exorbitante para prevenir un infarto. Sobre todo cuando hay muchas posibilidades de sufrir los negativos efectos secundarios del medicamento que te está costando una fortuna.

Mark A. Hlatky, como médico, dijo sobre el estudio JUPITER en el *New England Journal of Medicine* de noviembre de 2008: «Las diferencias absolutas en el riesgo son clínicamente más importantes que las reducciones relativas en el riesgo a la hora de decidir si se recomienda tomar un medicamento, ya que los beneficios absolutos del tratamiento deben ser lo bastante grandes como para justificar los riesgos y los costes que implica». Añadió que «la seguridad a largo plazo es muy importante a la hora de considerar someter a sujetos de bajo riesgo sin una enfermedad clínica a un tratamiento farmacológico durante veinte años o más».[32]

¿Hemos mencionado por casualidad que hubo un aumento importante en la incidencia de diabetes en el grupo tratado con Crestor?[33] (En sus estudios sobre los efectos secundarios de las estatinas, Stephanie Seneff también observó una relación muy importante —$p = 0,006$— entre las menciones de diabetes y las quejas sobre los efectos secundarios de los fármacos con estatinas.)

¿Y LA PLACA?

De acuerdo, quizá los fármacos con estatinas no reduzcan el riesgo de morir, salvo posiblemente en varones de mediana edad con una enfermedad cardiaca en su historial (e incluso en este caso el efecto es moderado). Pero ¿y la placa? ¿Es que este método agresivo de bajar el colesterol LDL no reduce al menos la placa? (Esto, tal vez sostengas, tendría un efecto positivo a largo plazo sobre la calidad de vida, aunque no salvara vidas.)

Pues no.

Un estudio publicado en el *American Journal of Cardiology* en 2003, usó la tomografía computarizada por haz de electrones para evaluar la placa en 182 pacientes después de 1,2 años de tratamiento con estatinas o con estatinas combinadas con niacina.[34] Y sí, como revelan muchos otros estudios, el colesterol les bajó a estos pacientes que tomaron un medicamento reductor. Pero ¿y la placa?

Lo siento.

Los autores escribieron: «A pesar de la gran mejoría [en los valores del colesterol] [...] no hubo ninguna diferencia en la progresión de la placa calcificada». En realidad, los sujetos de ambos grupos experimentaron un aumento en la placa acumulada de un 9,2 por ciento. «Con respecto a bajar el colesterol LDL, la afirmación "los niveles bajos son mejores" no se cumplió en lo que atañe a los cambios en la progresión de la placa calcificada», concluyeron los autores.

El lado más oscuro de bajar el colesterol

Si todavía estás de parte de bajar el colesterol con estatinas, te perdonamos por intentar ver el lado bueno que tiene. «Vale», podemos casi oírte decir: «Tal vez tengáis razón, a lo mejor bajar el colesterol no sirve de gran cosa. Pero al menos las estatinas sirven para algo más aparte de bajar el colesterol, como habéis señalado. Son antiinflamatorias, unos potentes antioxidantes y anticoagulantes. ¿Qué mal hay en que uno se las tome?»

Tu razonamiento no está mal, ya que para algunas personas, sobre todo para los hombres de mediana edad que ya han tenido un infarto, los beneficios de las estatinas puede que sean mayores que los riesgos que comportan. Pero el problema tiene dos aspectos: por un lado, se están recetando a diestro y siniestro a pacientes que no tendrían que tomarlas y a poblaciones en las que se ha demostrado que no producen beneficio alguno. Y, por el otro, los riesgos que entrañan son importantes, serios, variados y además apenas se han hecho públicos.

Las estatinas se están recetando a diestro y siniestro a pacientes que no tendrían que tomarlas y a poblaciones en las que se ha demostrado que no producen beneficio alguno.

Antes de evaluar los riesgos y los beneficios de los fármacos con estatinas, veamos qué es exactamente lo que el colesterol hace. Comprender las funciones de esta molécula tan vilipendiada te ayudará a entender por qué las cosas se pueden complicar cuando intentamos que los niveles normales de colesterol sean cada vez más bajos.

El colesterol es una fábrica de hormonas. Las moléculas del colesterol están emparentadas con la familia de las hormonas conocidas como *hormonas esteroides*. Entre estas hormonas se encuentra el cortisol (conocido como la hormona de *lucha o huida*) y toda la familia de esteroides sexuales, como los estrógenos, la progesterona y la testosterona. (No es de extrañar que las estatinas produzcan unos efectos secundarios tan graves relacionados con el sexo.)

El colesterol es usado por el cuerpo para sintetizar los ácidos biliares. Los ácidos biliares son esenciales para digerir las grasas. Los ácidos se sintetizan del colesterol y luego se secretan en forma de bilis. Los ácidos biliares son tan importantes para el cuerpo que este conserva la mayoría de ellos. Impide que se eliminen con las heces al reabsorberlos desde el intestino grueso, y depositarlos en una especie de contenedor «metabólico de reciclaje» para volver a transportarlos al hígado. Con todo, aunque el cuerpo haga todo lo posible por impedirlo, pierde algunos ácidos biliares. Para compensarlo, el hígado sintetiza aproximadamente de 1.500 a 2.000 mg de colesterol nuevo al día (esta cantidad es de siete a diez veces más grande que la de un huevo jumbo). Es evidente que el cuerpo cree que necesitas este colesterol.

El colesterol es un componente esencial de todas las membranas celulares del cuerpo. Sobre todo es importante en las membranas del cerebro, el sistema nervioso, la médula espinal y el sistema nervioso periférico. Se incorpora a la capa de mielina, una especie de material aislante o «cubierta» de las fibras nerviosas que facilita la transmisión de los impulsos nerviosos. Y como ya se ha visto, forma parte de las balsas lipídicas, permitiendo la comunicación celular.

(Por eso el descenso agresivo del colesterol se asocia a tantos problemas cognitivos.) El colesterol también es importante para proteger las células contra los cambios de temperatura.

El colesterol es importante para el sistema inmunitario. El colesterol tiene una conexión importante con el sistema inmunitario. Las investigaciones han revelado que las LDL humanas (el llamado colesterol «malo») son capaces de desactivar más del 90 por ciento de los productos bacterianos más tóxicos.[35]

Una serie de estudios han vinculado el colesterol bajo a un mayor riesgo de infecciones. Un análisis de diecinueve estudios de gran escala revisados por expertos sobre más de 68.000 muertes reveló que el colesterol bajo predecía un aumento en el riesgo de morir de enfermedades respiratorias y gastrointestinales, que con frecuencia son de origen infeccioso.[36] Otro estudio que realizó un seguimiento a más de 100.000 sujetos sanos en San Francisco reveló que los que tenían el colesterol bajo al inicio del decimoquinto año del estudio eran mucho más propensos a ingresar en un hospital por enfermedades infecciosas.[37] Y un interesante hallazgo del estudio MRFIT reveló que al cabo de dieciséis años de estar midiéndoles los niveles de colesterol a los participantes, los varones del grupo con valores de colesterol de 160 mg/dl o inferiores eran cuatro veces más proclives a morir de sida que los del grupo cuyo colesterol ¡superaba los 240 mg/dl![38]

Fabricamos vitamina D del colesterol. Es casi imposible exagerar la importancia de la conexión entre el colesterol y la vitamina D. La vitamina D, que en realidad es una hormona y no una vitamina, se produce del colesterol que hay en el cuerpo. Si se baja el colesterol indiscriminadamente, es lógico que los niveles de vitamina D se vean afectados por ello de manera negativa. Lo cual no es una nimiedad.

Prácticamente todos los profesionales de la salud te dirán que una gran cantidad de personas de Estados Unidos (y probablemente del mundo entero) tienen niveles insuficientes de vitamina D. Según los Centros para el Control y la Prevención de Enfermedades, «solo» el 33 por ciento de la población estadounidense corre el riesgo de padecer «insuficiencia» o «déficit» de vitamina D,[39] pero se sigue debatiendo sobre cuál es la cantidad que se puede considerar «suficiente», y «suficiente» no tiene nada que ver con «óptima».

En 2010 la Fundación para la Prolongación de la Vida realizó una encuesta a sus miembros —una muestra autoseleccionada de personas a las que les importa mucho estos temas y que prestan una especial atención a su salud, a sus análisis de sangre y a los suplementos nutricionales que toman— y descubrió que incluso las analíticas realizadas a esta población tan concienciada respecto a la salud, mostraban que en un 85 por ciento de ella, por increíble que parezca, los niveles de vitamina D estaban por debajo de 50 ng/ml, el mínimo del límite «óptimo» (de 50 a 80 ng/ml).[40]

¿Por qué esto importa? Porque existen investigaciones de lo más convincentes que vinculan los niveles de vitamina D por debajo de los óptimos con enfermedades cardiacas, bajo rendimiento físico, osteoporosis, depresión, cáncer, dificultad para perder peso e incluso mortalidad por cualquier causa. La vitamina D es tan importante que el doctor Gregory Plotnikoff, director médico del Instituto Penny George de Salud y Sanación del Hospital Abbott Northwestern en Mineápolis, comentó recientemente: «Como la vitamina D es tan barata y reduce la mortalidad por cualquier causa, puedo afirmar con toda certeza que la vitamina D representa la intervención médica más rentable en Estados Unidos.[41]

Existen muchas razones por las que tanta gente tiene déficit de vitamina D, y una de las más importantes es que ahora nos da tanta fobia el sol que nos aplicamos un protector solar con FPC 90 antes de ir al supermercado. Pero ¿es una casualidad que las deficiencias e insuficiencias de vitamina D se estén dando por doquier al mismo tiempo que de 11 a 30 millones de americanos toman medicamentos con estatinas para bajar la molécula que «crea» este nutriente tan importante?

No son beneficiosas para la salud en general

¿Qué conclusión podemos sacar de todo ello? Iniciativa Terapéutica, un grupo cuya misión es ofrecer a médicos y farmacéuticos información práctica actualizada y basada en pruebas sobre la prescripción de terapias farmacológicas, se hizo la misma pregunta.

Iniciativa Terapéutica se creó en 1994 en el Departamento de Farmacología y Terapéutica en colaboración con el Departamento de Medicina Familiar de la Universidad de British Columbia. Para reducir los partidismos al máximo dentro de lo humanamente posible, se decidió que Iniciativa Terapéutica no dependería del gobierno, de las industrias farmacéuticas ni de otros grupos con intereses creados. En la web de Iniciativa Terapéutica aparece una elocuente afirmación que resume la misión del grupo: «Estamos convencidos de la necesidad de evaluar de manera independiente las pruebas sobre las terapias farmacológicas para equilibrar las fuentes de información financiadas por la industria farmacéutica».[42]

Por eso sería interesante saber qué opina Iniciativa Terapéutica acerca de estos estudios sobre las estatinas, ¿no?

En la Carta n° 48 de Iniciativa Terapéutica, una de las que publica cada dos meses, el grupo trataba la siguiente pregunta: «¿Cuál es el efecto que las estatinas tienen sobre la salud en general cuando se recetan en la prevención primaria?» (Recuerda que la prevención primaria se refiere al uso de fármacos con estatinas para prevenir un primer infarto o «episodio» coronario, en cambio la prevención secundaria se refiere al uso de fármacos con estatinas para prevenir un segundo infarto.)

Una pregunta interesante. Los científicos de Iniciativa Terapéutica analizaron cinco de los estudios más importantes realizados sobre las estatinas: PROSPER, ALLHAT-LLT y ASCOT-LLA, de los que ya hemos hablado, y dos más publicados en fechas anteriores.[43] Estos cinco estudios se componían en total de una población que pertenecía en un 84 por ciento a la prevención primaria y en un 16 por ciento a la prevención secundaria. En la información reunida, las estatinas redujeron la cantidad de enfermedades cardiovasculares —el total de infartos de miocardio (ataques al corazón) y de derrames cerebrales— en un 1,4 por ciento. Sí, lo has leído bien. Los fármacos con estatinas redujeron menos de un 1,5 por ciento lo que se supone que han de prevenir (infartos y derrames cerebrales). «Esta cifra indica que 71 pacientes, sobre todo de prevención primaria, tendrían que estar tomando estatinas durante un periodo de tres a cinco años para evitar sufrir uno de estos episodios», escribieron los autores. (Nos preguntamos cuántos pacientes estarían dispuestos a apuntarse con entusiasmo a una terapia con estatinas si les dijeran lo siguiente: ¿Estás dispuesto a tomar un medicamento caro que posiblemente causa efectos secundarios, durante un periodo de tres a cinco años, para reducir las posibilidades de sufrir un episodio cardiovascular en un 1,4 por ciento?) Ten en cuenta que Iniciativa Terapéutica utiliza la palabra «pacientes» en sus análisis sobre los hallazgos. Pero en lugar del término genérico «pacientes», debería haber usado «varones», un término más específico. Al hablar de la evidencia sobre los beneficios de la prevención primaria en las mujeres —un 28 por ciento de la población total de los estudios—, los investigadores dijeron que cuando analizaron la cantidad de episodios coronarios, descubrieron que la terapia con estatinas no los había reducido. «Los beneficios coronarios en la prevención primaria están por lo visto limitados a los hombres», escribieron.

¿Y necesitamos recordarte que el beneficio citado en la reducción de infartos y derrames cerebrales solo fue de un mísero 1,4 por ciento?

La cosa no pinta nada bien.

«Las otras cifras sobre el efecto del fármaco relacionadas con —la mortalidad total—, aparecen en los cinco estudios, y la terapia con estatinas no las redujo.

Es decir, hubo un pequeño descenso en las muertes cardiovasculares, pero un aumento correspondiente en las muertes por cualquier causa, por lo tanto el beneficio resultante en cuanto a la mortalidad total fue... ninguno. Y aunque los investigadores reconocieran este mísero descenso que no llega al 2 por ciento relacionado con los infartos o los derrames cerebrales, o con ambos incidentes, también señalaron que este beneficio cardiovascular no se reflejaba en las dos cifras relacionadas con el efecto producido sobre la salud: la mortalidad total (los índices de muertes) y el total de episodios adversos graves. «En los estudios sobre la prevención primaria no se ha demostrado que las estatinas sean beneficiosas para la salud en general», concluyeron los investigadores.[44]

Hace varios años, John Abramson, médico y autor de *Overdosed America*, analizó ocho estudios aleatorios que comparaban los fármacos con estatinas con los palacebos. Sus descubrimientos y conclusiones, publicados en una columna de la revista médica *The Lancet*, se parecen a los descubrimientos y las recomendaciones de los investigadores de Iniciativa Terapéutica. Esto fue lo que escribió:

«Nuestros análisis sugieren que [...] las estatinas no deberían recetarse en una auténtica prevención primaria a mujeres de cualquier edad y a hombres de más de 69 años. A los hombres con alto riesgo de 30 a 69 años de edad deberían advertirles que de 50 pacientes que tomen estatinas durante cinco años, solo uno de ellos evitará sufrir un infarto. Según nuestra propia experiencia, al presentarles esta evidencia muchos deciden no tomar estatinas, sobre todo cuando se les informa de los posibles beneficios que tiene cambiar de estilo de vida en cuanto a los riesgos cardiovasculares y la salud en general. Este método, basado en la evidencia más patente, aplicado a la población adecuada, hará que las estatinas se usen en la población global en una proporción mucho menor que la recomendada en cualquiera de las directrices».[45]

Las estatinas: nota de advertencia

Millones de americanos estarán tomando medicamentos con estatinas durante décadas, tal como lo recomiendan las directrices del Programa Educativo Nacional sobre el Colesterol (NCEP, por sus siglas en inglés), y a la larga los efectos secundarios que producen serán evidentes, con lo que se creará un montón de situaciones patológicas. ¿Qué significa toda esta confusión y controversia para los médicos y los pacientes a los que atienden? Significa que los factores dietéticos y los cambios terapéuticos en el estilo de vida no tienen efectos secundarios. Deberían verse como la primera línea de defensa en la cardiología preventiva.

Los factores dietéticos y los terapéuticos cambios en el estilo de vida no tienen efectos secundarios. Deberían verse como la primera línea de defensa en la cardiología preventiva.

Es evidente que la terapia con estatinas puede reducir de manera significativa la incidencia de morbosidad coronaria y mortalidad en las personas con un alto riesgo de desarrollar enfermedades coronarias.[46] Pero mientras las investigaciones siguen señalando la inflamación como el principal factor de riesgo coronario, las recomendaciones sobre el colesterol de grupos como el NCEP deberían modificarse. Y, por último, esperamos que la atención prestada al colesterol sea proporcional al papel que juega como factor causativo en las enfermedades cardiacas, papel que a fin de cuentas es muy pequeño.

En lugar de elegir un tratamiento de manera automática como lo haría un técnico o un ordenador y fijarse solo en los niveles del colesterol, los médicos —porque se lo deben a sus pacientes y los pacientes se lo deben a sí mismos—, deben tener en cuenta estas polémicas cuestiones antes de recurrir a unos fármacos tan potentes que no son adecuados para las necesidades de los pacientes a los que se los recetan.

Usar las estatinas en pacientes de alto riesgo coronario —sobre todo los que tienen marcadores de inflamación— tal vez sea un buen remedio de momento, pero abusar de estos potentes agentes farmacológicos (que provocan tanto efectos secundarios conocidos como desconocidos) recetándolos durante mucho tiempo a personas que de no haberlos tomado estarían sanas, no es justificable.

Ayuda a tu corazón
con estos suplementos

Si le preguntas a tu médico qué opina de los suplementos nutricionales, a no ser que sea un experto en el tema te responderá: «No existe ninguna buena investigación que demuestre que funcionan». Ambos hemos oído esta cantinela una y otra vez cuando hablamos de medicina nutricional con nuestros colegas más conservadores.

Pero no es cierto.

Tú o tu médico podéis entrar en la web de la biblioteca del Instituto Nacional de Medicina (www.pubmed.com) y escribir en la casilla donde se buscan las palabras el nombre de prácticamente cualquier vitamina o planta medicinal que se os ocurra y, dependiendo de la que elijáis, aparecerán cientos de miles de entradas. El problema no está en la falta de investigaciones.

El problema tiene dos aspectos. Por un lado, la formación tradicional de los médicos en este país se basa sobre todo en la predisposición a recomendar productos farmacéuticos. Desde que ingresan en la Facultad de Medicina, las compañías farmacéuticas intentan meterse en el bolsillo a los médicos de muchas formas, algunas son sutiles y otras no tanto. Almuerzos pagados, simposios, honorarios, contratos para visitar a pacientes y dar conferencias, vacaciones, animados representantes farmacéuticos presentándose en las consultas con los estudios más recientes que muestran sus productos con mirada favorable, muestras gratuitas, y bolígrafos y blocs de recetas decorados con el nombre de la compañía farmacéutica, todo ello crea una cultura en la que los productos farmacéuticos son la primera elección en cualquier plan de tratamiento. (La mayoría de los médicos te dirán que estas cosas no les influyen en lo que deciden recetar, pero las investigaciones ¡dicen lo contrario!)[1]

La segunda parte del problema es que la mayoría de investigaciones sobre las vitaminas pasan desapercibidas. Tu ocupado médico apenas tiene tiempo de echarle un vistazo cada mes a los resúmenes del *New England Journal of Medicine*, y menos todavía de leerse a fondo los cientos de estudios publicados cada año sobre las vitaminas y los nutrientes en revistas como *American Journal of Clinical Nutrition*. La gran mayoría de los médicos de este país no son nutricionistas y los que saben algo al respecto solo dominan las nociones más rudimentarias y superficiales sobre el tema. Si a esto le añades la parcialidad que han adquirido en la Facultad de Medicina a favor de la especialidad medicinal, es fácil entender por qué los médicos no suelen ver las sustancias naturales como herramientas legítimas que pueden ayudar a los pacientes a mantenerse sanos.

Seamos claros. La medicina convencional va de maravilla para salvar vidas en casos de emergencia. Ambos sabemos que si tuviésemos un accidente de coche, no querríamos que la ambulancia se dirigiera a toda pastilla al consultorio más cercano de un herbolario. Querríamos que nos llevara a la sala de urgencias del mejor hospital que pudiéramos encontrar. Pero por más buena que sea la medicina convencional en los casos graves, hay que reconocer que en lo que respecta a la atención médica preventiva deja mucho que desear. Es muy buena haciendo que tu corazón siga latiendo si acabas de tener un infarto, pero no lo es tanto en cuanto a hacer que tu corazón siga estando sano a la larga, y que tú, su propietario, no vuelvas a visitar el hospital.

Los suplementos nutricionales que se enumeran en este capítulo son algunas de las superestrellas para la salud del corazón que el doctor Sinatra emplea en su consulta (lo lleva haciendo durante décadas), y que el doctor Jonny recomienda a los pacientes y sobre los que ha escrito largo y tendido en sus libros y boletines informativos. Ninguno de nosotros te está diciendo que tires a la basura tus recetas médicas y empieces a tomar una pila de vitaminas. Lo que *queremos* decir es que sustancias naturales como las vitaminas, los antioxidantes, los ácidos grasos omega 3 y muchos de los miles de compuestos que contienen los alimentos pueden mejorar la salud del corazón de una forma incluso más profunda que muchos de los medicamentos que se recetan de entrada como rutina.

Y aunque estés tomando una medicación, los suplementos nutricionales pueden mejorar tu salud. En el caso de la coenzima Q_{10}, (CoQ_{10}) por ejemplo, es esencial tomarla si te han recetado estatinas (hablaremos más de ello dentro de poco). El magnesio se suele usar combinado con fármacos reductores del azúcar en la sangre, como los que contienen metformina (Glucophage), o en medicamentos hipotensores como los betabloqueadores. Y prácticamente todos necesitamos recibir una pequeña ayuda para reducir la oxidación y la inflamación, dos de las causas más importantes en el desarrollo de enfermedades cardiacas. Los ácidos grasos omega 3, por ejemplo, los puede tomar todo el mundo, tanto si uno se está medicando como si no (consúltalo con el médico para evitar cualquier posible contraindicación, como tomarlos justo antes de una intervención quirúrgica).

La siguiente lista no está completa ni mucho menos, pero te dará una buena idea de cómo usar los suplementos nutricionales a secas o, en algunos casos, combinados con una terapia convencional para mantener tu corazón sano.

Coenzima Q_{10}: la chispa de la vida

La conezima Q_{10} es una sustancia parecida a una vitamina que se encuentra por todo el cuerpo y se fabrica en cada célula. Cumple muchas funciones importantes, como la de crear energía del combustible (alimentos) del cuerpo humano, al igual que una bujía crea energía del combustible (gasolina) de un coche.

Así es cómo funciona: tu cuerpo usa una molécula llamada *trifosfato de adenosina*, o TFA, como fuente de energía (por eso también se la conoce como «la molécula de la energía»). Al igual que la gasolina es un combustible que te permite ir en coche a un millón de destinos, el TFA es el combustible que le permite a tu cuerpo realizar un millón de actividades, desde el metabolismo celular hasta hacer pres de banca o bailar un tango. El cuerpo produce TFA de la comida al captar electrones —unas partículas subatómicas infinitesimales con una carga eléctrica negativa—, y transportarlos luego al oxígeno, un *receptor de electrones*. La CoQ_{10} es una de las sustancias que transportan estos electrones, por eso ayuda básicamente a las células a usar el oxígeno y crear más energía. En resumidas cuentas: la CoQ_{10} tiene el poder de aumentar la producción del cuerpo de la energía molecular creada por el TFA, y esto es algo muy bueno.

Al igual que el motor de un coche no puede funcionar sin bujías, el cuerpo humano no puede funcionar sin la CoQ_{10}. Es un componente esencial de las *mitocondrias,* las centrales energéticas para la producción de energía celular (TFA). No es una casualidad que el corazón sea uno de los dos órganos del cuerpo donde se concentra la mayoría de CoQ_{10} (el otro es el hígado). El corazón nunca duerme ni se toma unas vacaciones. Late más de cien mil veces al día, por lo que es uno de los tejidos del cuerpo más activos metabólicamente, de ahí que dependa tanto de la fuente generadora de energía de la CoQ_{10}. Una deficiencia de CoQ_{10} afecta a tu corazón de forma tan profunda como la deficiencia de calcio afectaría a tus huesos. A medida que nos hacemos mayores producimos menos cantidad, por eso es tan importante tomar suplementos de CoQ_{10} al envejecer. (Aunque esté presente en la comida, los únicos alimentos que aportan CoQ_{10} son las vísceras de los animales, como el corazón y el hígado. También se destruye fácilmente al calentar o cocinar este tipo de carne en exceso.)

Una deficiencia de CoQ_{10} afecta a tu corazón de forma tan profunda como la deficiencia de calcio afectaría a tus huesos. A medida que nos hacemos mayores producimos menos cantidad, por eso es tan importante tomar suplementos de CoQ_{10} al envejecer.

Como ya hemos señalado, uno de los mayores problemas de los fármacos con estatinas es que hacen caer en picado los niveles de CoQ_{10}. Seguramente recordarás del capítulo anterior sobre las estatinas que la ruta productora de colesterol (vía del mevalonato) también produce CoQ_{10}, por eso al bloquear esta ruta desde prácticamente el inicio (como hacen las estatinas), además de reducir la capacidad del cuerpo de fabricar colesterol, reduce la de producir CoQ_{10}.

Esto ya lo habíamos dicho antes, pero es importante repetirlo por si acaso te había pasado por alto: si tomas medicamentos con estatinas, repetimos, *debes* complementarlos con CoQ_{10}. Te recomendamos tomar al menos 100 mg dos veces al día.

Pero la CoQ_{10} no es solo esencial para los que toman estatinas, también lo es para cualquier otra persona y *sobre todo* para los que son proclives a sufrir enfermedades cardiacas.

La CoQ_{10} se ha aprobado en Japón como medicamento recetado para la insuficiencia cardiaca congestiva desde 1974. Y los beneficios de la CoQ_{10} para el corazón son bien conocidos incluso en Estados Unidos al menos desde mediados de la década de 1980. En un estudio publicado en el *Proceedings of the National Academy of Sciences of the United States of America* en 1985, se administró CoQ_{10} o bien un placebo a dos grupos de sujetos con cardiomiopatías de clase III o de clase IV, según las definiciones establecidas por la Asociación Neoyorquina del Corazón (NYHA, por sus siglas en inglés)[2]. Se trataba de pacientes con una enfermedad grave. Los de clase III únicamente pueden hacer una serie limitada de actividades debido a los síntomas y solo se sienten cómodos cuando descansan o realizan una actividad mínima. Y los de clase IV están sumamente limitados en cuanto a la actividad física y manifiestan los síntomas de su enfermedad incluso descansando. (La mayoría de pacientes de clase IV están postrados en cama.)

¿Qué ocurrió cuando estas personas tan enfermas tomaron CoQ_{10}? Así es como los investigadores resumieron los resultados: «Aquellos pacientes que iban empeorando día a día y que se esperaba que fallecieran a los dos años si seguían la terapia convencional, mostraron en general una mejoría clínica extraordinaria, indicando que la terapia con CoQ_{10} puede prolongar la vida de esta clase de pacientes. Esta mejoría podría deberse a la corrección de una deficiencia miocárdica de CoQ_{10} y a la mayor síntesis de CoQ_{10} que requiere enzimas».[3]

Otro estudio de seis años de duración publicado en 1990, realizó un seguimiento a 143 pacientes, un 98 por ciento de los cuales pertenecían a las dos mismas clases de pacientes que el estudio de 1985.[4] A los participantes les administraron 100 mg de CoQ_{10} (por vía oral) además de recibir su tratamiento médico convencional. Un 85 por ciento de los pacientes mejoraron en una o dos clases de las establecidas por la NYHA, y no hubo ninguna evidencia positiva de toxicidad o intolerancia. «La CoQ_{10} es una terapia para la cardiomiopatía segura y eficaz a largo plazo», concluyeron los autores del estudio.

La CoQ_{10} también tiene la capacidad de reducir la tensión arterial. Un metaanálisis reciente sobre la CoQ_{10} en el tratamiento de la hipertensión analizaba doce estudios clínicos y descubrió que entre los pacientes que recibieron suplementos de CoQ_{10} hubo importantes descensos en la tensión arterial comparados con los de los sujetos que no tomaron los suplementos.[5] No es de extrañar que varios estudios hayan demostrado la estrecha relación entre la gravedad de una enfermedad cardiaca y la gravedad de una deficiencia de CoQ_{10}.[6]

Tal vez recuerdes que el daño oxidativo (oxidación) es uno de los cuatro mayores culpables de las enfermedades cardiacas y que el colesterol del cuerpo no es ningún problema hasta que se oxida. El colesterol oxidado es el único que trae problemas, sobre todo el colesterol LDL del patrón B, porque las moléculas LDL del patrón B son las que se adhieren a las paredes celulares y las que inician o aceleran el proceso de inflamación. ¿Por qué lo mencionamos? Es sencillo. Porque la CoQ_{10} es un poderoso antioxidante que evita el daño oxidativo del colesterol LDL, y por lo tanto ayuda a prevenir que el colesterol se convierta en un «problema». Es mucho más inteligente prevenir que el LDL se dañe y se adhiera, que usar un tratamiento farmacológico de caballo para reducir el LDL lo máximo posible.

QUÉ DEBES SABER

- La coenzima Q_{10} (CoQ_{10}) es una especie de «fuente de energía» para el corazón.
- Las estatinas reducen los niveles de CoQ_{10}, por eso es tan importante complementarlas con CoQ_{10} si te medicas con ellas, y también es una buena idea tomar este suplemento nutricional aunque no te mediques.
- La D-ribosa es uno de los componentes del TFA, la molécula de la energía que el cuerpo utiliza para realizar cualquier actividad.

- Tomar suplementos de L-carnitina después de sufrir un infarto aumenta la tasa de supervivencia y hace que seas menos propenso a tener un segundo infarto.
- El magnesio relaja las paredes arteriales, reduce la tensión arterial, y ayuda a que al corazón le resulte más fácil bombear la sangre y hacerla circular sin ningún problema.
- La niacina baja los niveles de triglicéridos y los de la clase de colesterol LDL «malo». También reduce una sustancia tóxica llamada lipoproteína (a) —o Lp(a) en su forma abreviada—, y aumenta las HDL. No uses las píldoras de niacina de liberación prolongada.
- Los omega 3, en especial los procedentes del pescado, reducen el índice de muertes por enfermedades cardíacas. También reducen los triglicéridos, el ritmo cardiaco en reposo y la tensión arterial.
- Los omega 3 tienen un gran poder antiinflamatorio.
- Veintiocho estudios realizados en humanos, como mínimo, revelan que el ácido pantoténico (vitamina B_5) produce cambios positivos en los triglicéridos y en el colesterol LDL. También aumenta el HDL.
- La natoquinasa y la lumbroquinasa son sustancias naturales que «disuelven los coágulos».
- Otros suplementos nutricionales que vale la pena tener en cuenta son la vitamina C, la curcumina, el resveratrol y los flavanoles del cacao.

La coenzima Q_{10} y la vitamina E tienen una extraña y casi simbiótica relación. En las ratas de laboratorio que recibieron suplementos de vitamina E se observó un aumento de los niveles de CoQ_{10} en la sangre. En los babuínos que recibieron suplementos de CoQ_{10} se apreció un aumento de los efectos antiinflamatorios de la vitamina E. Y en otro estudio, los suplementos de CoQ_{10} combinados con vitamina E bajaron la proteína C reactiva (PCR), un indicador sistémico de inflamación. Creemos que es aconsejable que tomes cerca de 200 UI de vitamina E al día (una fórmula de vitamina E procedente de tocoferoles mixtos de alto contenido en gamma-tocoferoles), además del suplemento de CoQ$_{10}$. (Pero lee antes la parte sobre la vitamina E «La buena, la mala y la fea»)

D-ribosa: la pieza que faltaba

La D-ribosa, un azúcar de cinco átomos de carbono, es uno de los componentes del TFA, la molécula de la energía que el cuerpo utiliza para realizar cualquier actividad. Sin la D-ribosa no existiría el TFA, y sin el TFA no tendríamos energía.

Tanto la CoQ$_{10}$ como el suplemento nutricional de L-carnitina ayudan a realizar el proceso a través del cual el cuerpo fabrica TFA. Metafóricamente hablando, actúan como duendecillos, transportando los materiales necesarios para producir TFA a las fábricas donde se elabora, con lo que la producción de esta importante molécula de la energía se vuelve más eficaz. Se puede decir que la CoQ$_{10}$ y la L-carnitina actúan como unos camiones muy eficientes que transportan los materiales a las factorías donde se fabrica TFA, pero la D-ribosa es uno de estos *materiales*. Una deficiencia de D-ribosa significa una deficiencia de TFA, y una deficiencia de TFA, sobre todo en el corazón, es una mala noticia.

La D-ribosa se sintetiza en cada célula del cuerpo, pero de manera lenta y en diversos grados, dependiendo del tejido. En tejidos como los del hígado, la corteza suprarrenal y el adiposo se fabrica un montón de D-ribosa porque en estas partes del cuerpo se crean los compuestos químicos necesarios para sintetizar los ácidos grasos y los esteroides, que a su vez se utilizan para producir hormonas.

Pero las moléculas de D-ribosa fabricadas por estos tejidos son lo opuesto de los minutos de crédito de tu móvil, se han de usar al momento y no se pueden «transferir» a otros tejidos que puedan necesitarlas, como los del corazón. El corazón, como los músculos esqueléticos y el cerebro, solo puede producir la suficiente ribosa para sus necesidades diarias. No dispone de ninguna cuenta de ahorros de D-ribosa. Cuando las células del corazón, por ejemplo, se topan con un factor estresante, como la falta de oxígeno, carecen del mecanismo metabólico necesario para crear rápidamente la D-ribosa que tanto necesitan. Los tejidos estresados por no recibir la suficiente irrigación sanguínea o aporte de oxígeno, no pueden producir la suficiente D-ribosa para reemplazar con rapidez la energía perdida. Y cuando se dan unos déficits crónicos en el aporte de oxígeno o la irrigación sanguínea, como en el caso de las enfermedades cardiacas, los tejidos nunca pueden fabricar la suficiente D-ribosa que necesitan, y los niveles de energía celular siempre están muy bajos.

La relación entre la D-ribosa y la función cardiaca la descubrió por primera vez el fisiólogo Heinz-Gerd Zimmer de la Universidad de Múnich. En 1973 Zimmer dijo que el corazón que no recibía suficiente energía se recuperaría mucho más deprisa si al paciente se le administraba D-ribosa antes o justo después de la isquemia (la disminución de riego sanguíneo en el corazón causada normalmente por una obstrucción). Cinco años más tarde Zimmer demostró que los efectos drenantes de energía de ciertos fármacos usados para que el corazón lata con más fuerza (llamados *agentes inotrópicos*), se podrían reducir en gran medida si los fármacos se combinaban con D-ribosa.

El descubrimiento más importante de la investigación de Zimmer fue que la D-ribosa juega un papel esencial en la recuperación de energía y de la función cardiaca diastólica normal. (La *disfunción* diastólica es básicamente una especie de insuficiencia cardiaca.) Un estudio clínico de 1992 realizado por el grupo de Zimmer reveló que al administrar D-ribosa a pacientes con una enfermedad coronaria grave, aunque estable, su capacidad para hacer ejercicio aumentaba y la aparición de la angina moderada (dolor torácico) se retardaba. Desde entonces, los beneficios de la D-ribosa se han observado en la insuficiencia cardiaca, en la recuperación posoperatoria de cirugías cardiacas, en la recuperación de los músculos esqueléticos estresados, y en el control de la formación de radicales libres en los tejidos que han estado privados de oxígeno.

La siguiente historia, espectacular, de un paciente del doctor Sinatra ilustra el casi milagroso poder de los suplementos de D-ribosa para mejorar la calidad de vida de los pacientes cardiacos.

Doctor Sinatra: El caso de Louis y la D-ribosa

Louis llegó a mi consulta sufriendo una grave enfermedad coronaria. Le habían tratado implantándole un estent en una de las principales arterias coronarias, pero seguía teniendo una seria obstrucción en una pequeña rama arterial que no era fácil de dilatar con un estent y que además era prácticamente imposible de solucionar mediante un baipás. Tenía lo que se llama angina refractaria, lo cual significa que sentía dolor en el pecho al realizar incluso actividades de lo más normales, como cruzar una habitación. También sentía dolor en el pecho con el más ligero estrés emocional. Louis había visitado a varios cardiólogos para que solucionaran su problema y le habían recetado una serie de medicamentos habituales para el corazón, pero su problema peristía.

Cuando llegó a mi consulta advertí que tenía altas concentraciones de ácido úrico en la sangre, lo cual indicaba un metabolismo defectuoso del TFA. En aquella época ya estaba tomando L-carnitina y CoQ_{10} en unas «dosis de mantenimiento». Viendo que aumentar sus reservas de TFA podría ayudarle muchísimo, le recomendé enseguida que tomara D-ribosa y además que aumentara las dosis de L-carnitina y CoQ_{10}. A los pocos días Louis experimentó una gran mejoría. Su yerno, dentista de profesión, me llamó varios días más tarde y me dijo: «¡Louis es ahora un hombre nuevo gracias a ti!»

Unas dosis adecuadas de D-ribosa suelen hacer que los síntomas mejoren con gran rapidez, a veces en pocos días, como en el caso de Louis. Si la respuesta inicial es escasa, hay que aumentar la dosis a 5 g (1 cucharadita) tres veces al día. Lógicamente, las personas que más enfermas estén y menos energía tengan son las que más notarán la mejoría con mayor rapidez.

A pesar del montón de pruebas científicas sobre los beneficios de la D-ribosa, son muy pocos los médicos que han oído siquiera hablar de ella, salvo en la clase de bioquímica del primer curso de la carrera de medicina. Y son menos aún los que la recomiendan a sus pacientes. Sin embargo, los que la prescriben reciben la maravillosa gratificación de ver cómo ayuda a sus pacientes a diario.

Aunque las dosis óptimas de D-ribosa difieran dependiendo de la persona y de la enfermedad que padezca, aquí tienes algunas pautas básicas para el uso de este suplemento nutricional.

- 5 g diarios para la prevención cardiovascular, el mantenimiento de los atletas y las personas sanas que realicen actividades agotadoras o ejercicios físicos intensos.
- De 10 a 15 g diarios para la mayoría de los pacientes con deficiencia cardiaca, cardiopatía isquémica o enfermedad vascular periférica; para los sujetos que se estén recuperando de un infarto o una cirugía cardiaca; para tratar una angina estable; y para los atletas que realicen ejercicio físico de alta intensidad con regularidad.
- De 15 a 20 g diarios para los pacientes con insuficiencia cardiaca avanzada, cardiomiopatía dilatada o angina frecuente; para los sujetos que estén esperando un trasplante de corazón y para los que tengan una fibromialgia grave, calambres musculares o enfermedad neuromuscular.

Según los informes, los efectos secundarios son mínimos y poco frecuentes, y no se conoce ningún fármaco ni ninguna interacción nutricional adversos relacionados con el uso de la D-ribosa. La toxicología y la seguridad de la D-ribosa se han estudiado exhaustivamente, y este suplemento es cien por cien seguro cuando se toma siguiendo estas instrucciones. (Miles de pacientes han tomado D-ribosa en dosis de hasta 60 g diarios con unos mínimos efectos secundarios, en el caso de haberse dado.)

Con todo, a pesar de no conocerse ninguna contraindicación en cuanto a la suplementación con D-ribosa, aconsejamos que las mujeres embarazadas, las madres lactantes y los niños muy pequeños no tomen D-ribosa, simplemente porque todavía no existen las suficientes investigaciones realizadas sobre el uso de este componente en dichas poblaciones.

L-carnitina: la lanzadera para los ácidos grasos

Como ya hemos señalado, la mejor forma de entender la L-carnitina es verla como un sistema de transporte. Actúa a modo de lanzadera, llevando los ácidos grasos a las estructuras infinitesimales de cada célula llamadas *mitocondrias*, donde se pueden quemar para producir energía. Como el corazón obtiene un 60 por ciento de su energía de las grasas, es muy importante que el cuerpo tenga bastante L-carnitina para transportar los ácidos grasos a las células musculares del corazón.

Los estudios realizados con pacientes que fueron tratados por varias clases de enfermedades cardiovasculares, demostraron claramente los beneficios de la suplementación con L-carnitina. Un estudio reveló que los pacientes que tomaron suplementos de L-carnitina después de sufrir un infarto tenían menores índices de mortalidad comparados con el grupo de control (1,2 por ciento de los sujetos que habían tomado L-carnitina murieron frente a un 12,5 por ciento de los del grupo de control).[7] En un estudio aleatorio de doble ciego controlado con placebo se dividió a ochenta pacientes con insuficiencia cardiaca en dos grupos. Un grupo recibió 2 g de L-carnitina diarios y el otro, un placebo. En el grupo que tomó L-carnitina hubo un índice mucho más alto de supervivencia a lo largo de tres años.[8]

La L-carnitina mejora la capacidad de los que sufren angina para hacer ejercicio sin que les duela el pecho.[9] En un estudio, la capacidad para caminar de pacientes con claudicación intermitente —una dolorosa sensación producida por los calambres en los músculos de las piernas debida a un menor aporte de oxígeno— mejoró notablemente al tomar L-carnitina. En otro estudio, pacientes con una enfermedad periférica arterial en las piernas pudieron aumentar la distancia que recorrían a pie en 98 metros al tomar suplementos de L-carnitina, y fueron capaces de andar casi el doble de lejos que los que recibieron un placebo. Además, la resistencia física de los pacientes con insuficiencia cardiaca congestiva aumentó solo por el hecho de tomar 900 mg diarios de L-carnitina.

Y si esto no bastara para constatar los beneficios de la L-carnitina, se ha demostrado que es un poderoso antioxidante cardioprotector. Un artículo publicado en el *International Journal of Cardiology* reveló que la L-carnitina estimula de manera directa dos importantes compuestos químicos relacionados con el estrés oxidativo (HO-1 y ec-NOS). Ambos indicadores tienen efectos antioxidantes, antiproliferativos (es decir, ejercen un efecto inhibidor sobre las células tumorales) y propiedades antiinflamatorias, por eso aumentar un poco su actividad es tan buena idea. Los investigadores concluyeron que posiblemente esta acción de la L-carnitina «proteja contra el estrés oxidativo relacionado con el daño cardiovascular y miocárdico».[10]

Doctor Sinatra: L-carnitina y CoQ_{10}

El ochenta y cinco por ciento de mis pacientes con insuficiencia cardiaca congestiva mejoraron notablemente al tomar CoQ_{10}. Pero me preocupaba el quince por ciento restante que, a pesar de tomar suplementos de CoQ_{10}, seguía teniendo síntomas que reducían en gran medida su calidad de vida.

Estos sujetos tomaban suplementos de CoQ_{10} y tenían unas concentraciones plasmáticas excelentes de esta coenzima, normalmente 3,5 ug/ml o superiores (los niveles normales de CoQ_{10} son de 0,5 a 1,5 ug/ml). Sin embargo, parecían incapaces de utilizar los compuestos químicos de su propio cuerpo.

A medida que leía más cosas sobre la L-carnitina, vi que podía trabajar en sinergia con la coenzima Q_{10} avivando el fuego en la fase de producción de TFA del ciclo de los ácidos tricarboxílicos (una secuencia de reacciones por medio de las cuales las células vivas generan energía). Y al final me sentí lo bastante cómodo como para recomendar a algunos de mis preocupantes pacientes que intentaran combinar la L-carnitina con la CoQ_{10}. Y ¡caramba!, el cambio que pegaron fue espectacular.

Los pacientes que no mejoraban con el tratamiento adquirieron un color más saludable, respiraban mejor y se movían por el consultorio con más agilidad. Me quedé maravillado. Era como si la L-carnitina les hubiera cargado las pilas, funcionando a la perfección con la coenzima Q_{10}.

Es decir, el corazón es el tejido más activo del cuerpo en el sentido metabólico, de ahí que requiera una cantidad enorme y constante de las moléculas de la energía o de TFA.

Recuerda que el corazón tiene que bombear de sesenta a cien veces por minuto, las veinticuatro horas del día, durante años y años ¡sin poderse escaquear ni un segundo! Las células del músculo cardiaco queman grasas para obtener energía, por eso el corazón es sobre todo vulnerable a las deficiencias incluso sutiles de factores que contribuyen a la provisión de TFA: la coenzima Q_{10}, la D-ribosa y la L-carnitina.

Estos nutrientes son tres de los que el doctor Sinatra llama «Los cuatro magníficos» en la cardiología metabólica. Veamos ahora el cuarto.

Magnesio: el gran relajador

El doctor Robert Atkins se refirió en una ocasión al magnesio como un «bloqueador natural de las rutas del calcio», y tenía toda la razón. Cuando hayas leído varios párrafos más comprenderás por qué el poder del magnesio de bloquear las rutas por las que el calcio llega a las células es tan importante para la salud de tu corazón.

Las investigaciones más recientes sugieren con contundencia que el calcio en el corazón puede ser un serio problema. Un metaanálisis examinó quince estudios que reunían los requisitos necesarios a fin de investigar la relación entre los suplementos de calcio y las enfermedades cardiovasculares. Los investigadores concluyeron que los suplementos de calcio (administrados sin vitamina D) estaban asociados a un ligero, aunque importante, *aumento* del riesgo cardiovascular, aumento, señalaron, que podía traducirse como «la gran carga de enfermedades que la población sufre». Los autores pedían que se volviera a evaluar el papel de los suplementos de calcio recetados para la osteoporosis.[11]

Se realizó un segundo estudio con un objetivo distinto que tiene mucho que ver con nuestra historia.[12] Los investigadores lo iniciaron con la premisa de que las estatinas reducían el riesgo cardiovascular y ralentizaban la progresión del calcio coronario. El objetivo del estudio era determinar si la reducción del colesterol LDL (como hacen las estatinas) servía como complemento para ayudar a ralentizar la progresión del calcio coronario. Los investigadores querían esclarecer la relación de estos dos fenómenos, ya que estaban relacionados con las enfermedades cardiacas.

Esto fue lo que hicieron. Midieron los cambios en los niveles de calcio coronario en 495 pacientes que al principio del estudio no tenían ningún síntoma. Lo llevaron a cabo con un método conocido como tomografía computarizada por haz de electrones. Justo después de su primera tomografía, los pacientes empezaron a tomar fármacos con estatinas y fueron objeto de un seguimiento de 3,2 años, durante los cuales les midieron los niveles de colesterol y les hicieron tomografías con regularidad. A lo largo de los 3,2 años, 41 pacientes sufrieron infartos.

En los 454 pacientes que *no* sufrieron infartos se apreció de media un aumento de un 17 por ciento anual de calcio en las arterias. Pero en los 41 pacientes *infartados* se apreció un aumento de un asombroso 42 por ciento anual del calcio en las arterias. Según los investigadores, una progresión más rápida de calcio coronario aumenta en 17,2 veces el riesgo de sufrir un infarto.[13]

Y no te pierdas esto: en los dos grupos *no* se dio ninguna diferencia entre los niveles de colesterol LDL. Irónicamente, los valores de LDL de los sujetos que *no* sufrieron un infarto eran un poco *más altos* (aunque no en exceso) que los niveles medios de LDL de los sujetos infartados.

Resumamos por tanto los resultados. Ambos grupos —los 41 sujetos que *sufrieron* infartos y los 454 que no los sufrieron— tenían los *mismos* niveles de LDL. (Así que si te basas en los niveles de LDL de tus pacientes para predecir infartos, será un método tan exacto ¡como leer las predicciones de sus horóscopos!) Pero si en lugar de fijarte en sus niveles de LDL, te basas en los niveles de calcio en las arterias, será muy distinto. Los que sufrieron infartos de miocardio eran los *más* proclives a tener los niveles más altos de calcio en las arterias, sobre todo cuando estas se obturaban por completo.

La calcificación coronaria se considera un factor de alto riesgo cardiovascular desde hace mucho, pero por alguna razón seguimos centrándonos obsesivamente en el colesterol, en cambio hay muy pocas personas que hayan oído hablar de la relación que tiene con el calcio.

Arthur Agatston, un cardiólogo de Florida conocido sobre todo como autor de *La dieta South Beach*, inventó un método para determinar la gravedad de la calcificación en las arterias conocido como escala de Agatston. (Las investigaciones demuestran que los sujetos con una puntuación en la escala de Agatston superior a 400, tienen un mayor riesgo de sufrir «episodios» coronarios —infartos de miocardio— y también la mayoría de intervenciones coronarias [baipases, angioplastias, etc].)[14]

¿Calcio en los huesos? Muy bien. ¿Calcio en las arterias? No tan bien.

Hablemos del magnesio.

El magnesio y el calcio mantienen una relación simbiótica muy interesante. Cuando hay deficiencia de magnesio, el calcio intracelular aumenta. El magnesio también inhibe la agregación plaquetaria, una etapa clave en la formación de coágulos sanguíneos. Los bloqueadores de la ruta del calcio ensanchan y relajan los vasos sanguíneos al afectar las células musculares de las paredes arteriales, precisamente lo que el magnesio hace, y además de una forma magnífica, hay que añadir. El magnesio dilata las arterias, con lo que la tensión arterial baja y al corazón le resulta mucho más fácil bombear la sangre y hacerla circular sin ningún problema.

La mayoría de los estudios epidemiológicos y clínicos revelan que un alto consumo de magnesio (al menos de 500 a 1000 mg diarios) reduce la tensión arterial.[15] Estos estudios también han demostrado una relación inversa entre el consumo de magnesio y la tensión arterial; las personas que *más* magnesio consumían eran las que tenían una tensión arterial *más baja*. Un estudio sobre 60 sujetos hipertensos reveló que al recibir suplementos de magnesio, les bajó la tensión arterial de manera importante al cabo de ocho semanas.[16]

Puedes considerar el magnesio como una sustancia «relajante». Una de las cosas más relajantes que puedes hacer es tomar un baño de sales Epsom, que se componen básicamente de magnesio con un poco de azufre y oxígeno. Si has ido a ver alguna vez a un profesional de la medicina integrativa que administraba vitaminas por vía intravenosa, posiblemente habrás gozado del sueño más profundo y reparador de toda tu vida después de recibir una megadosis de vitaminas con magnesio incluido.* El magnesio no solo relaja el cuerpo,

---

* Una inyección de vitaminas administrada con lentitud durante un espacio de tiempo de diez a quince minutos.

sino también las arterias. Y eso es algo muy bueno desde el punto de vista del corazón, que en lugar de tener que bombear la sangre por unos vasos estrechos o rígidos (que elevan peligrosamente la tensión arterial), ahora le resulta mucho más fácil bombearla por unos vasos dilatados y relajados que no oponen tanta resistencia. Tu corazón no tiene que trabajar tanto, la tensión arterial te baja y todo te va de maravilla en la vida.

Existe otra relación interesante entre el magnesio y el corazón, y si has seguido nuestro razonamiento hasta este punto, te encantará la perfección con la que se completa el círculo. ¿La pieza que faltaba? El azúcar.

Posiblemente recordarás del capítulo 4 que el azúcar es uno de los peores alimentos que puedes consumir si quieres tener un corazón sano. (Para ahorrarte el engorro de consultar de nuevo el capítulo, te explicaremos por qué: el azúcar es sumamente inflamatorio. También crea compuestos peligrosos conocidos como productos de glicación avanzada o PGA, que juegan un papel fundamental en la aterosclerosis.[17]) Los PGA desempeñan un papel muy importante en la diabetes tipo 2 que, como ya sabes, es una enfermedad en la que los niveles de azúcar en la sangre y de insulina son demasiado elevados y deben controlarse. (Y la diabetes es uno de los caminos más rápidos para desarrollar enfermedades cardiacas.)

Una de las mejores cosas que hace el magnesio es ayudar a regular el azúcar en la sangre. En varios estudios sobre pacientes diabéticos, tomar una dosis de suplementos de magnesio de 400 a 1000 mg diarios, durante un periodo de tres semanas a tres meses, les ayudó a mejorar una serie de medidas de control glucémico (azúcar en la sangre), como la necesidad de insulina.[18] Un estudio en el que se midieron las concentraciones séricas de magnesio en 192 sujetos insulinorresistentes, reveló que los niveles bajos de magnesio predominaban en un 65 por ciento entre los insulinorresistentes, en cambio en los sujetos del grupo de control solo era de un 5 por ciento.[19]

Salta a la vista que la falta de magnesio y la resistencia a la insulina están muy relacionadas. Recordarás que los sujetos insulinorresistentes tienen un mayor riesgo de volverse diabéticos, por lo que también son más propensos a desarrollar enfermedades cardiacas. El magnesio es tan importante para la salud del corazón porque, entre otras razones, ayuda a controlar el azúcar en la sangre y la insulina.

El magnesio es necesario en más de trescientas reacciones bioquímicas del cuerpo y muchas de ellas son reacciones enzimáticas, esenciales para la salud del corazón (o lo que los científicos llaman *metabolismo miocárdico*).[20] Incluso una ligera deficiencia de magnesio puede afectar negativamente al corazón y no es de extrañar que haya una considerable cantidad de pruebas que vinculen los niveles bajos de magnesio con las enfermedades cardiovasculares.[21]

En resumidas cuentas: si quieres proteger tu corazón, no dejes de tomar suplementos de magnesio. El magnesio baja la tensión arterial, ayuda a controlar el azúcar en la sangre, y relaja las paredes de los vasos sanguíneos. Y casi todas las encuestas dietéticas demuestran que los estadounidenses no están consumiendo ni mucho menos una cantidad suficiente de magnesio.[22] Nosotros aconsejamos corregir este problema tomando al menos 400 mg al día.

NOTA: La suplementación de magnesio *no* es aconsejable para cualquier persona con insuficiencia renal (enfermedades renales).

La niacina y su efecto sobre el colesterol

Aunque tu médico no sea nutricionista y muestre un cierto escepticismo (o una actitud peor) en cuanto a los suplementos nutricionales, lo más probable es que conozca los beneficios de la niacina. Desde 1955 se sabe que el colesterol se puede bajar eficazmente tomando unas dosis de 1.000 a 4.000 mg de niacina al día.[23] Los estudios posteriores han revelado que la niacina reduce los triglicéridos de un 20 a un 50 por ciento y el colesterol LDL de un 10 a un 25 por ciento.[24]

La niacina es una de las dos formas más importantes de la vitamina B_3, la otra es la nicotinamida. Aunque ambas se pueden usar para distintos propósitos en el cuerpo, solo la niacina tiene efectos sobre el colesterol, los triglicéridos y los compuestos relacionados. Y además no solo mejora el colesterol total, ya que los estudios han demostrado que cuando se baja el colesterol LDL con niacina, se reducen sobre todo las moléculas malas de LDL, las partículas densas y pequeñas en forma de perdigón que se adhieren a las paredes arteriales, se oxidan y causan daños.

La niacina también reduce la lipoproteína (a), o Lp(a). La lipoproteína (a) es una clase especial de LDL, una de las peores. ¡Este colesterol sí que es de armas tomar! La Lp(a) por sí sola es un factor de riesgo cardiovascular y de infarto, pero no acapara tanto la atención como el colesterol porque no existe ningún tratamiento farmacológico eficaz para reducirla, y nadie sabe qué hacer con ella. La niacina baja los niveles de Lp(a) de un 10 a un 30 por ciento.[25] ¡No está mal!

Y por si esto fuera poco, la niacina también *incrementa* el colesterol HDL. Este hecho por sí solo ya basta para proclamar sus virtudes a los cuatro vientos, porque nosotros consideramos que el colesterol HDL juega un papel en la historia de las enfermedades del corazón que no se ha valorado lo suficiente. (Hablaremos de este tema más adelante.) La niacina sube los niveles de HDL de un 10 a un 30 por ciento.[26] Pero el hecho de que *sobre todo* suba las HDL-2, la subclase más beneficiosa de todas, es todavía mejor.[27] (Las HDL-3 son proinflamatorias aunque pertenezcan a la familia del colesterol «bueno» —la de las HDL—, y esto demuestra ¡lo anticuado y ridículo que es clasificar el colesterol en solo «bueno» y «malo»!

El efecto secundario clínico más importante de tomar demasiada niacina es que puede ser muy pesada para el hígado (una enfermedad conocida como hepatotoxicidad), aunque como el doctor Alan Gaby señala en su exhaustivo artículo sobre los suplementos nutricionales y las enfermedades, este efecto casi nunca se ha visto en pacientes que tomen 3 g o menos de niacina al día.[28]

Abram Hoffer, el gran pionero de la medicina nutricional e integrativa, afirmó que sus treinta años de experiencia en la terapia con niacina (normalmente recetaba 3 g o más al día) le habían enseñado que uno de cada dos mil pacientes acababa desarrollando una hepatitis por haber tomado altas dosis de esta vitamina. Sin embargo, Hoffer también señala que en todos sus pacientes que desarrollaron hepatotoxicidad, la función del hígado se normalizó después de dejar de tomar niacina.[29]

La niacina de liberación prolongada es, de hecho, más hepatotóxica que la normal y en este caso los problemas hepáticos pueden darse incluso con dosis más bajas.[30] Las náuseas pueden ser un signo temprano de advertencia de la hepatotoxicidad causada por la niacina. En caso de náuseas, se debe reducir la dosis o interrumpir el tratamiento.[31] Si tomas dosis terapéuticas de niacina, es una buena idea pedirle al médico que analice tus niveles de enzimas hepáticas periódicamente con una prueba común para evaluar el funcionamiento del hígado.

Doctor Jonny: los sofocos de la niacina

La primera vez que experimenté los «sofocos de la niacina» trabajaba de entrenador personal. Eran las cinco de la madrugada y me estaba preparando para ocuparme de mi cliente de las seis de la mañana. Recuerdo que me tomé mi batido de proteínas y las vitaminas habituales, y al cabo de poco, mientras me vestía, me sentí como si me fuera a morir. La piel se me enrojeció de pronto, estaba caliente al tacto, y tenía las mejillas (y los brazos) colorados. La sensación no era dolorosa, pero sí muy desagradable.

Mi cliente de las seis de la mañana era presidenta de una compañía de maquillaje de alta gama, y su marido, al que también todo el mundo conocía, era un dermatólogo de Manhattan (y el único médico que yo sabía podría estar despierto a una hora tan intempestiva). Llamé a mi cliente y ella hizo que su marido se pusiera enseguida al teléfono. Le describí mis síntomas y me preguntó si había comido o bebido algo inusual. «Solo mis vitaminas», le respondí. A lo que él me repuso sin dudarlo: «¡Oh, debe de ser la niacina! No te preocupes. Te pasará dentro de poco. Me vuelvo a la cama».

Esta fue mi primera experiencia con los infames «sofocos de la niacina». No es más que un enrojecimiento temporal de la piel que no entraña peligro alguno (sobre todo si sabes de qué te viene), y se debe a la dilatación de los vasos sanguíneos de la piel (por eso se me puso la cara colorada). Algunas personas también sienten picor o incluso una ligera sensación de quemazón. Pero normalmente desaparece a las dos semanas y esta reacción se puede contrarrestar tomando antes una aspirina infantil.

NOTA: Si eres diabético o tienes algún problema hepático, consulta a tu médico antes de tomar suplementos de niacina.

Consejos del doctor Sinatra sobre la niacina

- Elige la niacina de liberación inmediata (conocida también como ácido nicotínico) en lugar de la de acción prolongada. Tómatela después de las comidas en dosis de 500 mg a 3 g al día (véase más abajo).
- Empieza tomando una dosis de 100 mg y ve aumentándola poco a poco hasta llegar a la más alta; divide las dosis.
- Si los sofocos son demasiado molestos, tómate una aspirina infantil antes de la primera comida del día y al terminar de comer tómate la niacina. Recurre a la aspirina solo cuando tengas sofocos y siempre que aumentes la dosis, porque al incrementarla los experimentarás.
- Para reducir los sofocos, también puedes tomar suplementos de pectina de manzana.
- La niacina puede hacer que te suban los niveles de enzimas en las pruebas de la función hepática. No significa que la niacina te esté afectando el hígado, pero díselo al médico para que lo tenga en cuenta. Tal vez te sugiera dejar de tomar niacina cinco días antes de una prueba para evitar cualquier posible confusión. Pero no olvides que cuando tomes niacina de nuevo, volverán los sofocos.

La vitamina E: la buena, la mala y la fea

Durante décadas el mundo nutricional ha reverenciado a la vitamina E como salvadora del corazón y poderosa sustancia antioxidante que nos protegía de la peroxidación lipídica, la causante según se creía en el pasado de las enfermedades cardiacas. (*Lipídica* significa que tiene que ver con las grasas, y *peroxidación* es la jerga técnica para referirse al daño oxidativo de los radicales libres. En la década de 1990 hasta la Asociación Americana del Corazón, que pertenece a la medicina tradicional, había puesto a la vitamina E en un pedestal. En 1996, por ejemplo, la vitamina E se ensalzaba en un estudio al que se le dio mucho bombo por haber reducido de manera importante los episodios cardiovasculares al cabo de un año en 2.000 pacientes con enfermedades cardiacas en su historial.

El éxito y la fama de la vitamina E llevó a muchos a creer que si un poco de vitamina E era beneficiosa, una dosis mayor sería incluso mejor aún. Sin embargo, los estudios posteriores demostraron que las dosis diarias de vitamina E de 400 UI o superiores no eran tan buenas como se creía y que incluso podían ser malas para la salud. (En el 2003 el doctor Sinatra ya había escrito en su boletín que no creía que fuera aconsejable tomar altas dosis de vitamina E porque las últimas investigaciones señalaban que podía tener efectos prooxidantes.)

Dicho esto, los resultados negativos de los estudios que empezaron a aparecer a partir de entonces nos dejaron perplejos a los dos. Era lógico que usar la forma sintética de la vitamina E (denominada *dl-alfa tocoferol*) en lugar de la forma «natural» (denominada *d-alfa tocoferol*) pudiera traer problemas. Pero ¿cómo era posible que la vitamina E natural, considerada una de las fuentes más importantes del arsenal antioxidante, pudiera tener efectos prooxidantes?

Si eres uno de esos lectores a los que no se les escapa ni una, habrás advertido que en el párrafo anterior la palabra natural que se refiere a la vitamina E está entrecomillada. Se debe a que el d-alfa-tocoferol por sí solo no es más que *una parte* de la vitamina E natural. La vitamina E está formada en realidad por ocho compuestos relacionados que se dividen en dos clases: *tocoferoles y tocotrienoles*. Los tocoferoles se dan en cuatro formas: *alfa, delta, beta* y *gamma*. De estas cuatro formas la más conocida es el alfa. Cuando compras suplementos de vitamina E «natural», la mayor parte del tiempo se componen en un cien por cien de *alfa*-tocoferol.

Y aquí es donde está el problema.

Pero el gamma-tocoferol es por lo visto el más potente de los cuatro tocoferoles y el más responsable de los efectos positivos antioxidantes de la vitamina E. Por eso los que solo toman altas dosis de alfa-tocoferol y no consumen la suficiente cantidad de gamma-tocoferol en la dieta, o en los suplementos nutricionales, pueden correr el riesgo de que la vitamina E les produzca efectos prooxidantes. Además, las grandes dosis de alfa-tocoferol también pueden reducir las reservas del cuerpo de gamma-tocoferol.

Un estudio del 2011 ofreció una imagen incluso más clara de los dos aspectos de la vitamina E. En experimentos realizados en laboratorios, un equipo de investigadores de Belfast descubrió que la vitamina E (alfa y gamma tocoferol) nos protege contra la oxidación de las lipoproteínas de muy baja densidad (VLDL) y del colesterol LDL. ¡Y esto es algo muy bueno! Sin embargo, también descubrieron que tenía un «sorprendente» efecto prooxidante sobre las HDL (lipoproteínas de alta densidad), las partículas de colesterol que actúan como camiones de la basura, porque recogen las perjudiciales LDL oxidadas y las transportan al hígado para que las elimine. Y cualquier cosa que pueda entorpecer la acción de las HDL es un problema.

Vale la pena señalar que los investigadores mencionaban un estudio anterior en el que tomar una pequeña cantidad de vitamina C junto con alfa-tocoferol había ayudado a *prevenir* los efectos pooxidantes negativos de la vitamina E sobre las HDL. No es la primera vez que un nutriente ayuda a otro. Ya sabemos que la CoQ_{10} ayuda a proteger la vitamina E en el cuerpo y además le echa una mano al reciclarla en una forma activa después de haberse oxidado por las reacciones bioquímicas. (Los efectos sinergísticos de los nutrientes nos apasionan.)

La otra mitad de la historia de la vitamina E tiene que ver con cuatro componentes conocidos como los *tocotrienoles*. Los tocotrienoles son los pesos pesados de la familia de la vitamina E, al menos en lo que se refiere a los beneficios para el corazón. Su actividad antioxidante es mucho más poderosa que la de los tocoferoles.[32] También aumentan la cantidad de receptores de LDL, lo cual ayuda a eliminar las LDL.[33] Los tocotrienoles les bajan de manera importante los niveles de lípidos a los animales de laboratorio, y la mayoría de estudios prospectivos han demostrado que producen el mismo efecto en los humanos.[34]

Si tomas vitamina E, te aconsejamos que siempre compres la que pone en la etiqueta «tocoferoles mixtos», así no tendrás los problemas que pueden crear los suplementos que solo llevan alfa-tocoferol. Un suplemento de vitamina E compuesto al cien por cien de alfa-tocoferol es menos eficaz y tomado en altas dosis incluso puede ser problemático. Prácticamente en todos los estudios que dieron resultados negativos se había usado la vitamina E compuesta solo de alfa-tocoferol, o peor aún, la forma sintética de dl-alfa-tocoferol. (Los suplementos de dl-alfa-tocoferol deberían quedarse muertos de risa en los estantes ¡hasta que caducaran!)

Si le añades 200 UI de vitamina E de tocoferoles mixtos o de un alto contenido en gamma-tocoferol a una dieta que también incluya vitamina C y CoQ_{10}, no tendrás ningún problema.

Los omega 3 de aceite de pescado: la molécula por excelencia del bienestar

Si has leído este libro siguiendo el orden de las páginas, ya conocerás los ácidos grasos omega 3, porque en el capítulo 5 hemos hablado largo y tendido de ellos, por eso ahora solo destacaremos algunos de los numerosos estudios que demuestran lo beneficiosos que son para el corazón. (A propósito, también existen otras investigaciones igual de convincentes que revelan lo beneficiosos que son para el cerebro,[35] pero como este libro trata del colesterol y de las enfermedades cardiovasculares, nos centraremos en el corazón.)

Hace más de treinta años los científicos empezaron a advertir unos índices bajísimos de enfermedades cardiovasculares en los esquimales de Groenlandia comparados con los sujetos de control daneses de la misma edad y sexo. Al poco tiempo pudieron vincular estos bajos índices de enfermedades cardiacas con un alto consumo de omega 3 en la dieta groenlandesa.[36] Este descubrimiento desencadenó una gran cantidad de investigaciones sobre el papel del aceite de pescado en la prevención de enfermedades cardiacas. (El día que estaba escribiendo esto —7 de diciembre de 2011—, al introducir «ácidos grasos omega 3 cardiovasculares» en la casilla del buscador de palabras de la Biblioteca Nacional de Medicina, aparecieron en la pantalla 2.524 entradas.)

Otro artículo reciente sobre los omega 3 y las enfermedades cardiovasculares de Dariush Mozaffarian, doctor en medicina de la Facultad de Salud Pública de Harvard, concluía que el consumo de omega 3 «reduce los triglicéridos plasmáticos, la frecuencia cardiaca y la tensión arterial, e incluso mejora el llenado ventricular y la eficiencia miocárdica, baja la inflamación y optimiza la función vascular».[37] Mozaffarian también señalaba que los omega 3 son en especial beneficiosos para prevenir la mortalidad por enfermedades coronarias y la muerte súbita cardiaca.

En el caso de que te estemos empezando a amuermar con esta parrafada médica, te lo resumiremos en lenguaje llano: *existen pruebas fiables y coherentes procedentes de las investigaciones que demuestran que los ácidos grasos omega 3, sobre todo los del pescado, reducen el índice de muertes por enfermedades cardiacas y el riesgo de muerte súbita cardiaca.* Esta es la clara prueba de que el aceite de pescado salva vidas.

Uno de los estudios clínicos más famosos sobre la suplementación con omega 3 en una población de alto riesgo se publicó en 1999 y se conoce como el estudio GISSI-Prevenzione.[38] A más de 11.000 pacientes que habían sufrido un infarto en los últimos tres meses les dieron de manera aleatoria 1 g de omega 3 o 300 mg de vitamina E al día, ambas cosas, o ninguna de ellas, además de la terapia habitual que cada uno estuviera recibiendo. La vitamina E no produjo ningún efecto, pero los suplementos de omega 3 se vincularon con una reducción de un 20 por ciento de la mortalidad cardiovascular y con un asombroso descenso de un 45 por ciento del riesgo de sufrir muerte súbita. Estos efectos se pusieron de manifiesto al cabo de solo tres meses de terapia.[39]

Las directrices internacionales recomiendan tomar 1 g de ácidos grasos omega 3 al día a cualquier persona que haya tenido un infarto o a los pacientes con niveles elevados de triglicéridos.[40] Pero los expertos creen que en el futuro también se incluirán en estas pautas a los pacientes con insuficiencia cardiaca.[41]

Vale la pena mencionar que la gran mayoría de investigaciones sobre los omega 3 y las enfermedades cardiacas se han realizado con los dos omega 3 procedentes del pescado: AEP y ADH. Pero otros estudios también han descubierto que los AAL, los omega 3 presentes en alimentos de origen vegetal, como las semillas de lino y el aceite de lino, también son beneficiosos para la salud. Un artículo médico señalaba que tanto los estudios *in vitro* (de probeta) como los realizados con animales han revelado que los AAL pueden prevenir la fibrilación ventricular, el principal mecanismo que causa la muerte cardiaca, y que incluso pueden ser más eficaces en este sentido que los AEP y los

ADH. El artículo también destacaba que los AAL eran eficaces para reducir la agregación plaquetaria, una fase importante en la trombosis (un infarto o ataque al corazón no mortal).[42]

Aunque ya te estés medicando con estatinas y hayas decidido seguir tomándolas, el aceite de pescado te puede ser de ayuda. Un estudio reveló que de entre más de 3.600 personas con una enfermedad cardiovascular en el historial —muchas de las cuales se trataban con fármacos antiplaquetarios, agentes antihipertensivos y nitratos—, la suplementación diaria con aceite de pescado redujo en un 19 por ciento, una cifra importante estadísticamente, los episodios coronarios graves comparados con los del grupo de control.[43]

Los ácidos grasos omega 3, sobre todo los procedentes del pescado salvaje sano, son los mejores amigos de tu corazón, tanto si te estás recuperando de un infarto como si deseas prevenir uno. Reducen los triglicéridos. Y la tensión arterial. Y lo mejor de todo es que los omega 3 son uno de los compuestos más antiinflamatorios del planeta, lo cual significa que tienen un efecto positivo sobre las causas de las enfermedades cardiacas.

Te recomendamos tomar de 1 a 2 g de aceite de pescado al día y consumir pescado de aguas frías (como salmón salvaje) tan a menudo como sea posible.

Cuando tomes suplementos de aceite de pescado recuerda que lo importante no es la cantidad de omega 3 consumida. Los suplementos de omega 3 que están de oferta suelen anunciar en sus etiquetas la cantidad de omega 3 que contienen. Pero esto no te sirve de nada. Lo que en realidad te interesa saber es la cantidad de AEP y ADH que lleva cada cápsula. Son las pepitas de oro en el cedazo de los buscadores de oro. ¡Qué más te da la *cantidad* de arena que hayas recogido! Lo que cuentan son las *pepitas de oro* de AEP y ADH. Intenta tomar al menos 1 g diario de AEP y ADH combinados. (Como el doctor Sinatra prefiere que sus pacientes reciban unas dosis más altas de ADH, ya que penetran más en el corazón, el cerebro y la retina que el AEP, suele recetarles, además del aceite de pescado, aceite de calamar o de algas por su alto contenido en ADH.)

Pantetina: tu arma secreta

La pantetina es una forma metabólicamente activa (y un poco más cara) de la vitamina B$_5$ (ácido pantoténico). Las analíticas de los pacientes con dislipidemia —la jerga médica para decir que sus niveles de colesterol en la sangre son demasiado altos— mejoran mucho con los suplementos de pantetina. Y aunque no se pueda apreciar en las analíticas, la pantetina también reduce la oxidación de las LDL.[44]

Veintiocho estudios realizados en humanos, ni más ni menos, han demostrado que la pantetina produce cambios positivos importantes en los triglicéridos, el colesterol LDL y el VLDL, y aumenta el colesterol HDL.[45] En ninguno de estos estudios se apreció efecto adverso alguno. Se usaron de media dosis de 900 mg de pantetina, divididas en tres tomas de 300 mg al día. Por lo visto son las dosis óptimas y las que nosotros recomendamos.

En un artículo donde se analizaban los estudios realizados sobre la pantetina, publicado en la revista *Progress in Cardiovascular Diseases*, el doctor en medicina Mark Houston, señalaba que en la mayoría de ellos, al cabo de cuatro meses la pantetina había reducido el colesterol total en un 15,1 por ciento, las LDL en un 20,1 por ciento, y los triglicéridos en un 32,9 por ciento, y que había aumentado las HDL en un 8,4 por ciento.[46] Houston también observó que en estudios de más larga duración la mejoría de los pacientes parecía ir en aumento. (Las únicas reacciones adversas fueron los efectos secundarios de unas ligeras molestias gastrointestinales en menos de un 4 por ciento de los sujetos.) Como ya hemos señalado, recomendamos tomar 900 mg de pantetina dividida en tres dosis diarias de 300 mg.

Otros suplementos que puedes tomar si lo deseas

Elegir los «mejores» suplementos nutricionales para tratar cualquier problema de salud nunca resulta fácil. Al intentar que la lista no sea demasiado larga siempre te acabas dejando fuera algunos que van muy bien. También hay el problema de las preferencias. A la mayoría de las personas no les gusta tomar un montón de pastillas, aunque estén hechas de sustancias naturales que mejorarán o protegerán su salud. Los siguientes suplementos nutricionales nos parecen importantes y te sugerimos que leas lo que hacen y consideres tomarlos junto con los suplementos fundamentales de los que ya hemos hablado.

Vitamina C. La vitamina C es uno de los antioxidantes más poderosos del mundo, y como las enfermedades cardiacas están provocadas por el daño oxidativo (causado por los radicales libres), cualquier cosa que puedas hacer por mejorar los antioxidantes es una buena idea. Y la evidencia no es solo teórica: un estudio de larga duración de 2011, publicado en el *American Heart Journal*, reveló que cuanto más bajos eran los niveles de vitamina C en la sangre, más alto era el riesgo de sufrir una insuficiencia cardiaca.[47] Toma de 1.000 a 2.000 mg al día.

Vale la pena señalar que la vitamina C es sumamente segura y que es muy inusual que cause efectos secundarios porque el cuerpo no puede almacenarla (en algunos casos, dosis superiores a 2.000 mg al día pueden producir ligeras molestias estomacales y diarrea). El mayor peligro de la vitamina C es que aumente la cantidad de hierro absorbido de la comida. Los que padecen hemocromatosis, una enfermedad hereditaria en la que se va acumulando demasiado hierro en el torrente sanguíneo, no deben tomar más de 100 mg de suplementos de vitamina C.

Curcumina. Este extracto de la cúrcuma, que se usa como especie en la India, tiene múltiples beneficios, y uno de los más importantes es su alto poder antiinflamatorio. Las investigaciones científicas han demostrado sus efectos antiinflamatorios, antioxidantes, antitrombóticos y cardioprotectores.[48] La curcumina también reduce el colesterol LDL oxidado.[49] Los estudios realizados con animales han revelado que protege las paredes arteriales del daño causado por la homocisteína.[50] Es importante en especial la relación sinergética de la curcumina con el resveratrol.

Resveratrol. El resveratrol es el ingrediente del vino tinto conocido por su actividad «antienvejecimiento». Ayuda a proteger las arterias al mejorar su elasticidad, evita la formación de coágulos sanguíneos y reduce tanto el LDL oxidado como la tensión arterial.[51] ¡Como resumen no está mal! Es un poderoso antioxidante y su gran acción antiinflamatoria inhibe una serie de enzimas inflamatorias que contribuyen al desarrollo de enfermedades cardiacas. También inhibe la capacidad de ciertas moléculas de adherirse a las paredes arteriales, donde pueden instalarse y contribuir a la inflamación.[52] Las dosis diarias aconsejadas son de 30 a 200 mg de trans-resveratrol, el componente activo del resveratrol. Lee las etiquetas con atención para ver el porcentaje de trans-resveratrol que contiene la cápsula, porque es el único componente importante para ti.

Flavanoles del cacao. Las sustancias químicas de los granos del cacao, conocidas como *flavanoles*, ayudan al cuerpo a sintetizar un compuesto llamado óxido nítrico que es esencial para una buena circulación sanguínea y una tensión arterial adecuada. El óxido nítrico mejora la función plaquetaria, lo cual significa que hace que la sangre sea menos pegajosa. También ayuda a que los glóbulos blancos tiendan menos a adherirse y a pegarse a las paredes arteriales. Un equipo de investigadores alemanes realizó un seguimiento a más de 19.000 sujetos durante al menos diez años y descubrió que los que más chocolate negro comían, el más rico en flavanoles, eran los que tenían una tensión arterial más baja y un 39 por ciento menos de riesgo de sufrir un infarto o un derrame cerebral comparados con los que apenas comían chocolate.[53]

Los flavanoles del cacao también se encuentran en forma de suplemento nutricional, o sea, que si prefieres no comerte un par de tabletas de chocolate negro al día, puedes elegir tomar cápsulas de flavanoles.

Convence a tu médico

Si le enseñas este capítulo a tu médico y aun así sigue dudando de los beneficios de los suplementos nutricionales, te sugerimos que le propongas que lea el magnífico artículo sobre el tratamiento no farmacológico de la dislipidemia del doctor Mark Houston, publicado en la revista *Progress in Cardiovascular Diseases*.[54] El artículo contiene 421 citas procedentes de publicaciones científicas y seguro que logra convencerle de que hay un montón de investigaciones que respaldan el uso de estas sustancias naturales no tóxicas.

LAS SUSTANCIAS NATURALES QUE DISUELVEN LOS COÁGULOS: NATOQUINASA Y LUMBROQUINASA

Hiperviscosidad se refiere a la sangre pegajosa y cenagosa. Cuando la sangre se espesa, se va quedando empantanada al circular, haciendo que las plaquetas se peguen y amontonen. Los vasos sanguíneos se vuelven entonces más rígidos y menos elásticos, y se suelen calcificar. El peligro está en la tendencia a formarse coágulos de sangre que taponen los vasos sanguíneos que irrigan los órganos vitales.

La natoquinasa se extrae del natto, un alimento tradicional japonés hecho de soja fermentada, al que muchos investigadores le atribuyen la baja incidencia de enfermedades coronarias en Japón. Es una forma única, poderosa y segura de disolver los coágulos sanguíneos o de reducir la tendencia a que se formen, con lo que baja el riesgo de sufrir infartos y derrames cerebrales.[55]

La lumbroquinasa, descubierta en Japón y China, se extrae de las lombrices de tierra, una fuente curativa tradicional de la medicina asiática. Estos dos productos distintos, procedentes de unas dinámicas investigaciones asiáticas, comparten una poderosa propiedad que le resultará de gran interés a cualquiera que desee proteger su sistema cardiovascular: son unos devoradores naturales de coágulos.

Así es como actúan: tu cuerpo produce *fibrina*, una proteína fibrilar compuesta de fibrinógeno. (La prueba para valorar los niveles de fibrinógeno es uno de los análisis de sangre que recomendamos —véase el capítulo 9—, porque es un buen indicador de cuánta fibrina estás fabricando.) La fibrina es buena y mala a la vez. Su acción coagulante se activa cuando hay una hemorragia, por eso es buena. Pero una actividad excesiva de la fibrina acaba espesando la sangre, y eso es un gran problema.

Para evitar este peligro —y hacer que la sangre sea más líquida—, el cuerpo produce una sustancia llamada *plasmina*, una enzima que se ocupa de eliminar el exceso de fibrina. ¡Un buen sistema de control y equilibrio! Pero si la plasmina, el agente antitrombótico natural, no da abasto al tener que trabajar en exceso, la Ciudad de los Ríos se habrá metido en un buen problema. Y entonces es cuando la natoquinasa y la lumbroquiinasa entran en juego. Si los coágulos ya te han estrechado los vasos sanguíneos, estás jodido. Por eso si consigues disolverlos, despejarás las arterias y mejorarás la circulación de la sangre. Aunque solo reduzcas un poco los coágulos, la sangre ya fluirá mucho mejor.

La natoquinasa y la lumbroquinasa son una forma natural de diluir la sangre. Pueden hacer que una sangre que parece kétchup ¡adquiera la consistencia del vino tinto! Y lo mejor de todo es que actúan con mucha rapidez, de minutos a horas

Si tomas estos suplementos como medida preventiva, no se te formarán coágulos.

8

El estrés: el asesino silencioso

Si te gustan las historias de detectives, esta te encantará.

En el año 2000 apareció en las noticias la historia acerca de que había muchas poblaciones de ranas arbóreas grises que se estaban diezmando en los lagos americanos. El consenso general era que se debía al uso de un pesticida común, el carbaril (se comercializa bajo el nombre de Sevin), que se había encontrado en grandes cantidades en todos los lagos donde estas ranas se estaban muriendo. El carbaril era sin duda el malo de la película y los ecologistas pidieron a la compañía que lo fabricaba que se hiciera responsable de los daños.

La historia te resulta familiar, ¿verdad?

Pero lo más curioso es que los fabricantes del pesticida insistieron en que el carbaril no era perjudicial para las ranas. Tenían una pila de estudios que demostraban que si sacabas a estos animalitos del lago donde vivían para llevarlos a un laboratorio y exponerlos al pesticida, no les pasaba nada.

Pero las ranas arbóreas grises se seguían muriendo. Y los ecologistas estaban seguros de que tenía que ver con la continua exposición al pesticida.

¿Quién tenía razón?

Al final resultó que todos la tenían. Los estudios eran exactos. Por más bien que les fuera para sus intereses comerciales, la gran compañía que fabricaba el pesticida, la mala de la película, tenía pruebas científicas que demostraban que esas ranas no se habían muerto por las sustancias químicas que vendían. Y los ecologistas también tenían unas pruebas científicas *igual* de contundentes que demostraban que el carbaril era probablemente el culpable de esta exterminación en masa de ranas arbóreas grises, ranas que por cierto seguían vivitas y coleando mientras no hubiera ni una pizca de carbaril a la vista.

Ahora el inspector Colombo entra en escena encarnado por Rick Relyea, un investigador bioquímico de la Universidad de Pittsburgh. Para abreviar la historia, esto fue lo que descubrió: en realidad el pesticida a base de carbaril era bastante inocuo para las ranas (significa que al menos no las mataba) en el tranquilo escenario del laboratorio. Pero la mayoría de las ranas arbóreas grises no viven en un laboratorio que nosotros sepamos, sino en medio de la naturaleza, donde su vida corre siempre peligro a causa de los depredadores. Cuando las ranas detectan la presencia de un depredador y «huelen el peligro», nunca mejor dicho, secretan unas poderosas hormonas del estrés, al igual que nuestros antepasados cuando huían de un animal salvaje, o que nosotros cuando nos topamos con un atasco o no entregamos un trabajo en el plazo previsto. Si se exponía a una rana *estresada* al pesticida, estiraba la pata. Ni las hormonas del estrés ni el pesticida eran capaces de matar por sí solos a las ranas arbóreas grises, pero la *combinación* de ambos —hormonas del estrés y pesticidas— era letal para ellas.[1]

Los estudios posteriores realizados durante la siguiente década analizaron la interacción entre estos dos factores estresantes —sustancias químicas y depredadores— y examinaron cómo interactuaban en una serie de distintos organismos, como las salamandras.[2] Algunos de estos estudios experimentaron con distintos pesticidas químicos con y sin «los impulsos generados por un depredador» (señales que desencadenan la liberación de hormonas del estrés), y todos ellos confirmaron que combinar un pesticida con los impulsos generados por la presencia de un depredador era muchísimo más letal que cualquiera de las sustancias químicas por sí solas.

Lo más importante, y la razón de esta historia, es que los elementos medioambientales *interactúan* con los elementos fisiológicos de forma que pueden causar serios problemas. (En el caso de las ranas arbóreas grises la interacción resultó ser mortífera.) Aunque ciertos elementos medioambientales y fisiológicos no sean perjudiciales por *sí mismos*, cuando se combinan a veces pueden traer grandes problemas.

Y no es ninguna casualidad que el elemento de nuestra fisiología que puede crearnos los mayores problemas para la salud del corazón sea el tema de este capítulo: el estrés.

La respuesta de estrés en acción

Imagínate, si lo deseas, que eres una cebra pastando plácidamente en las llanuras del Serengueti africano. Reina una gran paz, la hierba está deliciosa, el sol brilla en el cielo y todo te va de maravilla. De pronto oyes unos ligeros crujidos en el bosque. Levantas la cabeza y ves detrás de un arbusto la figura de un león que te está mirando de hito en hito. Casi puedes ver sobre su cabeza el globito de una viñeta cómica que pone: «¡Mi almuerzo!»

El estado de tu cuerpo cambia, ahora está totalmente alerta, como si se hubiera puesto a parpadear la luz «roja» del Departamento de Seguridad Nacional al detectar una amenaza de alto nivel. En cuanto ves al león, tu hipotálamo, una parte del cerebro que actúa como una especie de «profesional» que se ocupa de responder a la situación de emergencia, envía una señal hormonal a la glándula pituitaria. Esta transmite en el acto el mensaje a las glándulas suprarrenales, dos pequeñas glándulas con forma de nuez en la parte superior de los riñones, cuya labor es liberar las hormonas que activarán una serie de reacciones que son tu única esperanza de vivir lo suficiente como para almorzar mañana en lugar de convertirte hoy en el almuerzo de otro. Estas hormonas —cortisol y adrenalina— se conocen como las hormonas del estrés, y tanto si eres una cebra huyendo de un león como un cavernícola alejándote a toda leche de un mamut lanudo, has salvado el pellejo gracias a ellas.

Pero estas maravillosas hormonas adaptativas que te salvan la vida tienen un aspecto negativo. Pueden contribuir en gran medida a que desarrolles una enfermedad cardiaca y de hecho lo hacen.

Te lo explicamos.

Las hormonas del estrés, también conocidas como las hormonas de «lucha o huida», te sirven como una especie de turbocompresor ante una situación amenazadora. Sin ellas serías incapaz de reaccionar lo bastante rápido como para protegerte de un depredador o de cualquier otra clase de peligro. El cortisol y la adrenalina, trabajando al unísono con muchísima más rapidez de la que has tardado en leer esta frase, preparan el cuerpo para la acción. La adrenalina, por ejemplo, aumenta al instante el ritmo cardiaco y la tensión arterial al tiempo que el corazón empieza a bombear la sangre con furia por medio del sistema vascular para enviarla volando a los órganos y músculos que más la necesitan. El cortisol, la principal hormona del estrés, hace que se libere azúcar en el torrente sanguíneo para poderlo trasportar a las células musculares y quemar para producir energía, lo cual es muy útil cuando estás huyendo para salvar el pellejo.

En respuesta a estas señales hormonales, el cuerpo se lleva la sangre de donde no la necesita para enviarla a donde la necesita. (Después de todo, si estás huyendo de un oso salvaje no tiene demasiado sentido enviar un montón de sangre a los dedos, los oídos, los órganos reproductores o el sistema digestivo.) El sistema humano está perfectamente diseñado para enviar la cantidad justa de nutrientes, oxígeno y sangre a los lugares que es más probable que te ayuden a sobrevivir (como, por ejemplo, a los músculos necesarios para correr y al corazón).

Es la respuesta de estrés en acción. Está concebida para ser rápida, instantánea y eficaz. Su único propósito es la de salvarte el pellejo en una situación de vida o muerte. En el caso de la cebra, solo dura lo que esta tarda en huir del león, después el metabolismo de la cebra se normaliza de nuevo: el ritmo cardiaco se reduce y el animalito vuelve a pastar feliz, olvidándose del incidente.

El estrés agudo frente al crónico

Esta capacidad natural de los animales de vivir el presente en lugar de barruntar preguntándose si detrás del siguiente arbusto habrá otro león, es a lo que el gran neurobiólogo Robert Sapolsky se refería cuando tituló su obra maestra sobre la fisiología del estrés *¿Por qué las cebras no tienen úlceras?*

Las cebras de Sapolsky experimentaban un *intenso* estrés, pero era algo temporal (a no ser que huyeran a paso de tortuga, en tal caso sería distinto). El estrés agudo dura poco y te permite volver a la «normalidad» y retomar lo que estabas haciendo. En cambio el estrés *crónico,* el que favorece las enfermedades del corazón, es muchísimo más peligroso. Y este estrés no tiene nada que ver con el otro.

Aquí radica la gran diferencia entre el estrés *agudo* de una cebra y el *crónico*, que es malo para el corazón. El estrés agudo es inmediato y apremiante. El cerebro lo interpreta como la amenaza de un león merodeando por el lugar y la respuesta de estrés se activa al instante. Es energética, explosiva y maravillosa: es lo que te salva la vida en una emergencia. Pero si se activa demasiado a menudo, durante demasiado tiempo, o por razones psicológicas —lo cual es la definición del estrés crónico— acabas enfermando.

Cuando el estrés persiste, como suele ocurrirles hoy día sobre todo a las personas con determinados rasgos de carácter, el montón de cortisol creado en la corteza suprarrenal empieza a fomentar el endurecimiento de las arterias. La hipervigilancia o el estado de permanecer constantemente en guardia (la sensación de que puede pasar algo malo en cualquier momento) genera un exceso de cortisol, y esto hace que el factor *psicológico* de riesgo coronario se convierta en uno *físico*. Cuando se da esta clase de estrés crónico, hay un exceso de hormonas suprarrenales, con lo que el corazón puede sufrir episodios cardiacos inesperados, como infartos o arritmias. Recuerda que esto no siempre ocurre al instante, sino cuando las glándulas suprarrenales se agotan por el sobreesfuerzo. El exceso de trabajo, el estrés prolongado y el agotamiento —que te acaban desgastando—, pronostican la muerte por sobredosis hormonal. Enseguida hablaremos más de ello.

Estrés, estrés, ¿quién lo padece?

Si te pidiéramos que nos enumeraras ahora mismo las diez cosas más estresantes de tu vida, estamos seguros de que se te ocurrirían sin ningún problema. (En realidad, lo que más te costaría es citar ¡solo diez!) Y además nos jugamos lo que quieras a que la lista estaría llena de factores psicológicos estresantes —fechas límite, atascos de tráfico, hijos enfermos, problemas económicos, relaciones conflictivas— que te desgastan física y psicológicamente.

Pero la idea habitual de que el estrés no es más que un estado psicológico —«que todo está en tu cabeza»— es tan anticuada como la de que el colesterol es el causante de las enfermedades cardiacas. El estrés físico está relacionado con el psicológico. Cuando estás estresado el cuerpo libera unas hormonas que actúan de forma concreta y que producen resultados perceptibles.

La respuesta de estrés te puede salvar la vida, pero también te puede matar.

La idea habitual de que el estrés no es más que un estado psicológico —«que todo está en tu cabeza»— es tan anticuada como la de que el colesterol es el causante de las enfermedades cardiacas.

El efecto Roseto

Había una vez un médico de pueblo que mientras estaba en una pequeña taberna de Pensilvania conoció a otro de la «gran ciudad» que entró a tomar algo. Era el jefe de medicina de la Universidad de Oklahoma. Los dos se pusieron a charlar mientras se tomaban una cerveza y el médico de pueblo le comentó un dato muy curioso: en este pueblo el índice de mortalidad por enfermedades cardiacas era la mitad de bajo de la del resto del país.

Aunque la primera escena parezca la antítesis de una película de terror, porque los rosetanos en lugar de contraer una enfermedad extraña de origen extraterreste estaban por lo visto misteriosamente protegidos de la dolencia que mataba a sus vecinos, es una historia real. El encuentro tuvo lugar en la década de 1960 en el pueblo de Roseto, en Pensilvania, y este encuentro casual entre dos médicos en una taberna desencadenó un montón de investigaciones médicas para intentar comprender el extraño fenómeno que se acabó conociendo como el «Efecto Roseto». (¡Venga, búscalo en Google que te esperamos!)

QUÉ DEBES SABER

* El estrés contribuye a desarrollar cualquier enfermedad conocida. Y puede retrasar o impedir la recuperación.

* Cuando estás estresado las glándulas suprarrenales producen hormonas del estrés, conocidas como las hormonas de «lucha o huida». Las principales hormonas del estrés son el cortisol y la adrenalina.

* Un exceso de hormonas del estrés pueden crear alteraciones metabólicas e inflamación, y favorecer las enfermedades cardiacas. Cuando el estrés persiste, el exceso de cortisol empieza a fomentar el endurecimiento de las arterias.

* El estrés causa una sobreproducción de plaquetas en la sangre, y estas pueden apelotonarse y acabar creando un coágulo llamado trombo. Cuando una arteria que lleva la sangre al corazón se tapona con un trombo, tienes un infarto.

Por más ilógico que parezca, los habitantes de Roseto parecían estar misteriosamente protegidos de las enfermedades cardiacas. En Roseto el índice de muertes por enfermedades cardiacas era casi inexistente para los hombres de 55 a 64 años, edad en la que uno suele ser propenso a los infartos. Los varones de más de 65 años padecían de vez en cuando enfermedades del corazón, pero el índice era la mitad que el del resto del país.

Vale, pero ¿a qué misteriosa razón se debía? Si le preguntas a cualquier persona de la calle a qué cree que se debía, te responderá que los habitantes de Roseto seguramente llevaban una vida muy saludable: iban al gimnasio, consumían dietas bajas en grasas, mantenían a raya el colesterol, no se pasaban con la sal, no comían carne roja y todo lo demás, ¿verdad? La respuesta solo puede ser esta.

Pues no es así exactamente.

Roseto, situado en Pensilvania, era un pueblo con unas condiciones de vida muy duras, por decirlo de una manera suave. La vida no era un camino de rosas en él. Los hombres se pasaban el día matándose a trabajar en las peligrosas minas de pizarra. Su comida tradicional italiana se había americanizado de la peor de las maneras. Lo freían todo con manteca de cerdo. La mayoría de hombres, por no decir todos, fumaban. De existir un lugar perfecto para morir de enfermedades del corazón, los hombres de Roseto se habrían llevado la palma.

¿Por qué entonces no estaban cayendo como moscas?

Es justamente lo que los investigadores médicos querían saber.

Y esto es lo que descubrieron: en casi todas las casas de Roseto vivían los miembros de tres generaciones. Los rosetanos no metían a sus ancianos en residencias, sino que los incorporaban a la vida comunitaria. Los trataban como los sabios ancianos del pueblo. La gente salía a pasear por la noche. Pertenecían a un montón de centros sociales. Participaban en los oficios religiosos y en el pueblo organizaban fiestas. ¿Y recuerdas las cenas con una pila de comida frita con manteca de cerdo que hemos citado en párrafos anteriores? Estas cenas además de ser muy nutritivas para el cuerpo, lo eran para el alma. Eran reuniones familiares donde la gente conectaba con sus paisanos, compartía sus experiencias y participaba en la vida familiar de múltiples formas.

¡Ah!, y además en Roseto no había delincuencia ni personas sin recursos que se vieran obligadas a pedir ayudas al Estado.

¿A qué se debe el Efecto Roseto? Los investigadores creen ahora que la explicación se puede resumir en dos palabras: *comunidad* y *conexión*. Estas dos cosas eran (y son) una protección tan buena para la salud que por lo visto contrarrestaban los efectos del tabaco y de su espantosa dieta.

El doctor Stewart Wolf, y el sociólogo John Bruhn, al escribir sobre el Efecto Roseto en su libro *The Power of Clan*, un clásico en su género, señalaban que las características de las comunidades unidas como la de Roseto, sirven mucho más para predecir la salud del corazón que los niveles del colesterol y que incluso el tabaquismo. Las estructuras sociales de comunidades como la de Roseto se caracterizan por la previsibilidad y la estabilidad, y además cada persona de la comunidad juega un determinado papel en ella. En Roseto todo el mundo trabajaba y lo hacían con energía, porque todos deseaban crear una vida mejor para sus hijos. Vivir en una comunidad unida en la que te sientes conectado con los demás te ayuda a que los problemas de la vida cotidiana te agobien menos. Y no estar tan agobiado por los problemas de la vida cotidiana significa que también eres menos *propenso* al estrés crónico.

Y el estrés crónico es uno de los factores que más contribuyen a las enfermedades del corazón.

Los hombres de Roseto tenían un montón de situaciones estresantes en su vida. Trabajar en una mina de pizarra no es como pasarse un día en la playa, y el tabaquismo está considerado un importante factor estresante a nivel físico. Pero como los rosetanos al vivir en una comunidad unida y gozar de vínculos familiares sustentadores, estaban protegidos del continuo e interminable estrés mental que tantas personas sufren a diario, estos factores estresantes físicos no les causaban el daño colateral que suelen producir. La ausencia de estrés crónico mental parecía protegerles hasta cierto punto de los infartos.

Para ver por qué es así, hay que entender algo sobre la respuesta de estrés. Y Hans Selye es la mejor manera de empezar a hacerlo.

La «invención» del estrés

Selye no inventó el estrés, pero hizo que esta palabra se volviera muy famosa. En la década de 1930 Selye, un joven investigador y profesor adjunto en la Universidad McGill de Montreal, estaba empezando a investigar el campo de la endocrinología: el estudio de las hormonas y de lo que hacen en el cuerpo. Un bioquímico que trabajaba en la otra punta del pasillo del lugar donde Selye realizaba sus investigaciones, había aislado una sustancia de los ovarios y todo el mundo se preguntaba qué *efectos produciría* este extracto. Por eso Selye hizo lo que cualquier investigador ambicioso y desconocido habría hecho: consiguió una buena cantidad de esta extraña sustancia y decidió inyectarla a sus ratas de laboratorio para experimentar con ella.

Cada día les inyectaba la misteriosa sustancia. Pero Selye era muy patoso. Cuando intentaba inyectársela, las ratas se le caían de las manos, o no conseguía pincharlas con la aguja por más que insistiera o se le escapaban para esconderse detrás de la nevera. Se pasaba la mitad del día corriendo por el laboratorio con una escoba para obligarlas a salir de sus escondites y meter a los aterrados roedores de nuevo en sus jaulas.

Al cabo de varios meses, al examinar a las ratas para descubrir los efectos producidos por la sustancia inyectada, se quedó perplejo: todas tenían úlceras. Y, además, las glándulas suprarrenales habían aumentado de tamaño y los tejidos del sistema inmune se habían encogido. Selye se quedó encantado con el hallazgo. Era evidente que había averiguado algo importante sobre el extracto ovárico descubierto por su colega: ¡provocaba úlceras!

Selye era un científico muy bueno, por más patoso que fuera manejando a los animales. Y un buen científico siempre crea un grupo de control, que es exactamente lo que él hizo. El grupo de control era un grupo de ratas idéntico al primero en todo, salvo en que *no* les había inyectado el misterioso extracto.

Cuando Selye examinó a las ratas del grupo de control, hizo un descubrimiento incluso más extraño que el anterior. Todas las ratas de control tenían *también* úlceras.

¡Hum!

La cuestión era que tenía dos grupos de ratas idénticos genéticamente. A uno le había inyectado una sustancia y al otro no, pero las ratas de ambos habían desarrollado úlceras. Selye concluyó enseguida que las úlceras no podían deberse a la hormona procedente de los ovarios. ¿Qué tenían las ratas en común aparte de esto?

No le costó demasiado encontrar la respuesta, sobre todo porque era un científico que se dedicaba a la investigación. Lo que los dos grupos de ratas tenían en común era a él.

Selye había concluido acertadamente que la hormona extraída de los ovarios no podía haber causado las úlceras ni el agrandamiento de las glándulas suprarrenales porque les había sucedido a los dos grupos de ratas y solo a uno le había inyectado la hormona. Pero quizá su torpeza manejando a las ratas —las incompetentes inyecciones, los sustos que se habían pegado las pobres al caérsele de la mano, las persecuciones con la escoba en mano, las corridas por el laboratorio— tenían algo que ver con ello. Entonces se le ocurrió que las úlceras, y también los tejidos del sistema inmune que se habían encogido, eran una especie de respuesta a la desagradable situación vivida por los animalitos, a la que llamó «estrés».

Selye se dispuso a comprobar si su teoría era cierta. Creó un ambiente de lo más estresante. Dejó a varias ratas en el tejado durante los fríos meses de invierto. A otras las metió en el sótano al lado de la caldera. Y a algunas les practicó estresantes intervenciones quirúrgicas, o las torturó poniéndoles una música muy alta o impidiéndoles dormir.

Todas acabaron desarrollando úlceras. Y las glándulas suprarrenales también se les agrandaron.

De esta primera investigación Selye desarrolló lo que se conoce como Síndrome General de Adaptación (SGA). La teoría sostiene que el cuerpo humano reacciona ante el estrés pasando por tres fases: alarma, resistencia y agotamiento. Así es como actúa.

Selye desarrolló lo que se conoce como Síndrome General de Adaptación (SGA). La teoría sostiene que el cuerpo humano reacciona ante el estrés pasando por tres fases: alarma, resistencia y agotamiento.

Las tres fases del estrés

En la fase de la reacción de *alarma*, detectas un peligro. El cuerpo secreta un montón de adrenalina y cortisol para que puedas actuar con rapidez (p. ej. luchar o huir). Si toda esta energía disponible no se utiliza para la acción, acaba creando grandes problemas. Por ejemplo, un exceso de adrenalina hará que te suba la tensión arterial y esto al final puede ser malo para los vasos sanguíneos, o para el corazón y el cerebro.

En la fase del estado de *resistencia* te enfrentas a la situación estresante y si la resuelves con rapidez (ojalá), vuelves a un estado parecido al del equilibrio (que los fisiólogos llaman *homeostasis*). Los niveles de hormonas del estrés bajan, pero algunas de tus reservas también se han reducido. Sin embargo, lo más habitual es que la situación continúe y ahora tu cuerpo tiene que encontrar la forma de manejarla. Intenta adaptarse a la situación y se mantiene en un constante estado de alerta. Pero es imposible vivir siempre en este estado, pisando a fondo el pedal del estrés y con un montón de hormonas circulando por el torrente sanguíneo. Si este estado dura demasiado, o si repites este proceso demasiado a menudo sin que apenas tengas tiempo de recuperarte, acabas pasando a la tercera fase.

Esta fase, la del *agotamiento*, nunca mejor dicho, también se conoce como *desgaste nervioso*. Es a lo que en este libro nos referimos al hablar de «maladaptación». Los niveles de estrés se disparan sin llegar a normalizarse. Estos niveles crónicos de estrés agotan a tu sistema inmunitario (una de las razones por la que los que corren maratones son mucho más vulnerables a los resfriados en los días siguientes a la prueba atlética). Los niveles crónicos de estrés también son perjudiciales para las células de los tejidos, sobre todo las del *hipocampo*, un área del cerebro que se ocupa de la memoria y la cognición. (Por eso no puedes recordar las cosas cuando haces un examen que te resulta muy estresante.) Los estudios realizados con animales han demostrado que el hipocampo acaba encogiéndose bajo la presión del exceso de cortisol. Y todo esto acarrea profundas implicaciones que tienen que ver con la tensión arterial y las enfermedades cardiacas.

Tu forma de afrontar el estrés es más importante que el estrés en sí

¿Qué es al fin y al cabo el estrés? Puede venir de cualquier cosa y cada persona lo vive a su manera. En teoría, un factor estresante es algo importante para nosotros que nos está afectando mucho. Puede ser algo tan simple como sentirnos agobiados. O la incapacidad de aceptar una situación (resistencia), el miedo a perder el control o una sensación de conflicto o incertidumbre. A menudo aquello que nos estresa no se puede cambiar ni controlar como, por ejemplo, un huracán o un desastre natural. Pero lo que sí *puedes* controlar es tu respuesta ante la situación estresante exterior. Como Werner Erhard dijo en una ocasión: «Al descender con una balsa por un río de aguas turbulentas el veterano tiene tanto control sobre el agua como tú. Pero la diferencia está en que él *no pierde el control en una situación incontrolable* (la cursiva la hemos añadido nosotros)».

Hay situaciones estresantes de todos los colores y para todos los gustos. El hambre y las privaciones son mucho más estresantes que un pinchazo en una rueda, salvo si eres una mujer joven que tiene que cambiarla en una carretera rural desierta a altas horas de la noche ¡sin disponer de un gato! Un suspenso parece que es mucho peor para un estudiante universitario que un corte de pelo desafortunado, a no ser que el corte de pelo le haga perder la poca autoestima que le queda. En estos casos, el pinchazo y el corte de pelo desafortunado se pueden considerar unas situaciones muy estresantes en la vida de estas personas. Nuestra respuesta a estas situaciones estresantes (y a otras) determinará cuál será la reacción fisiológica de nuestro cuerpo y, al final, nuestro estado de salud.

Cuando el ascenso deseado no llega, cuando tienes un pinchazo, cuando el corte de pelo hace que te parezcas a Pee-wee Herman, solo tienes dos alternativas: adaptarte o *no* adaptarte. Puedes adaptarte «dejándote llevar» y aceptando la situación, o intentar hacer alguna clase de cambio. O puedes *no adaptarte* preparando tu cuerpo para la «lucha», ya sea retrayéndote o yendo más allá de las expectativas normales al intentar superar la situación. Cuando afrontas una situación estresante de una manera poco sana e inadecuada —por ejemplo, abusando de las drogas o el alcohol, comiendo en exceso o trabajando demasiado— a esto se le llama maladaptación. Y estas actividades le cuestan muy caras al cuerpo.

La gran diferencia entre el estrés de un cavernícola y el estrés actual es que el estrés de un cavernícola, y sus respuestas adaptativas, eran sobre todo físicas. En cambio las nuestras son mentales. No estamos luchando contra un macairodo, ni trepando a un árbol para huir de un oso, ni vivimos con la amenaza de un posible ataque de la tribu vecina. En su lugar tenemos que «luchar» mentalmente y mantener al mismo tiempo la «calma», por lo que el sistema nervioso y el cardiovascular están siempre preparados para «actuar» a la menor señal. Este continuo estado visceral vascular es lo que hace que el corazón sea tan vulnerable. La reacción crónica de alarma es una respuesta perjudicial en la que el cuerpo está produciendo continuamente una sobredosis de sustancias bioquímicas.

Las alteraciones bioquímicas causadas por la respuesta del estrés son poderosas. Cuando estas respuestas son inadecuadas o ineficaces (p. ej. gritar y aporrear el volante al quedarte atrapado en la autopista durante dos horas por culpa de un atasco), significa que *no te adaptas* a la situación y entonces en el cuerpo se pueden dar (y se dan) cambios patológicos. La alteración de las secreciones hormonales puede durar mucho tiempo e incluso volverse permanente.

La solución para manejar el estrés no está en la situación que lo genera, sino sobre todo en cómo *reaccionas* a ella (situación que como los suegros y los impuestos, tiene la fastidiosa tendencia a no desaparecer). Un primer paso importante es reconocer las situaciones que te producen estrés. Estas situaciones suelen comportar falta de comunicación, expectativas insatisfechas, jubilación, la muerte de un ser querido, presiones laborales, malas relaciones y, en especial, preocuparte pensando en situaciones del pasado o en un futuro imaginado.

DOCTOR JONNY: ¿ES EL ESTRÉS O LA RESPUESTA QUE TE PROVOCA?
Crecí en una casa espaciosa de siete habitaciones de Jackson Heights, en el barrio neoyorquino de Queens. Hace muchos años, cuando mis padres se encontraban en la recta final de la sesentena, se fueron de vacaciones una semana a las Bermudas. Al volver se encontraron con que la casa estaba vacía.

Los cacos habían forzado la cerradura y habían hecho un trabajo excelente. Nadie vio ni oyó nada, ni siquiera los amables vecinos de mis padres que habrían llamado a la policía en un santiamén de haber sospechado que pasaba algo extraño. Los cacos sabían cuándo habría moros en la costa e iban muy bien equipados. Vaciaron la casa con tanta rapidez y eficacia como un banco de pirañas habría devorado la carne de una vaca muerta dejando solo los huesos.

Aquella casa contenía todos los objetos de valor material y sentimental que mis padres habían reunido a lo largo de sus treinta y cinco años de matrimonio.

Esto fue lo que sucedió. Una situación muy estresante, dirías tú, ¿Verdad?

Pues la respuesta de mi madre fue uno de sus mejores momentos, una respuesta que nunca olvidaré.

«No te preocupes cariño, lo más importante para nosotros —nuestra salud, nuestra familia y nuestro amor—, no se lo han llevado», dijo ella—. «Ver que nos lo han robado todo es muy triste. Pero ¿sabes qué?, también es excitante. Ahora podremos crear algo totalmente nuevo. Decoraremos las habitaciones de otra forma, renovaremos los muebles, algo que quería hacer de todos modos, y empezaremos de nuevo.»

Al decidir reaccionar con una actitud positiva, transformó una posible tragedia y una situación sumamente estresante en algo lo bastante emocionante como para que pareciera una aventura.

Ella no podía cambiar lo que había pasado. Pero al menos podía elegir la reacción que tendría. Su reacción fue lo que determinó el precio que a su cuerpo le costaría. Fue su reacción, y no la situación estresante, la que determinó el resultado.

Y el resultado —gracias a la actitud y la serenidad de mi madre— fue que su salud no se resintió por ello.

No puedes controlar el «suceso» (p. ej. lo que te ha pasado), pero sí puedes controlar la «historia» (p. ej. el sentido que le das). Al convertir este percance en una oportunidad en lugar de en una tragedia, mi madre seguramente se ahorró desgastarse mucho físicamente y a la larga esto hasta seguramente le permitió vivir más años.

El estrés y tu corazón

Cuando vives en un constante estado de estrés (crónico), liberas *más* hormonas, como epinefrina y glucocorticoides, que preparan tu cuerpo para luchar o huir. Al mismo tiempo se *reduce* la producción de otras hormonas, como la hormona del crecimiento. ¿Por qué? Porque en estos momentos, al menos desde el punto de vista del cuerpo, estas hormonas son una gran pérdida de tiempo.

Cuando tu vida corre peligro, o al menos eso es lo que tu cuerpo *cree*, evalúa la situación en un instante (como una enfermera de *triage*) y decide qué es esencial y qué no lo es. Cuando estás huyendo para salvar el pellejo no tiene ningún sentido invertir energía en la función reproductora o en la digestiva, ni tampoco aumentar la circulación de la sangre en el estómago o en los oídos. Lo que sí tiene sentido es mantenerte con vida, por eso el cuerpo se lleva la sangre de las entrañas y la envía a las piernas (para que puedas correr más deprisa). No se preocupa de otras cosas secundarias como la hormona del crecimiento o las hormonas sexuales, porque si después de la hora de cenar ya no vas a estar vivo, ¿qué sentido tiene? En su lugar moviliza todos sus recursos para resolver el problema inmediato que está poniendo en peligro tu vida.

Este fenómeno de «*triage*» lo descubrió en 1833 un grupo de médicos científicos mientras trataban a un paciente que presentaba una herida de bala.[3] Cuando los médicos estaban a punto de suturarle la herida, advirtieron que fluía, como es natural, una cierta cantidad de sangre roja y rosada por debajo de las entrañas. Pero de pronto, por alguna razón —vete a saber por qué, quizá no le gustó el *aftershave* de los médicos— el tipo se cabreó y se enojó. Su cuerpo interpretó su cabreo e ira como una emergencia y apareció la respuesta de estrés. De súbito, la sangre roja y rosada que estaban viendo se volvió de color rosa pálido, era casi como si la sangre roja hubiera desaparecido.

¿Qué había ocurrido?

Lo que los médicos estaban presenciando era un vívido ejemplo del fenómeno de *triage* que hemos descrito hace poco. La hormona del estrés se llevó la sangre de las áreas en las que no era necesaria para la supervivencia y las envió allí donde más útil era en una emergencia: el corazón, los pulmones y los músculos que sirven para correr. Por eso la sangre del tipo con una herida de bala había cambiado de color.

Tu cuerpo percibe una situación de emergencia en la que tu vida corre peligro (y recuerda que tu cuerpo no sabe distinguir una emergencia de la «vieja escuela», como un león persiguiéndote, de otra actual, como quedarte atrapado durante horas en la autopista por un atasco). Pero las hormonas del estrés no solo se llevan la sangre de los lugares menos importantes para enviarla allí donde más esencial es. Además necesitas disponer de más sangre o al menos asegurarte ¡de no perder la que ya tienes! (Recuerda que desde el punto de vista evolutivo e histórico, la mayoría de «emergencias» amenazadoras ¡pueden provocar una pérdida de sangre!)

¿Qué hace tu cuerpo ahora? Fabrica más cantidad de una clase de glóbulos rojos llamados *plaquetas*. Las plaquetas se adhieren unas a otras y forman coágulos de sangre, y esto, si lo piensas, es una protección fantástica contra la posibilidad de sufrir una hemorragia.

Así que la hormona del estrés activa la producción de plaquetas, una buena idea a corto plazo si tu cuerpo prevé que puede sufrir una hemorragia a causa de una herida, pero a la larga no es tan buena. Ya que cuando la hormona del estrés está siempre «activada», tu cuerpo produce *demasiadas* plaquetas, estas empiezan a pegarse unas a otras de manera inevitable y la sangre se espesa. Las plaquetas se combinan con otros glóbulos rojos y blancos, y también con un compuesto llamado *fibrina*, para formar un *trombo*, una especie de supercoágulo. Y cuando un trombo tapona la arteria que lleva la sangre al músculo del corazón, tienes un infarto.

¿Qué más debe hacer tu cuerpo en una emergencia para asegurarse de mantenerte con vida? Ya se ha llevado la sangre de donde no era esencial para enviarla allí donde más falta hacía. También se ha preocupado de que no pierdas más sangre de la necesaria produciendo más plaquetas para aumentar su poder coagulante por si acaso te haces una herida. Pero ¡hay algo más! ¿Y si durante la lucha pierdes de todos modos sangre? Vas a *necesitar* más, ¿y de dónde diablos la sacará el cuerpo?

Me alegro de que hayas hecho esta pregunta.

Infarto a la vista

Como en el Serengueti africano no puedes recibir una transfusión, tendrás que fabricar más sangre. Lo primero que necesitarás para ello es agua, ¡que se encuentra en los riñones! Los riñones van filtrando tranquilamente el agua y preparándose para que puedas descargarla y quedarte a gusto, pero ahora que te hace falta más agua, tu cuerpo, azuzado por la hormona del estrés, le grita a los riñones: «¡Esperad! ¡Cerrad las compuertas! ¡No os desprendáis del agua porque la necesito para fabricar más sangre! Y como los riñones no hablan, les envía este mensaje a través de una hormona que se llama *hormona antidiuré-tica o HAD,* nunca mejor dicho, y esta le dice al cuerpo que reabsorba el agua de los riñones y la haga circular para aumentar el volumen de sangre.

Una idea brillante. Y además tiene mucho sentido desde el punto de vista de la supervivencia.

Pero ¿qué ocurre cuando este proceso se vuelve crónico?

Echémosle un vistazo.

Si aumentas la presión arterial de tu sangre durante treinta se-gundos, mientras huyes de un león, eres un tío listo, al menos des-de el punto de vista evolutivo. Pero si la mantienes así durante se-manas, acabarás volviéndote hipertenso. Y este es exactamente el estado en el que muchos de nosotros vivimos: con el peligro de un infarto a la vista. Según la Organización Mundial de la Salud (OMS), la hipertensión es una de las causas más importantes de muerte prematura en todo el mundo, y sin duda es uno de los factores de riesgo más importantes en la muerte súbita cardiaca.[4] Veamos por qué.

El estrés y la tensión arterial: la pieza que faltaba

Cuando la tensión arterial aumenta, el corazón empieza a bombear la sangre con más fuerza, haciendo que las paredes de los vasos sanguí-neos se abomben con la presión. (Imagínate una manguera de jardín conectada a una boca de incendios por la que sale el agua a gran pre-sión. ¡La manguera parecerá a punto de estallar!)

Los vasos sanguíneos al ensancharse con la presión de la sangre desarrollan más músculos a su alrededor (las capas de goma de la manguera aumentan), con lo que se vuelven más rígidos. Ahora la sangre tendrá que circular a *mayor* presión para poder fluir por ellos, lo cual significa, como era de esperar, que la tensión arterial te sube más aún.

Cuando la tensión arterial aumenta, los músculos del corazón lo acusan. La sangre al bombearse a mayor presión, también regresa al corazón con más fuerza. Y el área que lo paga es el ventrículo izquier-do. El músculo de esta parte del corazón empieza a aumentar de tamaño —enfermedad conocida como *hipertrofia del ventrículo izquierdo*— y los problemas cardiacos aparecen.

Ahora hablaremos de cómo este estado puede causar inflamación y provocar una cadena de acontecimientos que culminan en una enfermedad cardiaca, cadena en la que el colesterol es el que juega el papel menos importante.

Del corazón sale un gran vaso sanguíneo llamado *aorta ascendente*. Después de una cierta distancia, se divide en dos, un proceso llamado *bifurcación*. Cada uno de estos vasos sanguíneos vuelve a su vez a dividirse en dos más, y se siguen bifurcando hasta convertirse en pequeños capilares. Pero cuando la tensión sanguínea aumenta, la bifurcación —el punto donde los vasos sanguíneos se dividen en dos— es el lugar más castigado por la mayor presión a la que circula la sangre o el aumento de la tensión arterial. Y al final acabas sufriendo lo que se conoce en física como *turbulencia de los fluidos*. (Imagínate un tubo por el que circula un líquido cada vez con más ímpetu, el líquido acaba pareciéndose a una versión en miniatura del agua agitándose con fuerza por el túnel de un parque acuático.) Mientras el líquido —en este caso la sangre— impacta contra los puntos débiles cada vez con más fuerza, los va lastimando y rompiendo, y al cabo de poco se inflaman. Estos puntos dañados de los vasos sanguíneos atraen más células inflamatorias (como las partículas oxidadas del colesterol LDL), y al llegar a las zonas inflamadas se adhieren a ellas. Y antes de darte cuenta, ya has acumulado placa.

Ahora también tienes vasos sanguíneos dañados. Las arterias coronarias sanas se *vasodilatan* (abren) cuando necesitas más sangre (p. ej., cuando corres como un loco porque te persigue un macairodo). Lo cual tiene sentido: el agua fluye mejor por una boca de incendios que por una manguera de jardín, y la sangre también circula mejor por un vaso dilatado (abierto) que por uno estrecho (cerrado). Pero en cuanto las arterias coronarias se dañan, ya no se vasodilatan. Justo cuando necesitas que se abran más, es cuando se *cierran* o estrechan. Ahora el corazón no recibe la suficiente sangre o oxígeno y sufres una *isquemia cardiaca* (el corazón padece una carencia de oxígeno). El músculo del corazón no está recibiendo suficiente energía, y te duele. Este dolor tan conocido se llama *angina de pecho*.

Y lo que lo ha causado ha sido la inflamación.

«Hace veinte años, para conocer el estado del sistema cardiovascular, nos basábamos en los niveles de colesterol», dijo Sapolsky. «Pero en los últimos años nos hemos dado cuenta de que hay otras cosas más importantes que el colesterol. Si tus vasos sanguíneos están sanos, el colesterol no podrá adherirse a sus paredes», explicó. «Si no hay inflamación, no hay ningún problema».[5]

La muerte por vudú

Un tipo se despierta por la mañana sintiéndose mal y se queja de dolor y molestias en el pecho y en la zona abdominal. Está sudando profusamente y le cuesta respirar. Llama al teléfono de urgencias, pero muere antes de que el personal de la ambulancia pueda atenderle.

Con frecuencia el primer síntoma de un infarto, al menos el que se *nota*, es la muerte súbita. (La muerte súbita tiende a llamar la atención.) Por desgracia, no hay un escarmiento, una advertencia que nos haga cambiar, ni tampoco podemos negociar con el destino ni pedirle que nos conceda un poco más de tiempo. Al ser un órgano tan omnipotente, el corazón nos demuestra lo poderoso que es con una estrategia defensiva implacable: nos ataca.

Los estudios clínicos han revelado que de un 40 a un 50 por ciento de las veces, el primer síntoma reconocido de una enfermedad cardiaca es un infarto mortal, conocido también como muerte súbita cardiaca (la que a más gente de 35 a 60 años mata). El gran problema de las enfermedades cardiacas es que suceden sin apenas avisar o de forma súbita. Son tan silenciosas que resultan letales. El 90 por ciento de las personas con enfermedades cardiacas no experimentan síntoma alguno.

Muchos de nosotros hemos oído historias de «muertes por vudú» (una muerte repentina relacionada con el estrés psicogénico), un concepto investigado a fondo por el fisiólogo americano Walter B. Cannon, que primero presentó la palabra *homeostasis* y luego acuñó el término *lucha o huida*. Cannon viajó por todo el mundo estudiando la muerte por vudú en lugares como África, las islas del Pacífico y Australia. Según él, la muerte por vudú le resultaba incomprensible al hombre moderno occidental. Citó el caso de una mujer maorí que murió al día siguiente de descubrir que se había comido una fruta procedente de un lugar «tabú».

Bueno, a no ser que creas que la fruta estaba maldita o que tenía poderes mágicos, solo hay otra explicación posible: la persona *cree* que no puede escapar al maleficio. Un rasgo común de este tipo de creencia, que comparten muchas de las personas que creen en poderes sobrenaturales, es una respuesta emocional muy intensa. Las hormonas del estrés enloquecen. El corazón bombea la sangre como marineros achicando con furia y rapidez una barca que se está hundiendo. La tensión arterial se dispara, con lo que causa daño vascular. La mujer poseída, y los miembros de su familia, creen que está condenada a morir. Se ve obligada a enfrentarse al terror más absoluto que le produce el maleficio, agravado por el hecho de sentirse aislada física y emocionalmente. Se enfrenta sola a una terrible lucha que acaba con su vida.

Pero ¿por qué se muere?

¿Fue el aislamiento social o la desesperación lo que hizo que perdiera las esperanzas y se resignara a morir? ¿O murió por el maleficio? Muchas muertes por vudú suelen estar precedidas por la alienación, el aislamiento y la falta de apoyo social vivido por los que la sufren. Cannon concluyó de los casos observados que las víctimas de la muerte por vudú se sintieron aterradas en cuanto se vieron sin la red de seguridad de un ambiente que les apoyara. La combinación fue letal. Las víctimas aceptaron su muerte como una forma de escapar de una situación intolerable y horrible.

Pero con todo, todavía no hay una explicación perfecta en cuanto al mecanismo físico de la muerte. ¿Qué es lo que fue mal? ¿Acaso se les disparó el colesterol de pronto?

Esta es la conclusión que Cannon sacó: la abrumadora estimulación del sistema nervioso simpático provoca una inestabilidad eléctrica en el corazón que es letal. En términos modernos, los médicos lo describirían como «síndrome de muerte súbita» debido a una *arritmia maligna que culmina en fibrilación ventricular, o a espasmos coronarios graves e infarto de miocardio,* es decir, sufren un infarto.

Aquí lo más importante no es la forma exacta en la que el corazón falla, sino el hecho de que el colapso cardiaco —sea por la razón que sea— lo ha *precipitado* curiosamente una profunda desesperanza. Cannon observó que esta pérdida de esperanza era tan honda que todos los intentos de revivir a estas personas fueron inútiles.

Vemos de nuevo que una creencia psicológica puede producir un resultado físico o al menos influir en él en gran manera.

Las investigaciones experimentales han demostrado el efecto del estrés psicológico profundo sobre la muerte súbita cardiaca. En un estudio, el 91 por ciento de pacientes que fueron reanimados con éxito, dijeron estar sufriendo un profundo estrés psicológico cuando les llegó la «muerte súbita». Una escena típica: un director de mediana edad se relaja después de una semana muy movida. La economía ha entrado en una fase de recesión. El tipo tiene que apretarse el cinturón. Está preocupadísimo. Puede llegar a perder el trabajo y si le sucede también perderá la autoestima. No tiene una pareja estable que pueda apoyarle en estos momentos difíciles y se encuentra solo y deprimido. Mientras hace ejercicio en el gimnasio del barrio oye unas noticias inesperadas y preocupantes. De pronto, cae fulminado por un infarto masivo.

Lo que lo ha matado no ha sido la situación estresante en sí. En otras circunstancias —o de haber sido otra persona— las noticias no le habrían afectado *tanto*. No habrían sido fatales. Al igual que las personas que a la mínima se resfrían por estar bajas de defensas, él es mucho más susceptible de recibir las noticias como un mazazo que una persona menos vulnerable a la que no le afectarían tanto. En su estado de vulnerabilidad y angustia, las perturbadoras noticias actúan en él como el pesticida a base de carbaril actuaba en las ranas estresadas: le matan.

Esperamos haberte convencido de que el estrés no está solo «en tu cabeza» y que la mente y el cuerpo funcionan como una unidad. Un trauma físico puede causar un tremendo sufrimiento psíquico y acabar generando una depresión o una fibromialgia. Y un trauma psicológico repercute profundamente en el cuerpo. No se pueden separar ni debe hacerse. Son los dos aspectos de una persona. Por eso la medicina que considera al paciente como un todo y que tiene en cuenta la conexión de todos estos aspectos, se llama medicina *holística*, nunca mejor dicho. (El doctor Sinatra y el doctor Jonny comparten esta tendencia. El doctor Sinatra hace décadas que practica la medicina «integrativa» [holística], y el doctor Jonny, es un *nutricionista holístico*.)

En el siguiente apartado hablaremos sobre todo del estrés y de cómo afecta a tu salud y al corazón. Y te aconsejaremos cómo reducir el estrés con una serie de ejercicios sencillos que cualquiera puede realizar.

Cómo le afectan los pensamientos y sentimientos a tu corazón

Una parte esencial de nuestra receta para la salud del corazón tiene que ver con controlar y reducir el estrés, lo cual significa explorar (y expresar) tus pensamientos y sentimientos.

Si quieres una prueba de que lo que piensas afecta a tu corazón, haz este ejercicio: siéntate en silencio y apacigua la mente hasta sentir que la respiración se te calma y el corazón te late cadenciosamente. Concéntrate en unas palabras e imágenes serenas. Imagínate que estás en un lugar seguro, cálido y relajante, quizá tu playa favorita o incluso una isla tropical imaginaria. Deja de leer este pasaje y respira profundamente durante algunos minutos antes de seguir leyendo.

Ahora que te encuentras en este «estado», piensa en algo que te preocupe mucho, tal vez sea un problema laboral o familiar, o tus hijos o tu pareja. Quizá sea un incidente que te ha alterado mucho, como un atraco, el robo de tu coche, o la muerte de un ser querido. Incluso puede ser algo que no te afecte directamente, como un desastre natural de la magnitud del Huracán Katrina o del derrame de petróleo de BP. Deja de leer este pasaje durante otro minuto y siente lo que te sucede cuando piensas en esta clase de episodios o situaciones tan perturbadoras.

Vale, ¿qué te ha ocurrido? El ritmo cardiaco seguramente te ha subido, al igual que la presión arterial. Quizás hayas oído al corazón martilleando en el pecho y sentido que tu ansiedad y preocupación iban aumentando por momentos en tu cuerpo. Y, sin embargo, no ha sucedido nada físicamente. Lo único que ha cambiado es tu estado mental, pero este ha afectado una serie de constantes vitales tuyas.

Hace años el gran neurocientífico Antonio Damasio hizo un ingenioso experimento que demostró hasta qué punto los pensamientos afectan las reacciones fisiológicas del cuerpo. Le pidió a Herbert von Karajan, el legendario director de la Orquesta Filarmónica de Berlín, que se sentara en silencio en una silla mientras le conectaba a diversos aparatos que medían el ritmo cardiaco, la tensión arterial y las ondas cerebrales. Después de medir estas variables vitales en reposo, le dio la partitura de una sinfonía de Beethoven y le pidió que la dirigiera, imaginando que estaba indicando a la orquesta cómo interpretar cada pasaje, pero sin apenas hacer ningún movimiento físico. Al medir los cambios, Damasio vio que las ondas cerebrales, la tensión arterial y el ritmo cardiaco tenían los mismos valores que los de cuando Karajan dirigía la misma sinfonía. Solo de pensar en la partitura e imaginar que dirigía la orquesta, el cuerpo de von Karajan había respondido exactamente como si la estuviera dirigiendo de verdad.

Una sobredosis de adrenalina

Tu sistema nervioso tiene dos partes que se pueden describir como *voluntaria* e *involuntaria*, nunca mejor dicho, que cubren prácticamente las dos clases más importantes de funciones realizadas por el sistema nervioso.

El sistema nervioso voluntario se refiere a las funciones del cuerpo que están bajo nuestro control consciente (como, por ejemplo, bailar un tango, tejer, caminar, pintarte las uñas, hacer la declaración de la renta, jugar a golf o hablar). En cambio, el sistema nervioso involuntario, llamado técnicamente *sistema nervioso autónomo*, no está bajo nuestro control consciente, y se ocupa de la mayor parte de las funciones del sistema nervioso y del organismo (los latidos del corazón, la digestión, el crecimiento del cabello, las secreciones hormonales, las reacciones bioquímicas, todo lo que el cuerpo realiza automáticamente sin que debas preocuparte por ello). Muchas de nuestras funciones físicas —como por ejemplo respirar— las realizamos de manera automática (como mientras dormimos), salvo cuando nos ocupamos de ellas, por ejemplo, al «respirar hondo» o «contener el aliento». Si no fuera así, nos pasaría como al ciempiés de la fábula, que se queda bloqueado cuando la hormiga le pregunta cómo sabe qué pata debe mover en cada momento para no hacerse un lío.

Nuestras funciones involuntarias —las que son en su mayor parte automáticas— son muy sensibles a nuestras emociones. Cuando nos sobresaltamos o asustamos, el diafragma, nuestro principal músculo respiratorio, se aplana (inhalamos) automáticamente, y se mantiene así hasta que la situación de emergencia desaparece y exhalamos «aliviados». Por desgracia, la ansiedad crónica produce el mismo efecto. A las personas que sufren ataques de ansiedad —al igual que a las parturientas o incluso a los que tienen enfermedades respiratorias crónicas—, les enseñan a controlar el diafragma, inhalando, lanzando suspiros o tarareando para promover la exhalación.

El corazón es incluso más vulnerable aún a nuestras emociones.

Nuestras emociones afectan al corazón a través del sistema nervioso autónomo, que se divide en dos ramas opuestas y complementarias. Estas ramas son el *sistema nervioso simpático* y el *sistema nervioso parasimpático*. Lo ideal es que actúen unidas para crear un buen estado de equilibrio llamado homeostasis.

El sistema simpático nos prepara para luchar o huir. Se ocupa de todo lo que sucede cuando se enciende la «luz roja» de una emergencia. Es el que se encarga de que des un volantazo para evitar chocar con un coche o de que trepes volando a un árbol cuando un oso salvaje se abalanza contra tu tienda de campaña. Se ocupa de aumentar el ritmo cardiaco y la tensión arterial, y de suspender al mismo tiempo las funciones que no son «urgentes», como la digestión. El sistema parasimpático, en cambio, se ocupa de relajarte. Reduce el ritmo cardiaco y la tensión arterial, y estimula los movimientos gastrointestinales.

Al igual que nuestros antepasados, dependemos del sistema nervioso simpático para disponer de energía extra en situaciones de estrés físico y emocional, como en los combates y los eventos atléticos. Pero esta reacción tan intensa cuando no se expresa dándole salida es perjudicial. Las reacciones emocionales y psicológicas intensas (como el miedo, el terror, la preocupación y la ira) pueden generar arritmias cardiacas y espasmos coronarios. También pueden aumentar la tensión arterial (y de hecho ¡lo hacen!) E incluso provocar infartos y muertes súbitas cardiacas.

¿Cómo sucede? ¿Qué clase de mensajes de vida o muerte viajan a través del sistema nervioso y el corazón? ¿Cómo es posible que los episodios reales —e imaginados— produzcan unas reacciones fisiológicas y patológicas tan fuertes?

Bueno, al igual que una pareja feliz puede tener sus encontronazos y peleas, en un sentido muy real el cerebro y el corazón también mantienen «conversaciones letales». Aunque no nos referimos a que los dos órganos mantengan una buena charla mientras se toman un café con leche en un Starbucks, sino que la comunicación se realiza a través del sistema nervioso mediante los mensajeros químicos (¡hormonas!) que actúan literalmente como heraldos de la muerte. Sí, incluso podemos fabricar una sobredosis de adrenalina en situaciones que nos asustan, aterran o excitan demasiado, o a causa de una profunda desesperanza y depresión. El cuerpo se puede suicidar sobreestimulando al corazón. Y un corazón aterrado latiendo desaforadamente puede llegar a provocar una fibrilación ventricular.

El cerebro y el corazón siempre se están comunicando. Disponen de una «línea directa». Para identificar a los pacientes con riesgo de sufrir una muerte súbita, además de incluir los factores de riesgo cardiovasculares habituales, hay que tener en cuenta los elementos psicológicos y emocionales.

Los pensamientos, inconscientes y conscientes, son por lo visto unos factores fundamentales que vinculan nuestra «personalidad» con los centros del cerebro que controlan las funciones del corazón. Estos son los factores de riesgo emocionales ocultos que pueden causar enfermedades del corazón. ¡Y son muchísimo más importantes que el colesterol!

La táctica del avestruz

Algunas personas no sienten el dolor de sus síntomas porque francamente se niegan a aceptarlos, algo que en este caso definiremos como un estado de desconexión en el que no eres consciente de lo que pasa en tu cuerpo. Vivir en un estado de negación —estar desconectado de tu cuerpo y tus sentimientos— suele acabar en una tragedia. Eres incapaz de admitir que tienes un problema. O crees que tus síntomas no son «nada» o que no tienen «ninguna importancia». (Steve ha visto esta situación una y otra vez en muchos pacientes propensos a padecer episodios coronarios que le dijeron haber sufrido una indigestión cuando en realidad estaban teniendo un infarto.)

Como, por ejemplo, el caso de Jim.

Jim era un banquero que le estaba abriendo una cuenta bancaria a un cliente nuevo, como había hecho tantas otras veces. El cliente le hizo un montón de preguntas y él se las respondió pacientemente. Pero el cliente insistió con más preguntas y dudas. Jim tenía otro cliente esperando y empezó a sentirse atrapado.

Seguramente tendría que haberle dicho que había otro cliente esperando y que tendrían que seguir hablando del tema en otra ocasión. Pero en lugar de hacerlo —como es típico en los sujetos con una personalidad de tipo A—, reprimió sus emociones y frustraciones. Se sentía tan estresado que incluso tuvo que limpiarse el sudor de la frente.

Jim ignoró por completo las sensaciones de su cuerpo y también otros mensajes evidentes que le estaba enviando. Las manos le empezaron a sudar. Le costaba respirar. Se sentía mareado y le dolía el pecho.

Pensando que el dolor no era más que una indigestión, no le dijo a nadie que se sentía mal. A los quince minutos, lo llevaban a la sala de urgencias tras haber sufrido un infarto.

Este episodio tan cotidiano terminó en tragedia. Pero ¿por qué? ¿Por qué forzó tanto su cuerpo que acabó sufriendo un colapso?

La respuesta es sencilla. Porque Jim vivía en un estado de negación.

Vivir siendo consciente de tu cuerpo es el secreto para evitar enfermar. Jim ignoró todas las señales que le enviaba su cuerpo. (Aunque no lo sepamos con absoluta certeza, lo más probable es que la vieja costumbre de Jim de reprimir sus emociones fuera un factor que ayudó en gran medida a que sufriera un infarto.) Se esforzó demasiado en cumplir con su trabajo y estuvo a punto de morir por ello. Jim no estaba en contacto con su cuerpo. No escuchaba ninguna de las «conversaciones» que mantenían el cerebro y el corazón. La mente diciendo una cosa y el cuerpo otra distinta provoca lo que los cardiólogos llaman *isquemia miocárdica silente* (la falta de irrigación sanguínea en el corazón, que a menudo acaba lesionando el músculo cardiaco). Los ECG indican que el corazón corre peligro, aunque el paciente no sienta nada. Pero el cuerpo le está diciendo la verdad, ya que el corazón revela su angustia.

Nadie pone en duda que existen importantes factores conductuales y psicológicos que suelen precipitar la parada cardiaca. No es una casualidad que la persona que experimenta un estrés psicológico o emocional repentino sufra al cabo de poco un infarto. Se sabe que los lunes por la mañana, el día que la mayoría de la gente vuelve al trabajo después del fin de semana, es cuando más muertes súbitas cardiacas hay. Cerca del 36 por ciento de muertes súbitas ¡ocurren el lunes! Y lo curioso es que el segundo lugar lo ocupa el sábado. ¿Por qué? ¿Podría deberse al efecto psicológico y emocional de prepararse para volver al trabajo (el lunes) o al hogar (el sábado)? ¿Es la oficina un lugar seguro? ¿O es un lugar de luchas y estrés sobre todo para el corazón? A algunas personas tal vez les cueste ir a trabajar y otras quizá detesten volver a casa. Sea lo que sea lo que cree el estrés, el corazón lo desvelará. Y sacará a la luz la verdad.

El estrés y el colesterol

El médico tal vez te pida que te hagas los análisis en ayunas, pero nos apostamos lo que quieras a que ninguno te ha pedido nunca que medites antes de hacerte la prueba del colesterol. De acuerdo, nosotros no creemos que los resultados sean importantes (*a no ser* que te hagas la prueba del tamaño de las partículas que te hemos recomendado antes). Pero tu médico habitual sí que los considera importantes. Y seguramente se sorprenderá al saber que el estrés puede influir en los resultados de la prueba del colesterol. Después de todo, ¿cómo puede el estrés, que se origina en el cerebro, influir sobre algo como el colesterol del torrente sanguíneo?

DOCTOR SINATRA

Recuerdo el desafortunado caso de una mujer diabética de cincuenta y dos años a la que operaron de urgencias por una hemorragia ocular espontánea. Dos años antes había sufrido un infarto, pero con todo gozaba de una buena calidad de vida. No le dolía el pecho ni le costaba respirar, ni tampoco tenía ningún otro signo de padecer una enfermedad del corazón. La ingresaron en el hospital y la operaron enseguida pero, por desgracia, no sirvió de nada.

Cuando se enteró de que había perdido la visión, se entristeció y deprimió muchísimo. (¿A quién no le pasaría?) Recuerdo que al verla en la sala del hospital sentí su desconsuelo. Sentada en una silla de ruedas, estaba abatida por haberse quedado ciega. Me habló en un tono monótono, cabizbaja. Me dijo que había perdido las esperanzas y las ganas de vivir.

Al día siguiente murió.

Me alegro de que hayas hecho esta pregunta. Así es como la responde el doctor Sinatra:

Hace varios años me pidieron que me hiciera en ayunas una prueba del colesterol sérico para la evaluación de una compañía de seguros. Como aquel día iba a realizar tres cateterismos cardiacos, pedí que me extrajeran la sangre antes de las 7,30 de la mañana.

El resultado de la prueba del colesterol dio 180 mg/dl, una cifra de la que mis médicos y yo nos alegramos enormemente. Después de realizar dos de los tres cateterismos cardiacos, que fueron la mar de bien, me dispuse a hacer el tercero, una intervención de lo más habitual. El paciente tenía una compleja enfermedad cardiaca congénita. Y por si esto fuera poco el cateterismo cardiaco se complicó más todavía, porque durante la intervención el paciente sufrió una parada cardiaca. Dejó de hecho de respirar, aunque por suerte se le pudo reanimar. La intervención fue agotadora, duró cinco horas y requirió insertar un montón de catéters y realizar una pila de intervenciones farmacológicas.

Sudé la gota gorda, pero por suerte todo acabó bien.

Al terminar la intervención eran cerca de las tres de la tarde y no había comido nada en todo el día. Mientras me dirigía a la cafetería, pasé por el laboratorio donde me habían extraído la sangre por la mañana. Como creo firmemente en el efecto del estrés psicológico sobre el cuerpo, tenía curiosidad por saber si las actividades del día habían afectado a mi sangre. O sea, que les pedí a mis colegas que me hicieran otro análisis de sangre.

El colesterol sérico me había subido a 240 mg/dl, una cifra que haría que cualquier médico convencional me recetara un fármaco con estatinas en el acto.

Llevaba veinte horas sin comer nada y no había ninguna variable dietética que pudiera haber hecho que el colesterol me subiera en un treinta y tres por ciento. Salta a la vista que mi cuerpo reaccionó a los estresantes episodios del día produciendo una cantidad excesiva de colesterol.

La relación entre el estrés y el colesterol alto está muy bien documentada. En 2005 un equipo de investigadores realizaron un estudio sobre cerca de 200 funcionarios de mediana edad en Londres.[6] Primero les hicieron un análisis de sangre y «evaluaron» sus niveles de estrés. Y luego les hicieron realizar dos pruebas escritas concebidas para ser de algún modo estresantes. En la primera, les presentaban palabras y colores que no coincidían. Por ejemplo, la palabra «rojo» estaba escrita en letras azules. Los participantes tenían que decir el color con el que estaban escritas las palabras (en este caso «azul»). Es una prueba liosa y fastidiosa que pone nerviosa a la gente. En la segunda, les pidieron que dibujaran una estrella en un espejo con un límite de tiempo. (Pruébalo en algún momento, es para volverte loco.) Después les volvieron a hacer un análisis de sangre para evaluar los niveles de colesterol y de estrés.

Al cabo de tres años, les volvieron a medir los niveles de colesterol.

El primer hallazgo fue muy interesante. Después de realizar la prueba escrita les subió el colesterol a todos. Pero a algunos participantes les subió mucho más que a otros. A los primeros les llamaremos los «más reactivos».

Y ahora viene lo más curioso: tres años más tarde, los más reactivos eran los que tenían los niveles más altos de colesterol.

Los investigadores establecieron tres «umbrales» para el colesterol: bajo, medio y alto. Al cabo de tres años, el umbral del «colesterol alto» estaba formado en un 16 por ciento por los participantes a los que el colesterol apenas les había subido al realizar las pruebas escritas, y en un 22 por ciento por los sujetos a los que les había subido «moderadamente».

Pero un asombroso 56 por ciento de los sujetos a los que más les había subido el colesterol tras realizar las estresantes pruebas se encontraban ahora ¡en el grupo de los del «colesterol alto»! Y esto les sucedía incluso después de haber hecho cambios positivos relacionados con el peso, el tabaco, la terapia hormonal y el consumo de alcohol.

Las pruebas cortas para evaluar el estrés eran ideales para predecir cómo los participantes, y sus niveles de colesterol, respondían al estrés. «La respuestas del colesterol que medimos en el laboratorio reflejan probablemente la forma en que la gente reacciona a los retos de la vida cotidiana», dijo el investigador jefe y doctor en ciencias Andrew Steptoe. «Aquellos a los que más les subió el colesterol al realizar las pruebas estresantes, eran los que con más intensidad respondían a las situaciones emocionales de su vida», añadió. «Estas reacciones emocionales acumuladas en la vida cotidiana hicieron que les aumentaran los niveles del colesterol en ayunas […] al cabo de tres años. Por lo visto la reacción de una persona ante el estrés es uno de los mecanismos por los que los niveles [de colesterol] suben.»[7]

El estrés y la depresión

El estrés puede llevar a una depresión y la relación entre la depresión y las enfermedades cardiacas se conoce bien. Los sujetos que sufren trastornos depresivos tienen el doble de posibilidades de tener un infarto comparados con los que no están deprimidos.

Un investigador que se ha pasado la mayor parte de su carrera investigando la relación entre la depresión y las enfermedades cardiacas es Alexander Glassman, profesor de psiquiatría en la Universidad de Columbia y jefe de psicofarmacología clínica en el Instituto Psiquiátrico del Estado de Nueva York. En una serie de estudios publicados, ha demostrado que los pacientes sanos que sufren una depresión tienen un mayor riesgo de padecer tanto enfermedades cardiovasculares como muerte cardiaca. La depresión que puede surgir después de un infarto aumenta en especial el riesgo de muerte.[8] «En la actualidad es evidente que la depresión agrava el curso de múltiples enfermedades cardiovasculares», escribió.[9]

El estrés causado por el pesar

Los que sufren la pérdida de un ser querido tienen de dos a diez posibilidades más de sufrir una muerte súbita que la población en general. A los hombres les afecta más la pérdida de su mujer que a las mujeres la de su marido, porque normalmente las mujeres se adaptan mejor que los hombres. Ellas expresan sus sentimientos más a menudo, y disfrutan compartiéndolos, sobre todo con otras mujeres. Forman redes y se apoyan las unas a las otras. En cambio, los hombres levantan muros. Se reprimen. Se guardan lo que sienten y a veces les cuesta mucho expresarlo.

DOCTOR SINATRA

Por más trillado que suene, el amor cura.

En mis talleres de «Sanar el corazón» vemos que el colesterol baja en picado cuando un paciente se siente acompañado y respaldado en un entorno afectuoso. Durante estos talleres de cuatro a siete días de duración, a todos los participantes les bajan los niveles de colesterol y algunos ¡llegan a perder 100 mg/dl al cabo de pocos días!

El espectacular descenso del colesterol confirma la idea de que el contacto emocional es bueno para el corazón.

En una ocasión, durante uno de los talleres, a un médico griego le preguntaron sobre la relativa baja incidencia de las enfermedades cardiacas en Creta y Grecia. Respondió en el acto hablando de los poderes curativos de las relaciones afectuosas, sobre todo entre varones. Describió cómo los cretenses disfrutaban reuniéndose, hablando durante las comidas de sus sentimientos reales. Sus conversaciones no suelen girar en torno a los temas típicos de los que hablan los hombres americanos: deportes, política y dinero. En su lugar hablan de sus sentimientos. De sus familias. De sus sueños e incluso de sus creencias espirituales. Y es muy inusual que se pongan una «máscara social» para ocultar sus sentimientos. Al contrario, discuten, gritan, se apoyan e incluso se abrazan. El médico griego creía que esta clase de camaradería, que solía darse en las partidas de ajedrez o durante una comida de dos horas, era un factor importante en la reducción de las enfermedades coronarias.

Tal vez parte del «secreto» de la dieta mediterránea no esté en la dieta en sí, sino más bien en el estilo de vida mediterráneo.

Cuando te apoyas y te quieres a ti mismo, tu autoestima positiva se refleja en la curación de tu cuerpo.

Aunque hurgar en tus emociones y permitirte ser vulnerable te cueste si no estás acostumbrado a esta clase de introspección, te invitamos a observar con más profundidad tu aspecto emocional. Este acto de reflexión puede al principio ser doloroso, pero a la larga vale la pena. Cuando te apoyas y te quieres a ti mismo, tu autoestima positiva se refleja en la curación de tu cuerpo. Los estudios han demostrado una y otra vez que estas sustentadoras y protectoras influencias son muy buenas para la salud.

Los animales y el estrés del desconsuelo

Si te encantan los animales como a nosotros, tal vez no desees leer esta historia. Se trata de un estudio científico horrible y triste que sin embargo ilustra a la perfección el papel que juega el estrés psicológico en las enfermedades cardiacas y la muerte. (Después no digas ¡que no te hemos avisado!)

Los babuinos son una de las especies de animales más encantadoras de la Tierra. Duermen y viajan en grupos de cincuenta miembros aproximadamente. Son muy sociables y mantienen unas relaciones muy estrechas. Los adultos se sientan en grupos pequeños y se acicalan unos a otros mientras los jóvenes retozan y juegan por los alrededores. Se pasan tres horas por la mañana buscando comida, descansan al mediodía, y por la tarde vuelven a buscar comida y luego regresan a los lugares donde duermen para pasar allí la noche. Antes de acostarse, están un rato acicalándose unos a otros, y esta actividad no solo los mantiene limpios y libres de parásitos externos, sino que además les sirve para fortalecer los vínculos afectivos. Y se comportan como embajadores de los «valores familiares», porque son fieles a su pareja hasta que la muerte los separa.

A principios del siglo xx un equipo de investigadores rusos realizó el siguiente experimento. Criaron a dieciocho parejas de babuinos y después de haberse establecido estrechos vínculos entre ellos, sacaron a los machos de las jaulas y los reemplazaron por otros nuevos. Y a los antiguos los metieron en jaulas a varios palmos de distancia, para que pudieran observar a su antigua pareja y a su nuevo «macho».

A los seis meses, los dieciocho exmaridos murieron.

Técnicamente hablando, se murieron de derrames cerebrales, hipertensión e infartos. Pero en realidad se podría decir que se murieron al partírseles el corazón. De cualquier manera, el profundo estrés psicológico de estar enjaulados, destrozados emocionalmente y lo que es más importante, sin poder hacer nada al respecto, les resultó tan insoportable que les causó la muerte.[10]

DOCTOR JONNY:

Warren Buffett es uno de mis ídolos favoritos, aunque no lo admiro por ser el tipo más rico de Estados Unidos, sino por ser, por lo que dicen todos, una persona realista, sencilla y compasiva que no se corta a la hora de expresar lo que siente, cualidades que la mayoría de nosotros no solemos asociar con las personas sumamente ricas y poderosas.

Y la mayor parte de estas cualidades se deben probablemente a Susie.

Susie conoció a Buffett en 1950, y se casaron dos años más tarde. «Ella me convirtió en una persona más equilibrada», dijo él.[11] Susie era una defensora de los derechos civiles y la justicia. Participó en la causa de la integración en Omaha ya en la década de 1960, e influyó tanto en Buffet que él luchó para cambiar las normas antisemitas de los miembros del lujoso Club de Omaha.

Ella le humanizó.

Antes de conocer a Susie, a Buffett lo único que le importaba era ganar dinero. Aunque al final se separaron, no dejaron de quererse y fue probablemente la relación que más le cambió la vida. Susie incluso le presentó a su amiga Astrid que, con el consentimiento de ella, acabó convirtiéndose en la amante de Buffett y, tras la muerte de Susie, en su segunda esposa.

Siete años después de la muerte de Susie, Rana Foroohar[12] entrevistó a Buffett para que contara la historia de su vida en la revista *Time*. Mientras hablaban de Susie, él rompió a llorar. Foroohar dijo que tardó un poco en recuperar la calma y que ella incluso posó la mano en el brazo de Buffet para tranquilizarle. «Decidí tocar otro tema más agradable: sus inversiones.»

Pocos hombres de la condición social de Buffett se permitirían sentirse lo bastante vulnerables como para echarse a llorar delante de una periodista al hablar del amor de su vida. En realidad, pocos hombres, fueran de la condición social que fueran, se sentirían lo bastante cómodos —y en contacto con sus sentimientos— como para hacerlo.

Buffett ingiere una dieta horrible a base de comida rápida, afirma beber cerca de 1,7 litros de Coca-cola al día, y nunca le han visto el pelo en un gimnasio. Sin embargo, a los 81 años sigue siendo un tipo listo, activo, generoso y comprometido.

Y también está sano.

¿Podría ser que su asombroso optimismo combinado con su capacidad para expresar sus sentimientos y relacionarse con los demás a un nivel profundo fueran muy saludables para su corazón?

Saca tu propia conclusión.

Programa fácil y sencillo para gozar de un corazón y una vida ¡saludables!

En este capítulo te sugeriremos varias opciones para prevenir ahora mismo un primer (o segundo) infarto y tener un corazón sano durante décadas.

Te aconsejaremos qué tipos de pruebas debes pedirle a tu médico y por qué debes hacerlo. Te recomendaremos los alimentos que debes incluir en tu dieta, si aún no lo has hecho.

Y también hablaremos de los factores de riesgo emocionales y psicológicos que favorecen las enfermedades cardiacas. Tómatelos tan en serio como los físicos. Además, te ofreceremos una serie de herramientas para ayudarte a reducir estos factores de riesgo.

Las pruebas que debes pedirle al médico

Esperamos que ahora estés convencido de que el colesterol total es una cifra que no sirve para nada y de que el plan de tratamiento que sigas no debe basarse en él. La antigua división de colesterol (HDL) «bueno» y colesterol (LDL) «malo» está obsoleta y solo ofrece una información ligeramente mejor que la de los valores del colesterol «total». Como ya hemos dicho, tanto el colesterol bueno como el malo están formados por una serie de diferentes componentes (o subclases) que actúan de maneras muy distintas, y la versión de la prueba del colesterol del siglo XXI debe indicar siempre cuáles son exactamente las subclases que tienes. Una analítica que no incluya esta información no es útil y nunca debe ser el único punto de referencia para realizar un tratamiento o recetar un fármaco con estatinas. Por eso la prueba para valorar el tamaño de las partículas LDL es la primera que aconsejamos hacer.

1. Prueba del tamaño de las partículas

Aunque el colesterol LDL se conozca como el colesterol «malo», en realidad se compone de partículas de distintas formas y tamaños, al igual que el colesterol HDL, llamado «bueno». Estas diferentes subclases de colesterol actúan de formas muy distintas. Vistas bajo el microscopio, algunas partículas de LDL son grandes, esponjosas e inocuas. Y otras, pequeñas, densas y «cabreadas». Estas últimas tienden mucho más a oxidarse y se meten por las células que recubren las paredes de las arterias (el endotelio) iniciando la cascada inflamatoria que causa las enfermedades cardiacas.

En la actualidad existen pruebas que miden el tamaño de las partículas de LDL y esta información es la que necesitas. Si tienes un perfil de colesterol del patrón A, significa que la mayoría de tu colesterol LDL se compone de partículas grandes y esponjosas, y esto es una buena noticia; pero si tienes un perfil del patrón B, quiere decir que la mayoría de tu colesterol se compone de partículas pequeñas, densas y aterogénicas que causan inflamación y, por último, placa. (Por suerte, puedes cambiar la distribución de las partículas de pequeñas a livianas siguiendo los consejos dietéticos y tomando los suplementos nutricionales recomendados en este libro.)

Una de las pruebas más usadas, la **NMR LipoProfile**, analiza el tamaño de las partículas LDL midiendo sus propiedades magnéticas. Otras, como la **Lipoprint** y la **Berkeley** (procedente del HeartLab de Berkeley), utilizan campos eléctricos para distinguir el tamaño de las partículas. Otra prueba conocida como **VAP**, por sus siglas en inglés (Auto Perfil Vertical), separa las partículas de lipoproteínas mediante un centrifugador de alta velocidad.[1] Y otra es la **LPP**, por sus siglas en inglés (o Perfil de Partículas de Lipoproteínas). Tu médico puede ofrecerte cualquiera de estas pruebas más nuevas del colesterol.

Recetarte un medicamento con estatinas o cualquier otro basándose solo en la prueba habitual del colesterol es una mala idea. Pídele a tu médico que recurra a una de las pruebas más recientes para evaluar el tamaño de las partículas. Si se opone a ello, asegúrate de que tenga una buena razón, ya que es la única prueba útil para evaluar el colesterol.

2. Proteína C Reactiva (PCR)

La PCR es un indicador sistémico de inflamación que está directamente relacionada con la salud cardiaca y cardiovascular. En numerosos estudios la PCR es un gran predictor de la salud cardiovascular futura, y nosotros creemos que es mucho más fiable que los niveles elevados de colesterol. Entre las características biológicas asociadas a los niveles de PCR se incluyen infecciones, azúcar alto en la sangre, sobrepeso e hipercoagulabilidad de la sangre (sangre pegajosa).

Por suerte, hay unas pruebas sencillas que tu médico puede pedir para evaluar cuáles son tus valores de PCR en la sangre. Solo asegúrate de que use la prueba de la proteína C reactiva de alta sensibilidad (**PCR de alta sensibilidad**). Esta prueba no ocupa mucho tiempo. Normalmente te extraen sangre de una vena del antebrazo o de la parte interior del codo. Y después la analizan en varias pruebas para determinar los niveles de PCR presentes. (Los niveles óptimos de PCR recomendados por el doctor Sinatra están por debajo de 0,8 mg/dl.)

3. Fibrinógeno

El fibrinógeno es una proteína que determina la pegajosidad de la sangre permitiendo que tus plaquetas se peguen. Necesitas tener unos niveles adecuados de fibrinógeno para dejar de sangrar cuando te haces una herida, pero los niveles de fibrinógeno también deben estar equilibrados para gozar de una buena circulación sanguínea y prevenir la formación de coágulos innecesarios. (El doctor Sianatra ha visto muchos más infartos causados por una coagulación inadecuada de la sangre en mujeres menores de 45 años que en ninguna otra edad.) Los niveles normales de fibrinógeno son de 200 a 400 mg/dl, pero pueden ser más altos si sufres cualquier clase de inflamación.

El fibrinógeno se ha identificado como un factor de riesgo para contraer enfermedades cardiovasculares y otras dolencias relacionadas con los factores de riesgo habituales. En un estudio, los niveles de fibrinógeno eran mucho más altos en los sujetos con enfermedades cardiovasculares que en los que no las padecían.[2]

Hay dos formas de medir el fibrinógeno. La primera es el **método de Clauss** y la segunda, una prueba más nueva, la **FIF** (prueba del fibrinógeno intacto funcional), creada por la American Biogenetic Sciences.[3] La FIF es la mejor de todas porque está más vinculada a las enfermedades cardiovasculares que el método de Clauss.[4] Si tu médico no dispone de la prueba FIF, puede usar el método de Clauss, ya que sigue manteniendo una estrecha relación con las enfermedades cardiovasculares, aunque no sea tan preciso como las pruebas más nuevas.

En el caso de un historial familiar de cardiopatías, hazte una de estas pruebas para ver cuáles son tus niveles séricos de fibrinógeno. Las mujeres que fuman, toman anticonceptivos por vía oral o son posmenopáusicas, suelen tener valores más altos de fibrinógeno.

Vale la pena señalar que muchos médicos no conocen esta prueba porque no existe un tratamiento directo para reducir los niveles altos de fibrinógeno. Pero tomar por ejemplo suplementos de natoquinasa, tal como indicamos en el capítulo 7 sobre los suplementos nutricionales, te ayudará a «adelgazar» la sangre y a prevenir la formación de coágulos. Ingerir una mayor cantidad de ácidos grasos omega 3 también es bueno para ello.

4. Ferritina sérica

¿Te has preguntado alguna vez por qué tantos fabricantes de vitaminas ofrecen complejos multivitamínicos «sin hierro»? Aquí tienes la razón: el hierro es una de esas extrañas sustancias de las que si no tienes bastante te crea problemas (p. ej., anemia por deficiencia de hierro), y si tienes demasiado te trae muchos quebraderos de cabeza. El hierro es muy proclive a oxidarse. (Imagínate que alguien del gimnasio al que vas deja una barra para pesas en medio de la calle, bajo la lluvia, durante dos días. Se oxidará por completo. Esto es la oxidación.)

Los niveles de hierro en el cuerpo se acumulan (se almacenan en los músculos y en otros tejidos del cuerpo), y a no ser que el hierro se elimine a través de la menstruación o donando sangre, con el paso de los años se puede ir acumulando en el organismo hasta llegar a ser tóxico. Aunque este peligro siempre exista para los hombres, después de la menopausia se convierte en un verdadero riesgo para las mujeres. Los dos estamos totalmente en contra de que las mujeres, a no ser que sean premenopáusicas, tomen vitaminas con hierro, o suplementos de hierro de cualquier clase, salvo si se los receta el médico.

Un exceso de hierro —llamado técnicamente *hemocromatosis*—, puede contribuir a la aparición de enfermedades cardiacas. Los investigadores miden los niveles de hierro en la sangre midiendo la *ferritina*, la principal proteína almacenadora de hierro. En un estudio de 1992 realizado por un equipo de investigadores finlandeses, se analizó el papel del hierro en las enfermedades coronarias. Tras estudiar a 1.900 varones finlandeses de 42 a 60 años de edad durante cinco años, los investigadores descubrieron que los hombres con niveles demasiado altos de ferritina tienen mayor riesgo de sufrir infartos, y que cada 1 por ciento de exceso de ferritina se traducía en un 4 por ciento de aumento en el riesgo de sufrir infartos.[5]

Los sujetos con niveles altos de ferritina tenían el doble de posibilidades de sufrir un infarto que los que tenían los niveles más bajos. Los autores de este estudio concluyeron que los niveles altos de ferritina son incluso un mayor factor de riesgo cardiovascular que la hipertensión o la diabetes.[6] Y sin duda es un factor de riesgo más importante que el colesterol alto.

Si tienes niveles altos de ferritina plantéate donar sangre de vez en cuando o pídele a tu médico que considere practicarte una flebotomía. (Los niveles óptimos de ferritina sérica recomendados por el doctor Sinatra son por debajo de 80 mg/l en las mujeres y por debajo de 90 mg/l en los hombres.)

Ten en cuenta que los suplementos de vitamina C ayudan al cuerpo a asimilar mejor el hierro. Si tienes un problema con los niveles de hierro, toma menos de 100 mg al día de vitamina C.

5. Lipoproteína (a)

La Lp(a) es una lipoproteína plasmática constituida por la asociación de una partícula de LDL (lipoproteína de baja densidad) y una proteína denominada *apolipoproteína (a)*. En un cuerpo sano, la lipoproteína (a) no representa ningún problema. Circula por el torrente sanguíneo y se ocupa de reparar y restablecer los vasos sanguíneos dañados. La parte de la proteína de la que se compone fomenta la formación de coágulos en la sangre. De momento, todo va bien.

El problema está en que cuantas más reparaciones necesiten tus arterias, más lipoproteína (a) se utiliza y aquí es cuando las cosas se empiezan a complicar. La lipoproteína (a) se concentra en el lugar dañado, se une con un par de aminoácidos en el interior de la pared del vaso sanguíneo lesionado, vierte su carga de LDL y empieza a fomentar la deposición de LDL oxidado en la pared, creando más inflamación y al final placa.

La lipoproteína (a) también favorece la formación de coágulos sanguíneos sobre la placa que se acaba de formar, con los que los vasos sanguíneos se estrechan aún más. Si los coágulos son lo bastante grandes, pueden llegar a obturar una arteria. (La mayoría de infartos se deben a la formación de un gran coágulo en los vasos que se han estrechado de poco a mucho, o por la placa que al romperse tapona la arteria.)

Los valores altos de lipoproteína (a) son un factor de riesgo muy serio. Un gran porcentaje de infartos se da en sujetos con niveles altos de lipoproteína (a). El doctor Sinatra cree que la lipoproteína (a) es uno de los factores de riesgo más devastadores en cuanto a las enfermedades cardiacas y uno de los más difíciles de tratar.

Los médicos no se apresuran a hacer la prueba de la lipoproteína (a) entre otras razones porque no existe ningún medicamento que reduzca sus niveles. Además, los niveles de Lp(a) están sobre todo determinados por la genética y no se pueden modificar fácilmente por medio de cambios en el estilo de vida. Pero tus valores de lipoproteína (a) te ayudan a hacerte una buena idea del riesgo cardiovascular que corres, y los niveles altos de lipoproteína (a) te pueden servir de advertencia para esforzarte más en tener un corazón más sano usando las estrategias, los alimentos, los suplementos nutricionales y los cambios en el estilo de vida que sugerimos en este libro. Dicho esto, el doctor

Sinatra cree que los niveles altos de lipoproteína (a) se pueden reducir tomando de 1 a 2 g de aceite de pescado combinado con entre 500 y 2.500 mg de niacina (no uses la de liberación prolongada), y 200 mg de lumbroquinasa.

Vale la pena señalar que los fármacos con estatinas a veces pueden subir los niveles de lipoproteína (a). Se menciona en los anuncios de los medicamentos con estatinas de la edición canadiense del *New England Journal of Medicine*, pero como la Administración de Alimentos y Medicamentos estadounidense no considera obligatoria esta clase de advertencia, no figura en los anuncios de la edición americana de la revista.[7]

6. Homocisteína

La homocisteína, un aminoácido que se produce en las células como si se tratara de un subproducto, hace que tu cuerpo deposite plaquetas pegajosas en los vasos sanguíneos. Tener una cierta cantidad de homocisteína es normal, pero un exceso puede afectar tu salud cardiovascular. Las pruebas revelan que la homocisteína contribuye a la aterosclerosis, reduce la flexibilidad de los vasos sanguíneos, y ayuda a que las plaquetas sean más pegajosas, con lo que la circulación sanguínea se ralentiza. Conclusión: existe una relación directa entre los niveles altos de homocisteína y un aumento del riesgo de padecer enfermedades cardiacas y derrames cerebrales.

Los niveles altos de homocisteína son uno de los mejores predictores tanto de un primer episodio vascular como de uno recurrente (incluyendo la muerte).[8] Demasiada homocisteína afecta negativamente la función del endotelio, la importantísima capa interior de las paredes arteriales. También aumenta el daño oxidativo y fomenta la inflamación y la trombosis, la perniciosa tríada habitual que conduce a las enfermedades cardiacas.[9] Un estudio analizó a más de 3.000 sujetos con enfermedades cardiacas crónicas y descubrió que los pacientes con niveles elevados de homocisteína tenían un 2,5 más de posibilidades de sufrir un episodio coronario posterior. Es más, cada 5 μmol/L de homocisteína predecía un aumento de un 25 por ciento en el riesgo.[10]

Por suerte, existe una forma fácil de bajar los niveles de homocisteína. Lo único que debes hacer es darle al cuerpo los tres principales nutrientes que necesita para metabolizar la homocisteína en componentes inocuos. Los tres nutrientes son ácido fólico, vitamina B_{12} y vitamina B_6. Solo necesitas tomar de 400 a 800 mcg de ácido fólico, de 400 a 1.000 mcg de B_{12}, y de 5 a 20 mg de B_6. Si has tenido un infarto o algún otro episodio cardiovascular, si en tu familia hay antecedentes de cardiopatías, o si tienes hipotiroidismo, lupus o una enfermedad renal, considera pedirle a tu médico una prueba para evaluar tus niveles de homocisteína. Y, por último, si tomas medicamentos que tienden a elevar la homocisteína —teofilina (para el asma), metotrexato (para el cáncer o la artritis), o L-dopa (para el párkinson)— deberías hacerte esta prueba. (Los niveles óptimos de homocisteína recomendados por el doctor Sinatra son de 7 a 9 µmol/L.)

7. Interleucina-6

La interleucina-6 es importante porque estimula el hígado para que produzca PCR. Y en la actualidad se está descubriendo que esta citocina inflamatoria no solo está muy vinculada a las enfermedades cardiacas, sino también al asma. (El asma está causada por la hinchazón y la constricción de las vías respiratorias, por lo tanto tiene sentido que esta dolencia también se deba a un agente inflamatorio.) El Estudio Rural de Salud 65+ de Iowa demostró que los niveles altos de interleucina-6 y PCR estaban asociados a un aumento del riesgo de padecer tanto enfermedades cardiovasculares como mortalidad general en personas sanas de más de 65 años.

La interleucina-6 puede ser un indicador de inflamación incluso mejor que la PCR, porque estos niveles «precursores» suben antes. Si te preocupa el tema de la inflamación y sus efectos sobre el corazón, pídele a tu médico que te haga una prueba de interleucina-6. (Los niveles óptimos de interleucina-6 recomendados por el doctor Sinatra son de 0,0 a 12,0 pg/ml.)

8. Escáner de calcio coronario

El calcio es fabuloso mientras se quede en los huesos y los dientes. Pero un lugar donde sin duda no debe estar presente es en las arterias coronarias.

La calcificación coronaria es uno de los factores de riesgo más importantes que predice enfermedades coronarias y futuros infartos.[11] Cuanto más calcio haya, mayor es el riesgo de sufrir un infarto. Los hombres desarrollan calcificación de diez a quince años antes que las mujeres. La calcificación se puede detectar en la mayoría de los hombres asintomáticos de más de 55 años y en mujeres de más de 65.

Ya en 1991, el cardiólogo Stephen Seely, publicó un artículo en el *International Journal of Cardiology* titulado «¿Es el exceso de calcio en la dieta occidental una causa muy importante de enfermedades arteriales?» Señaló que el colesterol solo forma el 3 por ciento de la placa arterial, en cambio el calcio forma ¡un 50 por ciento![12]

Arthur Agatston, el cardiólogo de Florida, es famoso sobre todo por haber creado la dieta South Beach, conocida en todo el mundo, pero lo que mucha gente no sabe es que también inventó una prueba ampliamente aceptada para evaluar la calcificación coronaria conocida como **prueba de Agatston**. Los sujetos que sacan una puntuación inferior a 10 en la prueba de Agatston tienen una calcificación mínima, los que sacan una puntuación de 11 a 99 tienen una calcificación moderada, los que sacan una puntuación de 100 a 400 una calcificación media, y los que sacan por encima de 400 una calcificación severa.

Está de sobras comprobado que las personas con una puntuación en la escala de Agatston superior a 400 tienen un mayor riesgo de sufrir intervenciones coronarias (baipás, inserción de estent y angioplastia) y episodios (infarto de miocardio y muerte cardiaca) de los dos a los cinco años siguientes a la prueba de Agatston. Los sujetos con una puntuación muy alta en la escala de Agatston (superior a 1.000) tienen un 20 por ciento de posibilidades de sufrir un infarto o muerte cardiaca al cabo de un año. Incluso entre los pacientes de más de 70 años de edad que suelen tener calcificación, una puntuación superior a 400 en la escala de Agatston se asocia a un mayor riesgo de muerte.[13]

La Asociación Americana del Corazón y la Facultad Americana de Cardiología han publicado unas pautas para determinar la calcificación coronaria. Las encontrarás en internet, www.ahajournals.org/misc/sci-stmts_topindex.shtml. Estas pautas sugieren en la actualidad, y nosotros coincidimos con ellas, que examinar la calcificación es útil para una persona con un riesgo medio a lo largo de diez años, es decir, que tenga de un 10 a un 20 por ciento de posibilidades de sufrir un episodio cardiaco durante los diez años siguientes.[14]

QUÉ DEBES SABER

Pídele a tu médico las siguientes pruebas, que son más importantes que los análisis habituales de colesterol:
- Tamaño de partículas de LDL
- PCR de alta sensibilidad
- Fibrinógeno
- Ferritina sérica (hierro)
- Lipoproteína (a)
- Homocisteína
- Interleucina-6
- Escáner de calcio coronario

Elimina estos alimentos:
- Azúcar
- Soda
- Carbohidratos procesados
- Grasas trans
- Carnes procesadas
- Exceso de aceites vegetales

Consume más estos alimentos:
- Salmón salvaje
- Bayas y cerezas
- Carne de animales que se alimentan de pasto
- Verduras
- Frutos secos

- Judías
- Chocolate negro
- Ajo y cúrcuma
- Zumo de granada, té verde y vino tinto
- Aceite de oliva virgen extra

Haz estos cambios en tu estilo de vida para reducir el estrés:
- Medita o practica la respiración profunda
- Expresa tus emociones
- Juega
- Cultiva la intimidad y el placer
- Y sobre todo... ¡disfruta de la vida!

Toma esto, evita aquello

Esta sección se divide en dos partes: qué debes comer y qué debes *evitar* para tener un corazón sano. Por suerte, la lista de lo que no debes comer es bastante corta, de modo que será la primera que citaremos. Se titula «Evita» y te ofrece varios «planes rápidos de acción» para ayudarte a eliminar de tu dieta los alimentos poco sanos para el corazón y sin ningún valor nutricional. La segunda parte se titula «Toma» y te ofrece algunos de los alimentos más saludables del planeta.

Evita: *el azúcar*

Como hemos dicho a lo largo de este libro (véase el capítulo 4), el azúcar es mucho peor para el corazón que las grasas.

Las pautas dietéticas de 2010 destinadas a los estadounidenses sugerían no consumir más de un 25 por ciento de calorías procedentes de azúcares añadidos, pero nosotros creemos que sigue siendo una cantidad terriblemente alta. (La Asociación Americana del Corazón recomienda no consumir más de un 5 por ciento.) La investigación realizada por el doctor Kimber Stanhope, de la Universidad de California, en Davis, ha demostrado que a los sujetos que consumen un 25 por ciento de calorías procedentes de la fructosa o del jarabe de maíz alto en fructosa, les aumentan diversos factores relacionados con un incremento del riesgo de sufrir cardiopatías, como los triglicéridos y una sustancia muy perniciosa llamada *apolipoproteína B*.[15] (Recuerda que el problema está en la fructosa del azúcar. El jarabe de maíz alto en fructosa se compone de un 55 por ciento de fructosa y el azúcar común de un 50 por ciento, o sea, que en realidad los dos son malos para el corazón y la salud.)

Primer plan de acción: Deja de tomar soda. La soda es probablemente lo peor de lo peor en esta categoría, pero los zumos de frutas cargados de azúcar no son mucho mejores que la soda. Y las «bebidas energéticas» tampoco. La mayoría de ellas están repletas de azúcar y las que no lo llevan, están llenas de sustancias químicas. Muchos hidratos de carbono procesados (véase más abajo) también están llenos de azúcar, y prácticamente todos los pasteles, dulces, pastelitos, donuts y otras fuentes de calorías vacías, llevan toneladas de azúcar.

Evita: los carbohidratos procesados

Los carbohidratos procesados se encuentran en cualquier alimento con carbohidratos que esté envasado: cereales, pasta, pan, arroz instantáneo, etc. Estos alimentos casi siempre tienen un índice glucémico alto, es decir, elevan de manera rápida y pronunciada el azúcar en la sangre, que es exactamente lo que debes evitar. Un estudio de 2010 publicado en el *Archives of Internal Medicine* demostraba que las mujeres que más hidratos de carbono consumían tenían un riesgo mucho mayor de sufrir enfermedades coronarias que las que menos comían, y que los hidratos de carbono procedentes de carbohidratos de alto índice glucémico estaban asociados a un riesgo mucho más elevado de padecer enfermedades cardiacas.[16] (Esta relación no se confirmó en los hombres de este estudio, pero sospechamos que en estudios futuros se descubrirá que esto es cierto para ambos sexos.) No tiene vuelta de hoja, los carbohidratos de alto índice glucémico son inflamatorios. Como los investigadores de la Facultad de Medicina de Harvard y de la Facultad de Salud Pública de Harvard han señalado, los hidratos de carbono de asimilación y digestión rápida (p. ej., los de una carga glucémica alta) se han asociado con un mayor riesgo de sufrir enfermedades cardiacas.[17]

¿LOS COPOS DE MAÍZ SON UN GRAN DESAYUNO? ¡NO TE DEJES ENGAÑAR!

Si todavía piensas que los copos de maíz son un desayuno de lo más sano, sigue leyendo.

Una investigación que ha marcado un hito, realizada por el doctor Michael Shechter, de la Facultad de Medicina Sackler de la Universidad de Tel Aviv y del Instituto del Corazón del Centro Médico Sheba, en colaboración con el Instituto de Endocrinología, revela exactamente cómo los alimentos ricos en carbohidratos aumentan los riesgos cardiovasculares.[18]

Los investigadores examinaron a cuatro grupos de voluntarios a los que les dieron distintos desayunos. El primer grupo tomaba copos de maíz con leche, un desayuno típico americano. El segundo, una mezcla de cereales con toneladas de azúcar. El tercero, copos de salvado. Y el cuarto, un placebo (agua).

Durante cuatro semanas Shechter utilizó una prueba que les permitía a los científicos visualizar el funcionamiento de las arterias. Se llama *prueba reactiva braquial* y se realiza colocando un brazalete hinchable en el brazo (parecido al usado para medir la tensión arterial) que permite visualizar la función arterial en tiempo real.

Los resultados fueron espectaculares. Antes de tomar el desayuno, las funciones arteriales de todos los pacientes eran prácticamente las mismas. Pero después de desayunar, a todos se les redujo la función arterial, salvo a los del grupo del placebo que tomaron solo agua. En los grupos que tomaron un desayuno de alto índice glucémico a base de copos de maíz o de una mezcla de cereales llena de azúcar, se dieron grandes picos que indicaban estrés arterial.

«Sabíamos que los alimentos de alto índice glucémico eran malos para el corazón. Pero ahora conocemos el mecanismo que revela cómo sucede», escribió Shechter. «Alimentos como los copos de maíz, el pan blanco, las patatas fritas y las sodas endulzadas nos estresan las arterias. Hemos podido explicar por primera vez cómo los carbohidratos de alto índice glucémico fomentan la progresión de enfermedades cardiacas.»

Durante el consumo de alimentos ricos en azúcar, se da por lo visto una súbita disfunción temporal en las paredes endoteliales de las arterias. Casi todos los trastornos y enfermedades del cuerpo tienen que ver con la salud endotelial. Según Shechter, es el «más peligroso de todos los factores de riesgo».

También recomendó consumir alimentos como copos de avena, frutas y verduras, legumbres y frutos secos por su bajo índice glucémico. Hacer ejercicio a diario durante al menos treinta minutos, añadió, es una inteligente acción adicional para gozar de un corazón sano.

Estos mismos investigadores examinaron las dietas de 244 mujeres en apariencia sanas para evaluar la relación entre la carga glucémica y los niveles séricos de PCR (proteína C reactiva, la medida sistémica de inflamación de la que hemos hablado antes en este capítulo). Descubrieron que «existía una relación muy estrecha e importante estadísticamente entre la carga glucémica en la dieta y [los niveles séricos de] la PCR»,[19] por decirlo en palabras suaves. Las mujeres que tomaban una dieta con una gran carga glucémica, tenían casi el doble de PCR en la sangre que las que ingerían una dieta con poca carga glucémica (un 3,7 de carga alta glucémica, frente a un 1,9 de carga baja glucémica). La diferencia en los niveles de inflamación era incluso más pronunciada en las mujeres con sobrepeso. Las mujeres con un índice de masa corporal (IMC) superior a 25 que consumían alimentos de baja carga glucémica, tenían de media valores de 1,6 de PCR, pero en las que consumían alimentos de alta carga glucémica, los niveles de PCR se triplicaban (de media tenían 5,0 mg/l).[20]

Conclusión: no estamos de acuerdo con el razonamiento de que los «cereales integrales» son la solución para todos los problemas relacionados con los carbohidratos procesados por las siguientes razones. En primer lugar, porque la mayoría de productos comerciales hechos con cereales integrales contienen solo una pequeña cantidad de estos. En segundo lugar, porque los cereales integrales suben el azúcar en la sangre casi tanto como los cereales procesados. Y en tercer lugar, porque los cereales integrales contienen gluten, una sustancia sumamente inflamatoria para las personas con intolerancia al gluten. Dicho esto, los productos auténticos hechos con cereales integrales (como por ejemplo los panes Ezekiel 4:9), son mucho mejores que los procesados. Pero ándate con ojo, aunque en la etiqueta ponga «integral» en lugar de «refinado», no supongas que por esta razón es bueno para ti.

Primer plan de acción: Reduce o elimina de tu dieta los carbohidratos procesados. Al mismo tiempo, aumenta el consumo de carbohidratos no procesados como las verduras y las frutas bajas en azúcar. Sustituye el panecillo y el zumo de naranja por huevos, verduras y una rebanada de aguacate. Toma frutos del bosque para desayunar. Cuando comas en un restaurante, «olvídate» del pan de la cestita.

Evita: las grasas trans

Según las conclusiones presentadas en la reunión anual de la Asociación Americana del Corazón del 2006, las mujeres que más grasas trans consumían tenían tres veces más probabilidades de desarrollar enfermedades cardiacas que las mujeres que menos tomaban.[21] Charlene Hu, investigador de Harvard, examinó la información del Estudio de Salud de las Enfermeras, en el que se realizó un seguimiento a 120.000 enfermeras durante más de treinta años. Su investigación reveló que por cada 2 por ciento más de consumo de calorías procedentes de grasas trans, ¡se doblaba el riesgo de sufrir enfermedades coronarias![22] Las grasas trans suben los niveles de colesterol LDL, algo que por sí solo no tiene demasiada importancia, pero si se consumen en grandes cantidades, también reducen los niveles de HDL, y esto sí que no es en absoluto bueno.[23]

Los productos que más grasas trans contienen son las «cremas» no lácteas para echar en el café, la mayoría de margarinas, las mezclas preparadas para elaborar pasteles, los fideos y las sopas instantáneas, prácticamente todos los productos horneados envasados (p. ej., Twinkies, chips, galletas saladas), los donuts, la mayoría de cereales que se toman para desayunar, las barras «energéticas», las galletas y, sin duda, la comida rápida. (Para que te hagas una idea, una ración mediana de patatas fritas contiene la friolera cantidad de 14,5 g de grasas trans, y una cena a base de pollo cocinado con la receta original de Kentucky Fried Chicken, 7 g. Lo ideal para los humanos es consumir 0 g de grasas trans.)

Vale la pena señalar que en la regla de no consumir grasas trans hay una sola excepción, y tiene que ver con el ácido linoleico conjugado, o ALC. El ALC no se compone de grasas trans manufacturadas, sino que se produce en el cuerpo de los rumiantes (vacas). No se encuentra en la carne de animales criados en factorías, pero está presentes en la de los animales que se alimentan de pasto y en los productos procedentes de esta clase de animales. El ALC tiene propiedades anticancerosas y antiobesidad. Esta clase de grasas trans son buenas para ti, a diferencia de las de los aceites hidrogenados o parcialmente hidrogenados —la definición por excelencia de las grasas trans manufacturadas— que son indudablemente *malas* para ti.

EL ENGAÑO DE «¡SIN GRASAS TRANS!»

Cuando el gobierno obligó a que las grasas trans aparecieran en las etiquetas que detallaban los ingredientes nutricionales de los productos, los grupos de presión de las megaempresas alimentarias se pusieron en acción. Crearon de algún modo una laguna legal que permite a los fabricantes usar grasas trans a pesar de poner legalmente en el envase «¡sin grasas trans!» Así es cómo funciona:

Los fabricantes pueden poner en el envase «¡sin grasas trans!» mientras haya menos de medio gramo por ración. Parece razonable, hasta que uno se acuerda de lo listas y desalmadas que pueden ser las grandes compañías alimentarias. Al indicar en el envase unas «raciones» tan pequeñas que contienen menos de medio gramo de grasas trans, consiguen cumplir técnicamente con la normativa del gobierno.

Pero el resultado es que cada una de estas «raciones» falsas puede contener, por ejemplo, 0,4 g de grasas trans, y tú podrías ingerir fácilmente un gramo o dos de grasas trans comiendo lo que se considera una ración «normal». Y si lo haces varias veces al día, antes de darte cuenta habrás aumentado en unos cuantos puntos el porcentaje del riesgo de sufrir enfermedades cardiacas.

¿Qué puedes hacer en estos casos? Ignora simplemente la leyenda de «¡sin grasas trans!» del envase y lee en su lugar los ingredientes nutricionales. A pesar de lo que ponga en el envase, si ves que en los ingredientes aparece «aceite hidrogenado» o «parcialmente hidrogenado», significa que contiene grasas trans. Y punto. (Normalmente en la lista de los ingredientes aparece el aceite de soja parcialmente hidrogenado, pero podría ser cualquier otro tipo de aceite. Fíjate sobre todo si las palabras *hidrogenado* y *parcialmente hidrogenado* aparecen en la lista.)

Primer plan de acción: Evita la comida basura. Lee los ingredientes nutricionales de los productos del supermercado para ver si contienen aceites «hidrogenados» o «parcialmente hidrogenados». Si uno de los dos aparece en ella, no lo consumas. Hazlo sobre todo al comprar margarinas, galletas, pasteles, repostería, donuts y, como ya hemos señalado, comida rápida.

Evita: la carne procesada

Las carnes procesadas favorecen la inflamación en general y sobre todo las enfermedades cardiacas.

Un equipo de investigadores de Harvard analizaron los efectos de consumir carne procesada frente a los de consumir carne no procesada. La carne procesada se definió como cualquier carne preservada por medio del curado, el salado o el ahumado, o de conservantes químicos como los que contiene el salami, los embutidos, las salchichas de Frankfurt, el fiambre de cerdo y el bacón. (Los estudios anteriores apenas habían diferenciado la carne procesada de la no procesada al investigar la relación entre las enfermedades y el consumo de carne.) Los investigadores analizaron veinte estudios en los que habían participado 1.218.380 sujetos de diez países procedentes de cuatro continentes (Norteamérica, Europa, Asia y Australia). Descubrieron que cada ración diaria de 50 g de carne procesada (una salchicha de Frankfurt o dos rodajas de embutido aproximadamente), se asociaba a un 42 por ciento más de riesgo de desarrollar enfermedades cardiacas. (En cambio, no se descubrió ninguna relación entre las enfermedades cardiacas y la carne roja no procesada.[24])

Aunque el estudio no identificó qué ingredientes de la carne procesada podían ser los responsables de este aumento, muchos profesionales de la salud creen que puede deberse a los altos niveles de sodio y nitratos que contienen. «Al observar los nutrientes de la carne procesada y de la no procesada consumida en Estados Unidos, descubrimos que contenían una cantidad parecida de grasas saturadas y colesterol. Pero la carne procesada contenía de media cuatro veces más cantidad de sodio y un 50 por ciento más de nitratos, un tipo de conservante, que la otra», dijo Renata Micha, investigadora del departamento de epidemiología de la Facultad de Salud Pública de Harvard, y principal autora del estudio «Esto sugiere que son las diferencias en la cantidad de sal y conservantes, y no en la cantidad de grasas, lo que seguramente causa el aumento del riesgo de desarrollar enfermedades cardiacas y diabetes apreciado en el consumo de carnes procesadas, ya que la carne roja no procesada no crea estos efectos».[25]

Plan de acción rápido: Consume menos carne procesada (p. ej., embutidos).

Evita: consumir ácidos omega 6 en exceso

Los aceites vegetales (maíz, canola y soja) se componen sobre todo de ácidos grasos omega 6 proinflamatorios. Reduce su consumo (no es necesario que los elimines por completo de tu dieta) y aumenta el consumo de ácidos grasos omega 3 antiinflamatorios.

Esta recomendación viene con un inciso: los ácidos grasos omega 6, los que más abundan en los aceites vegetales, no son «malos» en sí mismos, pero *son* proinflamatorios, y se deben equilibrar consumiendo la misma cantidad (o casi la misma) de omega 3 antiinflamatorios. (Puedes consultar esta información en el capítulo 5, «La verdad sobre las grasas».) La proporción óptima entre los omega 6 y los omega 3 en la dieta humana no debe ser mayor de 4:1, y muchos creen que la proporción ideal es 1:1. Sin embargo, en la dieta occidentalizada habitual la proporción oscila entre 15:1 y 25:1, lo cual crea en el cuerpo un estado sumamente inflamatorio. Como las enfermedades cardiacas vienen sobre todo de la inflamación, este estado debe evitarse lo máximo posible.

Por cierto, lo que aumenta la inflamación del cuerpo no son solo los aceites que usas para cocinar. Las grasas omega 6 también se encuentran en todos los productos alimenticios: si vas al supermercado, mires donde mires te toparás con productos cargados de omega 6. En los restaurantes se usa prácticamente solo esta clase de aceites para freír, saltear y hornear la comida, o sea, que casi todo lo que pidas del menú contendrá una tonelada de ácidos grasos omega 6.

Sé muy cuidadoso eligiendo las grasas omega 6 y úsala con moderación. (Lo mejor son los aceites sin refinar prensados en frío, el de sésamo en especial es una buena elección.) Reduce al máximo el consumo de aceites procesados del supermercado, o descártalos de tu dieta (como el aceite de maíz). Cuando saltees la comida, en lugar de usar aceites ricos en omega 6, como el de canola y el de soja, utiliza aceite de oliva o de macadamia, ricos en grasas monoinsaturadas. Y sobre todo, aumenta el consumo de grasas omega 3 para equilibrar el consumo de omega 6 (véase la parte de «Toma» que aparece un poco más abajo).

Plan rápido de acción: Nunca uses aceites genéricos procesados. Reduce el consumo de aceite de maíz, de girasol, de soja y de canola (véase en el capítulo 5 la historia personal del doctor Sinatra sobre el aceite de canola). Siempre que sea posible, usa aceite de oliva, de sésamo o de macadamia. Y presta atención a la parte de «Toma» de este capítulo sobre los omega 3.

Lista de «toma»

A ambos nos suelen preguntar en las entrevistas cuáles son los alimentos más saludables. No ha habido ni un solo periodista que no nos haya preguntado a uno de los dos sobre algún alimento: «¿Qué cantidad se debe consumir para estar más en forma?» Es una pregunta razonable, pero casi nunca hay una respuesta perfecta. Por ejemplo, no conocemos ningún estudio que haya investigado sistemáticamente los efectos de comer arándanos cinco días a la semana en lugar de tres, o que haya comparado los efectos de comer salmón dos días a la semana con los de comerlo a diario. Nuestra recomendación es que ingieras una dieta variada compuesta de estos alimentos, consumiéndolos tan a menudo como quieras.

Tal vez desees incluir con regularidad los siguientes alimentos en tu dieta.

Toma: salmón salvaje de Alaska

El salmón es una de las mejores fuentes de ácidos grasos omega 3 antiinflamatorios. Pero no todo el salmón es el mismo. El salmón salvaje de Alaska es de mucha mejor calidad que el de piscifactorías. (Según las pruebas de laboratorios independientes realizadas por el grupo ecologista Environmental Working Group, siete de los diez salmones de piscifactoría que compraron en el supermercado estaban contaminados con bifenilos policlorados (PCB) en unos niveles lo bastante altos como para ser perjudiciales para la salud. El salmón salvaje es mucho más puro y además contiene uno de los antioxidantes más poderosos del planeta: *astaxantina*. Una ración de 100 gramos contiene también 462 mg de potasio, una sustancia cardiosaludable, la misma cantidad que contiene una banana mediana.[26]

Los dos llevamos años comprando el salmón de Vital Choice, un negocio familiar excelente dirigido actualmente por la tercera generación de pescadores de Alaska. Sus propietarios son muy escrupulosos en cuanto a la pesca sostenible y también a la hora de analizar a fondo el pescado que venden para asegurarse de que no esté contaminado ni contenga metales pesados. Te lo llevan a casa conservado en hielo seco y tienen el mejor pescado que he probado en toda mi vida.

Plan rápido de acción: Come salmón salvaje dos días a la semana.

Toma: bayas

Todas las bayas están llenas de propiedades antiinflamatorias y de antioxidantes naturales. También son muy bajas en azúcar. Los arándanos contienen *pterostilbeno*, un compuesto beneficioso que previene la acumulación de placa en las arterias y ayuda a evitar en parte el daño causado por el colesterol oxidado.[27] Las frambuesas y las fresas contienen otra sustancia, ácido elágico, que protege de forma similar contra el LDL oxidado.[28] Y todas las bayas —arándanos, frambuesas, fresas y otros frutos del bosque— contienen *antocianinas*, unas sustancias de origen vegetal que ayudan a reducir la inflamación (véase «cerezas» más abajo).

Plan rápido de acción: Come bayas tres días (o más) a la semana.

Toma: cerezas

Hace mucho que se sabe que las cerezas y el zumo de cerezas van muy bien para el mal de gota, y los científicos creen que este efecto se debe a las *antocianinas*, unos compuestos orgánicos de las cerezas. Las antocianinas actúan como inhibidores naturales de la COX-2. «COX» es la forma abreviada de la *ciclooxigenasa*, que el cuerpo produce en dos formas, la COX-1 y la COX-2. La COX-2 es la que se utiliza para señalar el dolor y la inflamación.

La popularidad de medicamentos para la artritis como Vioxx y Celebrex se basaba en su poder único de bloquear los mensajes de dolor e inflamación de la COX-2 sin afectar a la vez a la COX-1 no inflamatoria. Por desgracia, el Vioxx producía varios efectos secundarios muy desagradables y se retiró del mercado. Pero las antocianinas producen un efecto similar sin crear los efectos secundarios de esta clase de medicamentos. Las cerezas (y las frambuesas) son las que contienen mayor cantidad de antocianinas puras. En un estudio se comparó la actividad inhibidora de la COX de las antocianinas de las cerezas con la del ibuprofeno y el naproxeno. Los investigadores creen que además de mitigar el dolor y la inflamación, consumir antocianinas con regularidad ayuda a reducir el riesgo de sufrir infartos y derrames cerebrales.

Plan rápido de acción: Come cerezas dos (o más) días a la semana.

Toma: carne de vaca que se alimente de pasto

No estamos en contra del consumo de carne, pero sí que lo estamos del consumo de carne de animales criados en granjas factoría. Aunque por desgracia la mayoría de carne que comemos procede de granjas de cría intensiva. Este tipo de carne está llena de antibióticos, esteroides y hormonas, es muy rica en grasas omega 6 inflamatorias y no contiene grasas omega 3 antiinflamatorias.

En cambio, la carne de animales que se alimentan de pasto es otra historia. Al haberse alimentado de hierba, contiene menos omega 6 y una buena cantidad de omega 3, con lo que su proporción entre ambos es mucho más equilibrada. La carne de animales que se alimentan de pasto es casi siempre ecológica y, de cualquier manera, nunca contiene hormonas, esteroides o antibióticos. Si comes carne, consume solo la de animales que se alimenten de pasto.

Plan rápido de acción: Cuando comas carne, consume solo la de animales que se alimentan de pasto.

Toma: verduras (y algunas frutas)

Sea cual sea tu dieta —desde vegana hasta Atkins— te irá de maravilla para la salud comer más verduras de las que ingieres. El reino vegetal está lleno de antiinflamatorios, antioxidantes naturales y otros compuestos de origen vegetal, como los flavonoides, que son buenos para tu corazón.

Dos proyectos científicos de larga duración realizados en Harvard, el estudio de Salud de las Enfermeras y el estudio de Seguimiento de los Profesionales de la Salud, revelaron que cuanto mayor era el consumo diario de verduras y frutas, menos posibilidades había de desarrollar enfermedades cardiovasculares. Comparado con los sujetos que menos verduras y frutas consumían (menos de una ración y media diaria), los que consumían de ocho o más raciones al día tenían un asombroso 30 por ciento menos de probabilidades de sufrir infartos o derrames cerebrales.[29]

Aunque las verduras y frutas probablemente ayuden a producir este asombroso efecto, los investigadores creen que los alimentos que más tuvieron que ver con ello fueron las verduras de abundantes hojas verdes (como las espinacas y las acelgas), y las crucíferas (brócoli, coles de bruselas, col rizada, col y coliflor). (En la sección de la fruta, cítricos como la naranja, el limón, la lima y el pomelo tienen sobre todo propiedades protectoras.[30])

Cuando los investigadores tomaron los estudios de Harvard que hemos mencionado y los combinaron con otros estudios de larga duración realizados en Europa y Estados Unidos, descubrieron efectos protectores similares. Los sujetos que comían más de cinco raciones al día de verduras y frutas, tenían un 20 por ciento menos de probabilidades de sufrir enfermedades coronarias[31] y derrames cerebrales.[32]

Sin embargo, a pesar de sus grandes beneficios, no somos demasiado entusiastas en cuanto al consumo de frutas por el azúcar que contienen, lo cual puede ser un problema para muchos. Para una gran cantidad de personas a las que solo de mirar una chocolatina ya les sube el azúcar, comer un montón de fruta es una mala idea. Aunque sí pueden consumir con moderación frutas bajas en azúcar (como manzanas, pomelos, cerezas, bayas y naranjas). En cambio, pueden comer tantas verduras como les apetezca.

Plan rápido de acción: Come de 5 a 9 raciones de 50 g de verdura y fruta al día.

Toma: frutos secos

Aunque una manzana al día mantenga al médico en la lejanía, lo mismo se puede decir de un puñado de frutos secos. Las personas que los consumen con regularidad son menos propensas a tener infartos o a morir de enfermedades cardiacas que las que no los consumen a menudo. Cinco estudios importantes —el estudio de Salud Adventista, el estudio de Salud Femenina de Iowa, el estudio de Salud de las Enfermeras, el estudio de Salud de los Médicos y el estudio CARE— revelaron que al comer frutos secos varios días a la semana, se daba sistemáticamente una reducción de un 30 a un 50 por ciento en el riesgo de sufrir infartos o enfermedades del corazón.[33]

COMBATE LAS ENFERMEDADES DEL CORAZÓN CON LA COMIDA
En un artículo fascinante del que se habló mucho, publicado el 16 de diciembre del 2004 en el *British Medical Journal*, un equipo de investigadores presentaron una idea llamada la *policomida*.[34] Examinaron todas las investigaciones sobre los alimentos y la salud para ver si podían crear la comida ideal (la policomida) que, si se tomaba a diario, reduciría de manera importante el riesgo cardiovascular. Inventaron una comida teórica que si se consumía a diario reduciría el riesgo cardiovascular en un asombroso 75 por ciento (¡no existe ninguna pastilla en el mundo que lo haga!)
¿Cuáles eran los ingredientes de la policomida?
Vino, pescado, almendras, ajo, frutas, verduras y chocolate negro.

Los frutos secos tienen propiedades protectoras entre otras razones por la *arginina* que contienen, un aminoácido. ¿Recuerdas que antes hemos hablado del endotelio, el interior de las paredes de las arterias? La arginina protege esta capa interior, haciendo que las paredes de las arterias sean más flexibles y menos susceptibles a la aterogénesis. La arginina es necesaria para crear óxido nítrico, una importante molécula que ayuda a relajar el estrechamiento de los vasos sanguíneos y a fomentar una buena circulación sanguínea.[35]

Además, los frutos secos son una importante fuente de numerosos *fitonutrientes*, las sustancias químicas bioactivas presentes en las plantas. Estos compuestos tienen muchos beneficios para la salud, y uno de los más importantes es su actividad antioxidante, que está vinculada a la prevención de enfermedades coronarias. Y si te preocupan las calorías que contienen, ten en cuenta que en el estudio de Salud de las Enfermeras de Harvard, el consumo de frutos secos se relacionó inversamente con el aumento de peso.[36] Varios estudios importantes, como el estudio de Salud de los Médicos (22.000 varones) y el estudio de Salud Adventista (más de 40.000 sujetos), demostraron que existe una relación entre el consumo de frutos secos y la reducción de enfermedades cardiacas.[37] Ahora bien, ingiere raciones razonables: 30 g al día es la cantidad óptima.

Plan rápido de acción: Come 30 g de frutos secos cinco días a la semana.

Toma: judías

En primer lugar, porque la fibra es buena para ti. (Las dietas ricas en fibra se han asociado con índices más bajos de un montón de enfermedades, como las enfermedades cardiacas.) En segundo lugar, porque no consumimos suficiente fibra. (La mayoría de organizaciones de la salud recomiendan un consumo diario de 25 a 38 g, pero los estadounidenses ingieren de media solo 11 g.) Y en tercer lugar, porque las alubias están llenas de fibra.

Asunto resuelto.

En cuanto a las enfermedades del corazón, la ventaja de las judías es que se dice que bajan el colesterol.[38] Y es cierto, pero como has aprendido, lo más importante es que reducen los índices de enfermedades *cardiacas*. Y así es. Un estudio reveló que comer 100 g de judías al día reducía el riesgo de sufrir infartos ¡en un asombroso 38 por ciento![39] Otro estudio reveló que los que comen judías y legumbres al menos cuatro días a la semana tienen un 22 por ciento menos de probabilidades de sufrir enfermedades cardiacas que los que las consumen menos de un día a la semana.[40]

Las judías son excelentes para el corazón por su alto contenido en fibra, pero sus propiedades no se acaban aquí. Las judías pequeñas encabezan la lista de alimentos de mayor poder antioxidante del Departamento de Agricultura de Estados Unidos por ser el alimento de mayor poder antioxidante. En realidad, de los cuatro que encabezan la lista, tres son judías (judías rojas, judías de riñón y judías pintas). Muchas variedades de judías son muy ricas en ácido fólico (sobre todo las judías adzuki, las lentejas, las judías de carete y las judías pintas). El ácido fólico desempeña un papel fundamental en la reducción de la *homocisteína*, un compuesto inflamatorio y factor en sí mismo de riesgo cardiovascular.

Plan rápido de acción: Toma una ración de judías o lentejas al menos cuatro días a la semana. (De 50 a 100 g de judías cocidas.)

Un estudio reveló que comer 100 g de judías al día reducía el riesgo de sufrir infartos ¡en un asombroso 38 por ciento!

Toma: chocolate negro

Un estudio tras otro están confirmando que los *flavanoles*, los fitonutrientes del chocolate negro rico en cacao, reducen la tensión arterial y la inflamación. Un estudio del 2011 publicado en el *British Medical Journal*, reveló que un alto consumo de chocolate se asociaba a una reducción de un tercio del riesgo cardiovascular. El mayor consumo de chocolate estaba vinculado a una reducción de un 37 por ciento de las enfermedades cardiovasculares y de un 29 por ciento de los derrames cerebrales comparados con un consumo más bajo.[41]

El cacao rico en flavanoles baja la tensión arterial.[42] Y el estudio sobre los ancianos de Zutphen, realizado con 470 hombres de edad avanzada, reveló que los que más cacao comían tenían la mitad del riesgo de morir de enfermedades cardiacas que los que menos consumían.[43]

Pero el problema del chocolate es que sus propiedades se encuentran en el cacao del que está hecho, por eso el mejor es el chocolate negro rico en cacao. No nos estamos refiriendo a las chocolatinas que venden en los colmados, sino al chocolate negro rico en cacao que contiene todos los flavanoles que necesitas para estar sano. El chocolate blanco y el chocolate con leche apenas contienen flavanoles, por eso el negro es el mejor. En muchas tabletas de chocolate negro no pone el porcentaje de cacao que lleva. Elige las que contengan al menos un 60 por ciento de cacao. (Cuanto más cacao lleva, menos dulce es el chocolate.)

Esta clase de chocolate también te resultará más fácil de comer en pequeñas cantidades, ya que al no ser tan dulce como el otro no desearás comer más y más, y te será más fácil sentirte satisfecho con una pastilla o dos, que es todo cuanto necesitas para recibir sus saludables efectos.

Plan rápido de acción: Come de una a dos pastillas de chocolate negro de cuatro a seis días a la semana.

Toma: cúrcuma

La cúrcuma es la especia que le da un color amarillento a la comida. Ocupa un lugar muy destacado tanto en la medicina ayurvédica como en la china sobre todo debido a sus increíbles propiedades antiinflamatorias. (También es anticancerosa y muy buena para el hígado.) Los *curcuminoides* (conocidos colectivamente como *curcumina*), un grupo de compuestos de origen vegetal, son los ingredientes activos de la cúrcuma. Además de su actividad antiinflamatoria, la curcumina es un poderoso antioxidante. Como el LDL oxidado juega un papel muy importante en la cascada de acontecimientos que lleva a la inflamación y las enfermedades cardiacas, las propiedades antioxidantes de la cúrcuma son muy beneficiosas.

Plan rápido de acción: Deja la cúrcuma en la primera hilera del especiero y úsala a menudo. Es ideal para sazonar las verduras, los huevos, los salteados, las carnes, el pescado y el pollo.

Toma: zumo de granada

El zumo de granada es uno de los alimentos sanos de «moda» que vale la pena tomar. Los investigadores del Technion, el Instituto Tecnológico de Israel, en Haifa, sugieren que el zumo de granada ayuda a retrasar el envejecimiento y es sano para el corazón si se consume de manera prolongada.

En un estudio publicado en el *American Journal of Cardiology*, 45 pacientes con enfermedades cardiacas tomaron ¼ de litro de zumo de granada o ¼ de litro de una bebida placebo durante tres meses. Los que tomaron zumo de granada tuvieron mucha menos deficiencia de oxígeno en el corazón al hacer ejercicio, lo cual dio a entender que la irrigación sanguínea del corazón les había aumentado.

El zumo de granada tiene el poder de inhibir la oxidación del colesterol LDL.[44] (Recuerda que el colesterol LDL *solo* es un problema ¡cuando se oxida!) Y una gran cantidad de estudios han demostrado que el zumo de granada es muy beneficioso para la salud cardiovascular, como uno que reveló una reducción de un 30 por ciento de la placa arterial.[45] El zumo de granada también mejora la actividad del óxido nítrico, una molécula esencial para la salud cardiovascular.[46]

Advertencia: evita los zumos de fruta «combinados» y los «cócteles», porque contienen muy poco zumo de granada y mucho azúcar. Elige en su lugar el zumo de granada natural.

Plan rápido de acción: Toma «a diario» zumo de granada. Un ¼ de litro o la mitad al día, o tan a menudo como puedas

Toma: vino tinto

Durante años se creyó que los franceses «podían» comer alimentos ricos en grasa sin tener unos índices tan altos de enfermedades cardiacas como los americanos por el vino tinto que tomaban a diario en las comidas, ya que contiene numerosos compuestos que protegen al corazón. El más importante es el *resveratrol*, un polifenol (compuesto vegetal) presente en la piel de la uva negra que se encuentra en grandes concentraciones en el vino tinto. El resveratrol es un potente antioxidante que previene que los elementos perjudiciales del cuerpo ataquen las células sanas. En varios estudios se ha demostrado que el vino tinto es cardioprotector.[47] Y no es *solo* por el resveratrol. Otras sustancias químicas del vino tinto, como los flavonoides, inhiben la oxidación del colesterol LDL, lo cual es importantísimo, porque el colesterol LDL oxidado inicia e intensifica el proceso inflamatorio.[48] El vino tinto también limita la tendencia de los compuestos químicos de la sangre a formar coágulos y aumenta el colesterol HDL sérico.[49] Curiosamente, en un estudio el consumo moderado de vino tinto se asociaba a unos niveles más bajos de los tres marcadores de los que te hemos hablado antes: PCR, fibrinógeno e interleucina-6.[50] Por lo visto es una de las bebidas más sanas.

Advertencia: el lado oscuro del alcohol es bien conocido y no vamos a hablar de él en este libro. Si no bebes alcohol, no empieces a hacerlo por los beneficios del vino tinto. No todo el mundo puede manejar el alcohol, y si sospechas que eres una de esas personas, ¡no tomes vino! (Al hablar de que los franceses tienen los índices más bajos de Europa de enfermedades cardiacas, se suele olvidar que también tienen los índices más altos ¡de cirrosis hepática!) El secreto para gozar de los beneficios del vino tinto está en su consumo moderado, lo cual se define como dos copas al día para los hombres y una para las mujeres, de tres a cuatro días a la semana. También vale la pena señalar que el alcohol aumenta el riesgo de sufrir cáncer de mama en las mujeres que no consumen bastante ácido fólico, o sea, que asegúrate de tomar al menos 400 mg de ácido fólico al día en la comida o en comprimidos nutricionales.

Plan rápido de acción: Si bebes alcohol, toma una copa de vino tinto durante la cena. (Si no bebes alcohol, ¡no empieces a hacerlo!)

Toma: té verde

Aparte del agua, el té es probablemente la bebida más consumida en todo el mundo y una de las más sanas, ya que está llena de sustancias químicas vegetales protectoras conocidas como *polifenoles*. El té verde en especial ha acaparado la atención de los medios de comunicación sobre todo por la acción anticancerosa de uno de sus compuestos, la *epigallocatequina gallato* (EGCG).

Pero el té verde también fomenta la salud cardiovascular. Pese a haberse escrito mucho sobre su poder de bajar el colesterol, a nosotros nos parece mucho más interesante que el té verde baje el fibrinógeno, una sustancia en el cuerpo que puede causar la formación de coágulos y derrames cerebrales. En «Los efectos del consumo de té verde sobre el desarrollo de las enfermedades coronarias», un artículo publicado en la revista científica *Circulation*, los investigadores del departamento de medicina del Hospital Chiba Hokusoh de la Facultad Médica Nipona de Chiba, en Japón, concluyeron que «cuanto más té verde consumen los pacientes, menos probabilidades tienen de desarrollar enfermedades coronarias».[51]

Vale la pena señalar que a pesar de la gran atención que los autores de libros sobre alimentos saludables le han dedicado al té verde, esto no significa que los otros tes no sean beneficiosos, como el té negro, el té de oolong, el té blanco y el mate. El doctor en medicina Joseph Vita, de la Facultad de Medicina de la Universidad de Boston, llevó a cabo un estudio en el que 66 hombres tomaron cuatro tazas de té negro al día o una bebida placebo. Las investigaciones demostraron que beber té negro ayuda a corregir el funcionamiento anormal de los vasos sanguíneos que contribuye a los derrames cerebrales o los infartos. Y lo mejor de todo es que la mejoría en el funcionamiento de los vasos sanguíneos se apreció a las dos horas de haber tomado ¡una taza de té negro![52]

«Descubrimos que si le pides a un grupo de sujetos con enfermedades cardiacas y un funcionamiento anormal de los vasos sanguíneos que tomen té, sus vasos sanguíneos mejoran», dijo Vita.[53]

Plan rápido de acción: Recuerda que cualquier clase de té contiene cafeína, de modo que consúmelo con moderación. Prepara una jarra grande de té verde y déjala en la nevera. Tómate dos tazas como máximo por la mañana.

Toma: aceite de oliva

El aceite de oliva es la principal grasa usada en la región mediterránea y la más típica de la dieta mediterránea. (No existe una única «dieta mediterránea», pero en todas sus variaciones abunda el pescado, la fruta, las verduras, los frutos secos, el vino y el aceite de oliva.) Se han realizado innumerables estudios sobre la dieta mediterránea y la salud del corazón, y todos demuestran que el aceite de oliva es muy beneficioso para el corazón y el cerebro. Estos estudios le han dado la fama merecida de ser una de las grasas más sanas para el corazón.

Las investigaciones publicadas en el *Archives of Internal Medicine* concluían que la creciente cantidad de personas que decidían seguir una dieta mediterránea (rica en aceite de oliva y otras grasas monoinsaturadas, como la de los frutos secos y el aguacate), estaba relacionada con un importante descenso en la mortalidad de las personas a las que les habían diagnosticado una enfermedad cardiaca.[54] Otro estudio publicado en la misma revista comparaba dos grupos de personas hipertensas.[55] A un grupo le habían dado aceite de girasol rico en omega 6, típico de las dietas occidentales, y al otro el excelente aceite de oliva virgen extra. El aceite de oliva redujo en gran medida la tensión arterial de los sujetos del segundo grupo y también disminuyó su necesidad de tomar medicamentos hipotensores en un asombroso 48 por ciento. Como dicen los ingleses: «¡No está mal!»

El aceite de oliva, al igual que el vino tinto y el té verde, contiene polifenoles, unas sustancias químicas vegetales que son antiinflamatorias y actúan como poderosos antioxidantes. (Los investigadores han aislado una en particular, el *oleocanthal*, que actúa de forma parecida al ibuprofeno.[56]) Como un gran número de esos polifenoles son muy beneficiosos para la salud, hay quien cree que las propiedades tan saludables del aceite de oliva no proceden solo de las grasas, sino sobre todo de los polifenoles que contiene. De cualquier manera, el aceite de oliva es excelente y deberías incluirlo en tu dieta cardiosaludable.

Vale la pena señalar que no todo el aceite de oliva se elabora de la misma forma. Por desgracia, algunos productores se aprovechan de la fama del aceite de oliva para producir toda clase de imitaciones y de productos de baja calidad que, a pesar de venderlos como «aceite de oliva», es un aceite sumamente procesado y refinado de cuestionables beneficios para la salud. Elige solo el aceite de oliva «virgen extra», el menos procesado de todos y el que más se parece al que obtendrías si caminaras descalzo sobre barriles llenos de aceitunas. Esta clase de aceite se extrae sin usar calor, agua caliente ni disolventes, y se vende sin filtrar. (El primer prensado es el que produce el mejor aceite, conocido como «virgen extra».)

Si la cosecha se recoge con máquinas y se procesa sometiéndola a altas temperaturas, se dañan los delicados componentes del aceite de oliva, responsables de sus grandes beneficios para la salud. Los polifenoles antioxidantes y antiinflamatorios son hidrosolubles y el proceso mecánico los puede eliminar. Por eso el aceite elaborado en fábricas se estropea antes, ya que carece de los antioxidantes que lo protegen. En cambio, el auténtico aceite de oliva, el virgen extra hecho con cuidado y amor que no ha sido sometido a altas temperaturas ni potentes sustancias químicas, dura años.

Plan rápido de acción: Opta por el aceite de oliva virgen extra. Úsalo para aliñar las ensaladas, freír a fuego lento y saltear los alimentos.

Toma: ajo

El ajo es un remedio mundial. Los más de 1.200 estudios farmacológicos (importantes) realizados sobre el ajo han revelado hallazgos extraordinarios. El ajo, además de bajar los lípidos e impedir la coagulación de la sangre, tiene propiedades antihipertensoras, antioxidantes, antimicrobianas y antivirales. Se ha demostrado que el ajo baja los niveles de triglicéridos. También reduce la placa, por lo que es un poderoso agente para la salud cardiovascular.

En un estudio aleatorio de doble ciego controlado por placebo, en los sujetos que recibieron 900 mg de ajo en polvo durante cuatro años se apreció una regresión en el volumen de la placa de un 2,6 por ciento, en cambio a los del grupo que recibieron el placebo (una sustancia inactiva) la placa les aumentó durante el mismo espacio de tiempo ¡un 15,6 por ciento![57]

La *alicina*, uno de los ingredientes activos del ajo, también tiene una importante actividad antiplaquetaria. Significa que ayuda a impedir que se apelotonen las plaquetas en la sangre. Para comprender lo importante que esta acción es, ten en cuenta que muchos infartos y derrames cerebrales vienen de los coágulos que se forman en los vasos sanguíneos. El efecto anticoagulante del ajo es muy beneficioso para la salud.

Vale la pena señalar que la preparación del ajo es fundamental para que libere sus propiedades beneficiosas para la salud. Si por cualquier razón se te ocurre tragarte un diente de ajo entero, no te servirá de gran cosa. Machaca o trocea el diente de ajo —cuanto más pequeños sean los pedacitos, mejor— para que sus componentes creen *alicina* al mezclarse, el ingrediente activo responsable de los beneficios del ajo. La alicina se empieza a degradar en cuanto se crea, o sea, que cuanto más fresco sea el ajo, mejor. (Si lo metes en el microondas destruirás sus propiedades.) Los expertos en las propiedades del ajo aconsejan machacar un poco de ajo crudo y combinarlo con la comida ya cocinada. Si lo añades a la comida que estás salteando, hazlo hacia el final para que la alicina sea lo más fresca posible.

Plan rápido de acción: Añade ajo a los platos que cocinas.

Los «factores de riesgo ocultos» de las enfermedades del corazón

Ten en cuenta que puedes prevenir e incluso curarte de una enfermedad del corazón a través de la dieta, el ejercicio o los suplementos nutricionales, o combinando estas tres cosas.

Estamos seguros de tu interés en hacerlo, porque de lo contrario no estarías leyendo esta parte. Pero además de la dieta, el ejercicio y los suplementos nutricionales, también debes tener en cuenta algo más: los numerosos factores de riesgo emocionales y psicológicos ocultos que la medicina convencional apenas considera y que son tan importantes como los otros, y a veces incluso más. Como por ejemplo, el enojo reprimido, la cólera, la pérdida de un ser querido (lo que el doctor Sinatra llama «desconsuelo»), y el aislamiento emocional por falta de intimidad con otras personas; ya hemos hablado de algunos de estos factores en el capítulo anterior que trataba sobre el estrés.

La sana costumbre de abrir el corazón para ser consciente de tus sentimientos y aprender a expresarlos es mucho más beneficiosa para el corazón y la salud de lo que crees. Aquí tienes algunas formas de conseguirlo.

La respiración profunda

Cuando vives en un estado crónico de estrés tu cuerpo se pone tenso y rígido. Respiras de manera superficial. Una respiración inadecuada puede producir a la larga cambios físicos en el cuerpo y tensar la zona del pecho y los hombros. Cuando respiras con la parte superior del pecho, la respiración suele ser rápida y superficial y a menudo se asocia al malestar emocional, la tensión física o el estrés mental. La respiración abdominal lenta y rítmica es fisiológicamente mucho más sana para el cuerpo y además lleva una mayor cantidad de oxígeno a los pulmones.

Cómo respirar bien ha sido el tema de muchos de mis programas para manejar el estrés, es lo primero que haces al aprender a meditar y es esencial en el yoga. En la psicoterapia Gestalt, la respiración profunda se usa para relajar la energía acumulada en el pecho y liberar las emociones.

La meditación es una forma más prolongada de la respiración profunda, la cual ha sido objeto de una cantidad impresionante de investigaciones que muestran que baja la tensión arterial con eficacia. El cardiólogo Herbert Benson, ha estado llevando a cabo una investigación pionera sobre la meditación y la respiración profunda durante décadas. Profesor adjunto de medicina de la Facultad de Medicina de Harvard y fundador del Instituto Benson-Henry de Medicina Mente-Cuerpo en el Hospital General de Massachusetts, ha acuñado el término «respuesta de relajación» para referirse al estado físico de descanso profundo que cambia las respuestas físicas y emocionales ante el estrés. Respuesta que no se basa más que en respirar hondo y aquietar la mente.

Benson fue capaz de demostrar una y otra vez que la respuesta de relajación reduce la frecuencia cardiaca, la tensión arterial y el ritmo respiratorio, y relaja los músculos. También sube los niveles de óxido nítrico, una molécula importante para la circulación y un mayor riego sanguíneo. El taichí, la meditación, el yoga, y la conciencia plena activan la respuesta de relajación.

Según el Instituto Benson-Henry, de un 60 a 90 por ciento de las visitas médicas son por quejas relacionadas con el estrés o debidas a él. «Hay enfermedades y trastornos causados o agravados por el estrés», ha afirmado Benson. «Como la ansiedad, la depresión ligera o moderada, la ira, la hostilidad, los sofocos de la menopausia, la infertilidad, el SPM, la hipertensión y los infartos. El estrés puede haber provocado o agravado todos estos trastornos. Y la respuesta de relajación es eficaz en estos casos.»[58]

El siguiente apartado te muestra cómo activar la respuesta de relajación.

CÓMO ACTIVAR LA RESPUESTA DE RELAJACIÓN

Resérvate de diez a veinte minutos para probar esta sencilla técnica:

- Siéntate en silencio en una postura cómoda.
- Cierra los ojos.
- Relaja profundamente los músculos, empezando por los pies y subiendo poco a poco hasta llegar al rostro. Mantenlos relajados.
- Respira por la nariz. Sé consciente de la respiración. Al exhalar el aire, di mentalmente *uno*. Por ejemplo, inhala... exhala (uno), inhala... exhala (uno), etc. Respira con fluidez y naturalidad.
- Hazlo de diez a veinte minutos.
- Abre los ojos para ver la hora que es, pero no uses la alarma del despertador. Cuando termines la sesión, quédate sentado en silencio durante varios minutos con los ojos cerrados y luego ábrelos. Deja que pasen varios minutos antes de levantarte.

«No te preocupes por si alcanzas o no un nivel profundo de relajación. Mantén una actitud pasiva y deja que la relajación llegue a su

propio ritmo. Cuando surja algún pensamiento en tu mente, intenta ignorarlo no entregándote a él y vuelve a repetir *uno*.»
Extraído de *The Relaxation Response* de Herbert Benson, publicado con su autorización.

NOTA: Intenta hacerlo cuando haga dos horas que has comido. Según Benson, el proceso digestivo interfiere por lo visto en la respuesta de relajación.

Llorar y reír es bueno para ti

Además de amar, llorar es quizás una de las actividades más saludables para el corazón. Lo relaja de la tensión y la rigidez muscular. Los sollozos aumentan el aporte de oxígeno. El ser humano es el único primate capaz de llorar por razones emocionales. El llanto es la forma natural del cuerpo de liberar el dolor del desconsuelo y evitar la muerte. Cualquier forma de expresar tus sentimientos te ayudará a sanar el corazón. Y, además, expresarlos no es un signo de debilidad. En realidad, es muchísimo más saludable que «guardártelos» mientras la procesión va por dentro.

Reír es una forma de experimentar los fuertes sentimientos que bullen en tu interior, al igual que llorar. (De hecho, cuando te ríes a carcajadas a menudo acabas llorando.) Al mondarte de risa, respiras con más profundidad y el pecho, el diafragma e incluso los músculos psoas se relajan. La risa es sumamente terapéutica porque te permite desfogarte de manera espontánea.

Reír es saludable

A lo largo de su vida, Norman Cousins, el legendario periodista y director del *Saturday Evening Post*, sufrió una serie de enfermedades graves, como cardiopatías y espondilitis anquilosante, una dolencia que se caracteriza por una inflamación crónica a lo largo del esqueleto axial. En un momento dado, el médico le dijo que tenía muy pocas probabilidades de sobrevivir. Pero él, ignorando esta terrible noticia, creó un programa para recuperarse compuesto de amor, esperanza, fe y de un montón de risa gracias a las películas de los hermanos Marx que tanto le gustaba ver.

A pesar de morir de un ataque al corazón a los 75 años, Cousins vivió mucho más tiempo del que los médicos le habían pronosticado. Después de diagnosticarle por primera vez una enfermedad cardiaca, consiguió vivir treinta y seis años más. (Cousins también investigó la bioquímica de las emociones humanas en la Facultad de Medicina de la Universidad de California, en Los Ángeles, y escribió dos libros importantes sobre las emociones, la curación y las enfermedades: *Anatomía de una enfermedad o la voluntad de vivir* y *Principios de autocuración*.

Sexo: las ventajas de la intimidad

¿Te has preguntado alguna vez por qué algunas personas mayores parecen mucho más jóvenes de lo que son y en cambio otras más jóvenes envejecen prematuramente? Un gerontólogo ruso estudió este hecho al examinar 15.000 sujetos de más de 80 años en provincias de la antigua Unión Soviética. Descubrió varios puntos en común o marcadores relacionados con la longevidad. Las personas más longevas afirmaban trabajar al aire libre, hacer mucha actividad física y seguir una dieta rica en verduras, frutas y cereales integrales frescos. Pero algunos de los puntos en común tenían que ver con las relaciones, la intimidad y la sexualidad.

Muchas de estas personas seguían teniendo una vida sexual activa hasta los 80 y los 90 años. ¿Y por qué no? Las parejas de edad avanzada a las que les gusta darse placer mutuamente pueden adaptarse sexualmente al proceso del envejecimiento. A nivel emocional, la sexualidad produce una sensación de seguridad, conexión e intimidad. Cuando la sexualidad es una expresión de amor, las energías de la pareja se unen en armonía como dos diapasones vibrando a la misma frecuencia. La sensación de calidez, conexión e intimidad emocional hace que nuestro corazón se abra.

EXPRESAR LAS EMOCIONES (¡SOBRE TODO, LOS HOMBRES!)

A algunas personas, sobre todo a los hombres, les cuesta mucho mostrar y expresar sus emociones. Pero entrar en contacto con tus emociones no tiene por qué ser embarazoso. No hace falta que te levantes en medio de un acto público y te plantes frente a un grupo de desconocidos para airear tus intimidades a los cuatro vientos. Lo único que necesitas es un lápiz y una hoja de papel.

El psicólogo social James Pennebaker creó un ejercicio escrito que ha sido analizado por docenas de estudios en el que a los participantes se les pide que escriban sobre actividades prosaicas, como hacer recados, o sobre traumas personales. La técnica es muy sencilla. Escribes las emociones y los pensamientos más profundos que un incidente, una situación, una persona o incluso un trauma te han generado durante quince minutos a lo largo de cuatro noches seguidas. Pennebaker descubrió que quienes hacían este ejercicio sencillo y privado, tenían un sistema inmunitario más fuerte, eran menos propensos a visitar al médico, sacaban mejores notas en la universidad y faltaban menos al trabajo.[59]

El poder del contacto físico y el masaje

La terapia del contacto físico o el masaje está por lo visto vinculada con un descenso del ritmo cardiaco y la tensión arterial, y un aumento de la liberación de endorfinas, lo cual produce una sensación de relajación y de profundo bienestar. El masaje se puede considerar un tranquilizante ¡sin efectos secundarios!

¿Recuerdas los dos sistemas nerviosos del cuerpo, el parasimpático (provoca un estado de descanso) y el simpático (provoca un estado de actividad)? El masaje activa el sistema parasimpático y equilibra de manera agradable y sana la sobreactividad del sistema nervioso simpático típica de los sujetos de tipo A proclives a padecer enfermedades coronarias.

El juego

El juego es una de las actividades más terapéuticas para la salud del corazón y el bienestar emocional. Pero la mayoría de adultos no saben jugar. Aunque hablemos de «jugar» a tenis o a golf, los deportes no son terapéuticos, por más placenteros que sean, porque comportan la necesidad de rendir, competir y ¡ganar! (Y si no pregúntale al doctor Jonny cómo se siente ¡después de perder un partido de tenis!)

El juego en cambio es otra historia. El verdadero juego es espontáneo y no está sujeto a horarios, normas ni reglamentaciones, ni siquiera a objetivos. Cuando jugamos somos totalmente libres. Es decir, jugamos por el placer de jugar. El juego nos absorbe hasta tal punto que desconectamos mentalmente olvidándonos de todos nuestros problemas (y conectamos con el cuerpo). Perdemos la noción del tiempo.

Piensa en lo embebidos que están los niños de 5 o 6 años mientras hacen un dibujo. Durante unos minutos no les importa más que los colores, el pincel deslizándose por la hoja de papel, la forma en que la pintura gotea, se apelmaza y se extiende, cómo se mezclan los colores y la similitud de lo que están dibujando con la imagen concebida. Dejar volar la imaginación y plasmar en una hoja de papel las ideas que les vienen a la cabeza es, durante un corto espacio de tiempo, lo más importante del mundo para ellos. Todo lo demás desaparece —preocupaciones, miedos, deseos, necesidades, hambre— y solo queda una sensación de enfrascamiento, excitación, satisfacción y placer.

Si eres capaz de jugar de esta manera aunque solo sea en parte, podrás desprenderte del estrés y las preocupaciones y ayudar a sanar tu mente y tu corazón. Te animamos a jugar como un niño, porque el juego hace milagros. Si como la mayoría de adultos te has olvidado de cómo jugar, observa a los niños y fíjate en lo que hacen.

Recuerda que el juego no sabe de objetivos ni resultados. Juega por el placer de jugar y, cuando lo hagas, intenta sacar al niño que llevas dentro. En cuanto conectes con él —y todos tenemos un niño en nuestro interior, no dudes de ello— te llevará a otro nivel de curación.

Conclusión

La comida alimenta el corazón, los suplementos nutricionales lo protegen y el ejercicio lo fortalece. Pero nunca te olvides de los factores de riesgo emocionales y psicológicos «ocultos» que contribuyen a la aparición de enfermedades cardiacas de una forma tan certera como el tabaco, las dietas ricas en azúcar, el estrés, la hipertensión y el sedentarismo.

Establecer y mantener fuertes lazos emocionales con otras personas es una de las mejores estrategias para manejar el estrés. También es una de las mejores formas de gozar de un corazón sano y satisfacer el alma. Después del ejercicio, es lo más parecido que hay a una panacea. Enriquece la vida y hace que sea mucho más divertida y agradable.

Disfruta del viaje.

Glosario

Aceite hidrogenado o parcialmente hidrogenado: el proceso de añadir hidrógeno al aceite vegetal se llama hidrogenación. Sirve para que el aceite se mantenga más tiempo en buen estado, pero también crea grasas trans, la clase de ácidos grasos más nocivos para la salud.

Ácido alfa-linolénico (AAL): ácidos grasos omega 3 de origen vegetal que ayudan a reducir la inflamación. Se encuentran en las semillas de lino, de chia y de cáñamo, y en las nueces.

Ácido docosahexaenoico (ADH): ácido graso omega 3 presente sobre todo en el pescado. Es en especial importante para el cerebro.

Ácido eicosapentaenoico (AEP): un importante ácido graso omega 3 presente sobre todo en el pescado. Es en especial importante para el corazón.

Ácido elágico: antioxidante natural que contienen muchas verduras y frutas, sobre todo las frambuesas, las fresas y las granadas. En la actualidad es objeto de investigación por sus propiedades anticancerosas.

Ácido fólico: vitamina hidrosoluble del complejo de vitaminas B necesaria para el buen desarrollo del cuerpo humano y la producción de nuevas células sanas. El ácido fólico es la forma sintética (manufacturada) del folato, que se encuentra en algunos alimentos.

Ácido linoleico conjugado (ALC): las grasas trans «buenas» de la carne y la leche de animales que se alimentan de pasto. La mayoría de las investigaciones han revelado que tiene propiedades anticancerosas. Colabora en la constitución corporal (reduce las grasas del cuerpo).

Ácidos biliares: fluidos complejos de la bilis de los mamíferos que ayudan a asimilar las grasas. Los ácidos biliares se producen del colesterol creado en el hígado y se almacenan en la vesícula biliar.

Ácidos grasos: los componentes básicos de las grasas.

Ácidos grasos monoinsaturados: grasas fundamentales en la dieta mediterránea. Se asocian a índices más bajos de cardiopatías. Se encuentran en los frutos secos y el aceite de oliva; también se denominan omega 9.

Ácidos grasos omega 3: una clase de ácidos grasos poliinsaturados con grandes propiedades antiinflamatorias. Son importantes para el cerebro y el corazón.

Ácidos grasos omega 6: una clase de ácidos grasos poliinsaturados presentes en los aceites vegetales. Son proinflamatorios, sobre todo cuando no se equilibran lo suficiente con los omega 3.

Ácidos grasos poliinsaturados: una clase importante de ácidos grasos compuesta de muchos miembros, como los omega 3 y los omega 6, que se encuentran en los aceites vegetales, los frutos secos y el pescado.

Ácidos grasos saturados: ácido graso sin dobles enlaces. Los ácidos grasos saturados se encuentran sobre todo en los alimentos de origen animal y se solidifican a temperatura ambiente.

Ácidos grasos trans: una clase especial de grasas formadas cuando las grasas líquidas se solidifican al añadirles átomos de hidrógeno. Son aceites vegetales hidrogenados o parcialmente hidrogenados.

Adrenalina (conocida también como epinefrina): hormona liberada por las glándulas suprarrenales que aumenta el ritmo cardiaco, estrecha los vasos sanguíneos y participa en la respuesta de «lucha o huida».

Alicina: el principal componente biológico activo del ajo, responsable de su actividad antibacteriana de amplio espectro.

Aminoácidos: moléculas que se unen para formar proteínas.

Angina de pecho: dolor torácico o malestar que aparece cuando el corazón no recibe el suficiente aporte de sangre.

Antocianinas: compuestos que contienen las plantas, sobre todo las bayas, con grandes propiedades antioxidantes. Las antocianinas son los pigmentos que hacen que los frutos del bosque tengan unos colores tan vivos.

Arteria: vaso sanguíneo por el que circula la sangre procedente del corazón.

Arterioesclerosis: término general que se refiere a cualquier clase de endurecimiento o pérdida de elasticidad de las arterias.

Astaxantina: un poderoso antioxidante presente sobre todo en el salmón salvaje y el camarón. Es lo que le da el color anaranjado al salmón.

Aterogénico: capaz de producir placa en las arterias.

Aterosclerosis: enfermedad en la que se estrechan las arterias, las paredes de las mismas se inflaman y se van acumulando materiales hasta formar placa. Comúnmente se conoce como «endurecimiento de las arterias».

Átomo: el componente más pequeño de un elemento que tiene las propiedades químicas del mismo.

Azúcar: sustancia dulce cristalina obtenida de varias plantas, sobre todo de la remolacha y la caña de azúcar.

Balsas lipídicas: regiones de las membranas de las células implicadas en las rutas de señalización intracelular. Son sobre todo ricas en colesterol.

Betabloqueantes: una clase de medicamentos recetados para diversas indicaciones, como arritmias cardiacas e hipertensión. Reducen los efectos de hormonas del estrés como la adrenalina.

Bifurcación: separación en dos partes o ramas, como cuando el conducto principal de un vaso sanguíneo se divide para convertirse en dos vasos más pequeños.

Calcificación (como en las arterias): el proceso por el que el calcio se acumula en los tejidos blandos, como en las arterias y las válvulas del corazón, y los endurece.

Carbohidratos: uno de los tres «macronutrientes» o clases de alimentos (los otros son las proteínas y las grasas). Entre los carbohidratos se incluyen los azúcares y la fécula.

Citocinas: sustancias químicas inflamatorias producidas por una variedad de células en el cuerpo, como las del tejido adiposo (grasa).

Coágulo sanguíneo (conocido también como trombo): coágulos de sangre formados al lesionarse las paredes de los vasos sanguíneos. La formación de coágulos es un mecanismo que ayuda a reparar los vasos sanguíneos dañados. Pero la formación de coágulos innecesarios puede traer graves consecuencias.

Coenzima Q_{10} (CoQ_{10}): sustancia parecida a una vitamina que se encuentra en todas las células del cuerpo. Es esencial para la producción de TFA, la molécula de la energía del cuerpo. Constituye un poderoso antioxidante aprobado desde 1974 en Japón, donde se usa para tratar la insuficiencia cardiaca. Los medicamentos con estatinas la reducen notablemente.

Colesterol (incluye el colesterol sérico): esterol ceroso que constituye un componente esencial de las membranas de las células. (Un esterol es un tipo particular de grasas.) Es el principal esterol sintetizado por los animales y es importante para la producción de hormonas sexuales, vitamina D y ácidos biliares.

Colesterol total: la suma total de todas las «clases» de colesterol medido en la sangre. Incluye el colesterol LDL y el HDL, así como el VLDL y el IDL, que es menos conocido. La cantidad que aparece en la prueba es la suma total de estas distintas clases de colesterol.

Cortisol: hormona esteroide producida por la glándula suprarrenal. Es la principal «hormona del estrés» del cuerpo.

D-alfa tocoferol: una de las ocho formas de la vitamina E.

Diabetes tipo 1: enfermedad autoinmune que destruye las células del páncreas productoras de insulina. Los diabéticos de tipo 1 no producen suficiente insulina y la enfermedad puede ser mortal a no ser que se trate con un aporte de insulina (ya sea por medio de inyecciones, inhalaciones o una bomba de insulina).

Diabetes tipo 2: enfermedad crónica en la que las células «ignoran» la insulina (véase *resistencia a la insulina*). Suele provocar niveles peligrosamente altos de azúcar en la sangre y de insulina. Del 90 al 95 por ciento de diabéticos tienen este tipo de diabetes, una enfermedad relacionada con el estilo de vida.

Dieta mediterránea: nombre general dado a las dietas de las regiones del mar Mediterráneo en las que prevalece la fruta, las verduras, los cereales integrales, el aceite de oliva, las judías, los frutos secos, el pescado y pequeñas cantidades de carne roja.

Disfunción endotelial (DE): disfunción de las células que recubren el interior de los vasos sanguíneos. Una de las principales características de la disfunción endotelial es la incapacidad de las arterias de dilatarse (abrirse) por completo.

La DE fomenta varias enfermedades, como la diabetes, y siempre se asocia a cardiopatías.

DL-alfa tocoferol: una forma sintética de la vitamina E.

Dolicoles: son importantes para la síntesis de glicoproteínas, que a su vez son importantes para las emociones, la identificación de células, los mensajes celulares y las defensas inmunológicas. Los medicamentos con estatinas los reducen porque los dolicoles se producen en la misma ruta donde se crea el colesterol, y los medicamentos con estatinas cortan esta ruta. Una deficiencia de dolicoles puede afectar los procesos celulares del cuerpo.

D-ribosa: molécula producida en las células del cuerpo que se utiliza para la función celular.

Eicosanoides: minihormonas que controlan los procesos metabólicos del cuerpo; también se denominan prostaglandinas.

Electrones: partículas subatómicas con una carga eléctrica negativa que rodean al núcleo del átomo.

Endocrinología: el estudio de las hormonas y de su función en el cuerpo.

Endotelio: la fina capa de células que recubre el interior de los vasos sanguíneos.

Enzima: proteína compleja que acelera el ritmo en el que se realizan ciertos procesos químicos.

Epinefrina (también conocida como adrenalina): una importante hormona del estrés secretada por las glándulas suprarrenales.

Escualeno: precursor metabólico de los esteroles.

Estatinas: una clase de medicamentos para reducir el colesterol. También se conocen como inhibidores de la HMG-reductasa.

Estrés agudo: una clase de estrés que suele ser temporal. Puede ser excitante y emocionante, como bajar esquiando por la pendiente de una montaña, o desagradable, como la ira o un quebradero de cabeza.

Estrés crónico: el agotador estrés que te va desgastando día tras día, año tras año. Se considera un factor que promueve las enfermedades cardiacas.

Estrés oxidativo: el daño causado a las células por los radicales libres de las moléculas de oxígeno. Es otro término para referirse a la oxidación o al daño oxidativo.

Estrógeno: familia de hormonas que realizan unas cuatrocientas funciones en el cuerpo humano. Se produce sobre todo en los ovarios y en las glándulas suprarrenales, y a pesar de conocerse como la «hormona femenina», está presente tanto en las mujeres como en los hombres.

Estudio aleatorizado: estudio en el que los sujetos o bien reciben aleatoriamente un tratamiento, o bien forman parte de los grupos de control.

Estudio controlado por placebo: una forma de evaluar en un experimento científico, donde un grupo (o más) recibe un tratamiento o un medicamento, y el otro (el grupo de control) recibe una sustancia inactiva (placebo).

Estudio de doble ciego: estudio en el que ni los participantes ni los investigadores saben quiénes son los sujetos que reciben un fármaco activo y los que reciben un placebo. Se cree que los estudios de doble ciego minimizan el efecto de las especulaciones de los investigadores y los pacientes.

Estudio sobre Siete Países: estudio realizado por Ancel Keys para demostrar que el consumo de colesterol y grasas son las principales causas de las enfermedades cardiacas. Más tarde el estudio fue criticado por su parcialidad y falta de metodología.

Factor nuclear kappa B (NF-kB): un «detector de humo» que detecta las amenazas peligrosas, como los radicales libres y los agentes infecciosos, y responde activando respuestas inflamatorias en enfermedades crónicas. Es producido por la ruta del mevalonato e inhibido por los medicamentos con estatinas.

Farnesil (FPP): un intermediario en la ruta de la HMG-CoA.

Fibra: componente indigerible de los alimentos vinculado con un menor riesgo de sufrir enfermedades cardiacas, diabetes, obesidad y cáncer.

Fibratos: una clase de medicamentos para bajar el colesterol. También bajan los triglicéridos.

Fibrina: proteína esencial para la coagulación de la sangre.

Fibrinógeno: proteína que se convierte en fibrina durante el proceso de la coagulación de la sangre.

Flavanoles: un grupo de pigmentos vegetales, como las antocianinas, beneficiosos para la salud.

Flavonoides: compuestos vegetales con una actividad antioxidante e antiinflamatoria.

Fructosa: azúcar natural de la fruta presente en la miel, las bayas, la fruta y la mayoría de tubérculos. El azúcar común contiene un 50 por ciento de glucosa y un 50 por ciento de fructosa. El azúcar más perjudicial es el que se toma en forma concentrada, como el jarabe de maíz o el de pita, altos en fructosa. Causa resistencia a la insulina, hígado graso y triglicéridos altos.

Geranil (GPP): producto procedente de la condensación de dimetalil pirofosfato e isopentil pirofosfato.

Glándulas suprarrenales: glándulas endocrinas situadas en la parte superior de los riñones. Secretan hormonas del estrés, como el cortisol y la adrenalina.

Glicación: el resultado de la unión de una molécula de proteína con una molécula de azúcar. Se conoce también como glicosilación no enzimática.

Glucagón: la hormona «hermana» de la insulina producida en el páncreas, aumenta cuando los niveles de azúcar son bajos. Ayuda a contrarrestar los efectos de la insulina.

Glucocorticoides: una clase de hormonas esteroides producidas por las glándulas suprarrenales. El cortisol es el glucocorticoide más importante.

Glucosa: un azúcar simple y el componente de la mayoría de hidratos de carbono. El azúcar común contiene un 50 por ciento de glucosa. Se mide en la sangre como glucosa en la sangre.

Grasas: una de las tres clases principales de nutrientes conocidos como «macronutrientes» (los otros son las proteínas y los carbohidratos). Se componen de unidades más pequeñas llamadas ácidos grasos.

Grupo de control: grupo tratado en un experimento científico de forma idéntica al grupo experimental en cada aspecto, salvo en que no recibe el medicamento o el tratamiento que se está investigando, sino solo un placebo. Los efectos del medicamento o del tratamiento se miden en el grupo experimental y luego se comparan con el grupo de control.

Hemocromatosis: afección causada por un exceso de hierro absorbido por el tubo digestivo.

Hipertensión: tensión arterial alta.

Hipertrofia del ventrículo izquierdo: aumento del grosor (hipertrofia) del tejido muscular de la pared de la cámara principal del corazón que bombea la sangre (ventrículo izquierdo).

Hiperviscosidad: pegajosidad excesiva de la sangre.

Hipótesis de la dieta-corazón: la idea de que las grasas saturadas y el consumo de colesterol causan o fomentan enfermedades cardiacas.

HMG-CoA reductasa: enzima que desempeña un papel fundamental en la producción de colesterol en el hígado.

Homeostasis: procede de una palabra griega que significa «estabilidad» o «estado similar». Un estado de equilibrio relativamente estable.

Homocisteína: un aminoácido presente en la sangre. En altas concentraciones aumenta la posibilidad de sufrir enfermedades cardiacas, derrames cerebrales, osteoporosis y alzhéimer. Los niveles de homocisteína se pueden bajar tomando ácido fólico, vitamina B_6 y vitamina B_{12}.

Hormonas: mensajeros químicos que viajan por el torrente sanguíneo y afectan la función sexual, el crecimiento, el desarrollo, el estado de ánimo y otros muchos procesos metabólicos.

Índice glucémico: mide hasta qué punto una ración, en concreto de 50 g, de un determinado alimento sube el azúcar en la sangre.

Infarto de miocardio: ataque al corazón.

Inflamación aguda: respuesta de los tejidos ante una lesión, normalmente surge de repente. Como, por ejemplo, las lesiones en la rodilla o la espalda, los abscesos y los sarpullidos. Los signos habituales de inflamación son dolor, calor, enrojecimiento e hinchazón.

Inflamación crónica: inflamación prolongada y persistente que puede pasar desapercibida al no causar a veces dolor. Es un componente esencial de casi todas las enfermedades degenerativas. La inflamación crónica y persistente de las paredes vasculares es una de las causas principales de las enfermedades cardiacas.

Inhibidores de la COX-2: una clase de componentes (a menudo de los fármacos) que inhiben la COX (ciclooxigenasa), una enzima del cuerpo. La COX-1 produce una serie de sustancias que protegen el revestimiento del estómago, y la COX-2 aumenta la respuesta a la inflamación. Los inhibidores de la COX-2 reducen la inflamación sin afectar a la COX-1.

Insulina: hormona que almacena la grasa. Cuando sus niveles son demasiado altos de forma prolongada y frecuente, puede favorecer la diabetes, las cardiopatías y el envejecimiento.

Isquemia cardiaca (conocida también como isquemia miocárdica): una reducción de la circulación sanguínea que disminuye el suministro de oxígeno al corazón. Puede dañar el músculo cardiaco.

Jarabe de maíz alto en fructosa: edulcorante hecho de jarabe de maíz procesado que aumenta el nivel de fructosa.

Keys, Ancel (1904-2004): investigador americano y autor del estudio sobre Siete Países en el que parecía que el colesterol sérico estaba muy relacionado con las enfermedades coronarias. Convenció a muchos estadounidenses, y a las principales organizaciones de la salud, para que se aprobara y adoptara una dieta baja en grasas.

L-carnitina: compuesto parecido a una vitamina que se ocupa de transportar los ácidos grasos a la mitocondria de las células, donde se «queman» para producir energía.

Lipoproteína de alta densidad (HDL): partícula hecha de grasa y proteína que transporta el colesterol en la sangre. Se suele considerar colesterol «bueno».

Lipoproteína de baja densidad (LDL): uno de los cinco grupos más importantes de lipoproteínas que transportan diferentes clases de moléculas, como el colesterol, por el torrente sanguíneo. Se conoce popularmente como colesterol «malo».

Lipoproteína de densidad intermedia (IDL): uno de los cinco grupos más importantes de lipoproteínas que transportan diferentes clases de moléculas, como el colesterol, por el torrente sanguíneo.

Lipoproteína de muy baja densidad (VLDL): una de las cinco clases de lipoproteínas que viajan por el torrente sanguíneo en paquetes transportando sustancias, como el colesterol y los triglicéridos.

Lipoproteínas: estructuras que transportan grasas, sobre todo colesterol y triglicéridos, de un lugar a otro, por el torrente sanguíneo.

Lumbroquinasa (conocida también como *boluoke*): extracto de lombrices de tierra que reduce la viscosidad de la sangre (adhesividad). Al disolver el fibrinógeno ayuda a adelgazarla y a prevenir la formación de coágulos.

Macrófagos: leucocitos que fagocitan a organismos invasores como los hongos y las bacterias.

Magnesio: mineral que ayuda a bajar la presión alta.

Maladaptación: adaptación defectuosa o inadecuada que se ha vuelto más perjudicial que beneficiosa.

Metaanálisis: un «estudio de los estudios» que combina la información de diversos estudios que tiene que ver con una serie de hipótesis científicas relacionadas. Procedimiento estadístico para combinar la información de múltiples estudios.

Mitocondria: las centrales eléctricas de cada célula donde se produce la energía.

Monocitos: un tipo de glóbulos blancos que atacan a las bacterias o a los virus.

Mortalidad por cualquier causa: muerte provocada por cualquier causa.

Muerte por vudú: término acuñado por el fisiólogo Walter Cannon, que se refiere al fenómeno de la muerte súbita causada por un fuerte impacto emocional, el estrés o el miedo.

Natoquinasa: enzima extraída de un alimento japonés llamado natto (elaborado con soja fermentada). Una forma natural de adelgazar la sangre y disolver los coágulos sanguíneos (sus efectos son similares a los de la lumbroquinasa).

Neurotransmisores: sustancias químicas producidas sobre todo en el cerebro que transmiten información como, por ejemplo, la serotonina, la dopamina y la epinefrina.

Niacina (ácido nicotínico, vitamina B$_3$): se suele usar para bajar el colesterol LDL o subir el HDL, o para ambas cosas.

Núcleo lipídico: un componente importante de la «placa vulnerable» (placa propensa a la ruptura). Aproximadamente un 40 por ciento de la placa vulnerable se compone de un núcleo lipídico.

Nutracéutico: combinación de los términos «nutrición» y «farmacéutico»; un suplemento beneficioso para la salud.

Oxidación (conocida también como *daño oxidativo*): el daño que sufre la piel, los órganos y las arterias causado por los radicales libres. Junto con la inflamación, causa las enfermedades cardiacas y también tiene que ver con muchas otras afecciones.

Oxitocina: sustancia química llamada a menudo hormona del «apego». Se libera durante la lactancia y el sexo. Suscita el deseo de conectar con los demás.

Pantetina: forma biológicamente activa de la vitamina B$_5$, se suele usar para bajar el colesterol.

Patrón A: distribución deseable de las partículas de LDL en la que predominan las partículas grandes, esponjosas e inocuas.

Patrón B: distribución indeseable de las partículas de LDL en la que predominan las partículas pequeñas y aterogénicas.

Pirofosfato isopentenil (IPP): un intermediario en la ruta de la HMG-CoA.

Placa (placa aterosclerótica): acumulación de grasa y de otras sustancias en el interior de las paredes de las arterias.

Plaquetas: partículas en la sangre similares a una célula que participan en la coagulación sanguínea.

Polifenoles: una clase importante de sustancias químicas vegetales, muchas de ellas son muy beneficiosas para la salud.

Prevención primaria: tratamiento para prevenir un primer infarto.

Prevención secundaria: tratamiento para prevenir un nuevo infarto en pacientes que ya han sufrido uno o más.

Productos de glicación avanzada (PGA): productos procedentes de una reacción en la que una molécula de azúcar se une a la molécula de una proteína. La PGA tiene que ver con muchas enfermedades crónicas, como la diabetes y las enfermedades cardiacas.

Progesterona: una importante hormona secretada por el sistema reproductor femenino.

Proteína: uno de los tres «macronutrientes» o clases de comida (los otros son los carbohidratos y las grasas).

Proteína C reactiva: proteína en la sangre utilizada como medida sistémica de inflamación.

Proteínas preniladas: proteínas ancladas en las membranas.

Pterostilbeno: sustancia química relacionada con el resveratrol presente en los arándanos y la uva. Es muy beneficiosa para la salud.

Radicales libres: moléculas destructivas que se encuentran en el cuerpo, pueden dañar las células y el ADN por medio del «daño oxidativo».

Reducción absoluta de riesgo: la reducción real del riesgo que comporta tomar un medicamento o seguir una determinada dieta. Por ejemplo, si se espera que el 3 por ciento de los sujetos mueran a lo largo de una década, pero solo mueren *realmente* en este tiempo el 2 por ciento de los sujetos que han tomado el medicamento, la reducción absoluta de riesgo es un 1 por ciento.

Reducción relativa de riesgo: la reducción de riesgo expresada como la diferencia porcentual entre el riesgo esperado y el riesgo observado. En el ejemplo anterior, la diferencia entre el 3 por ciento de muertes esperadas y el 2 por ciento de muertes observadas se expresaría como una reducción de un 33 por ciento en el *riesgo relativo*, una cantidad mucho más sorprendente pero también muy engañosa.

Resistencia a la insulina: enfermedad en la que las células dejan de «escuchar» a la insulina, con lo que sube el azúcar en la sangre y la insulina. La resistencia insulínica está vinculada con el síndrome metabólico y la diabetes tipo 2.

Ruta del mevalonato (ruta de la HMG-CoA reductasa): ruta bioquímica que produce colesterol y también coenzima Q_{10} y otros compuestos importantes como los dolicoles.

Selenoproteínas: una clase de proteínas que contienen selenio, un mineral muy esencial.

Síndrome metabólico: nombre dado a un grupo de factores de riesgo que aparecen juntos y que aumentan la probabilidad de sufrir enfermedades coronarias, derrames cerebrales y diabetes tipo 2. También se conoce como prediabetes y se caracteriza por la resistencia a la insulina, los triglicéridos altos, la grasa abdominal, la hipertensión, el colesterol HDL bajo, y niveles de glucosa en la sangre superiores a los normales.

Tensión arterial: la presión ejercida contra las paredes de los vasos sanguíneos por la circulación de la sangre.

Testosterona: la hormona sexual masculina más importante de la familia de las esteroideas. En los hombres se produce en los testículos, y en las mujeres, en los ovarios, aunque en menor cantidad.

Tocoferoles: una clase de los cuatro compuestos químicos que están estrechamente relacionados de la familia de la vitamina E.

Tocotrienoles: una clase de los cuatro potentes antioxidantes y nutrientes cardiosaludables de la familia de la vitamina E.

Trifosfato de adenosina (TFA): la molécula de la energía del cuerpo.

Triglicéridos: una forma principal de grasa que se encuentra en el cuerpo y en los alimentos y que casi siempre aparece en los análisis de sangre. Los niveles altos de triglicéridos aumentan el riesgo de sufrir enfermedades cardiacas y son característicos del síndrome metabólico.

Trombo: coágulo de sangre formado en el sistema cardiovascular que obstruye la circulación sanguínea.

Vasodilatación: dilatación (ensanchamiento) de los vasos sanguíneos debido a la relajación de la pared muscular de los mismos, por lo que la tensión arterial baja.

Yudkin, John (1910-1995): fisiólogo inglés y científico. Investigador pionero que estudió la relación entre el azúcar y las enfermedades degenerativas. Es mundialmente famoso por su libro sobre el azúcar: *Pure, White and Deadly*.

Notas

CAPÍTULO 1

1. M. de Lorgeril et al., «Mediterranean Diet, Traditional Risk Factors, and the Rate of Cardiovascular Complications after Myocardial Infarction: Final Report of the Lyon Diet Heart Study» [«La dieta mediterránea, los factores de riesgo habituales y el índice de complicaciones cardiovasculares después de un infarto de miocardio: informe final del estudio de Lyon sobre Dieta y Corazón»], *Circulation* 99, n° 6 (1999), pp. 779-785.

2. Channing Laboratory, «History», *The Nurses' Health Study*, www.channing.harvard. edu/nhs/?page_id=70.

3. Ibíd.

4. M. de Lorgeril et al., «Mediterranean Alpha-Linolenic Acid-Rich Diet in Secondary Prevention of Coronary Heart Disease» [«La dieta mediterránea rica en ácido alfa-linolénico en la prevención secundaria de enfermedades coronarias»], *The Lancet*, n° 143 (1994), pp. 1.454-1.459.

5. J. Kastelein et al., «Simvastatin with or without Ezetimibe in Familial Hypercholesterolemia» [«La simvastatina con o sin ezetimiba en la hipercolesterolemia familiar»], *New England Journal of Medicine* 358, n° 14 (2008), pp. 1.431-1.443.

6. F. B. Hu et al., «Primary Prevention of Coronary Heart Disease in Women through Diet and Lifestyle» [«La prevención primaria de las enfermedades coronarias en las mujeres por medio de la dieta y el estilo de vida»], *New England Journal of Medicine* 343, n° 1 (2000), pp. 16-112.

7. Ibíd.

CAPÍTULO 2

1. M. Herper, «America's Most Popular Drugs» [«Los medicamentos más populares de Estados Unidos»], *Forbes*, 19 de abril del 2011, www.forbes.com/sites/matthewherper/2011/04/19/americas-most-popular-drugs.

2. D. J. DeNoon, «The 10 Most Prescribed Drugs» [«Los diez medicamentos más recetados»], *WebMD Health News*, 20 de abril del 2011, www.webmd.com/news/2011 0420/the-10-most-prescribed-drugs.

3. Facultad de Salud Publica de la Universidad de Minnesota, *Health Revolutionary: The Life and Work of Ancel Keys*, transcripción en PDF de un vídeo documental de 2002, www.asph.org/movies/keys.pdf.

4. A. Keys, ed., *Seven Countries: A Multivariate Analysis of Death and Coronary Heart Disease*, Harvard University Press, Cambridge, Massachusetts, 1980; A. Keys, «Coronary Heart Disease in Seven Countries» [«Las enfermedades coronarias en siete países»], *Circulation* 41, n° 1 (1970), pp. 1-211.

5. M. Kendrick, *About Cavemen's Diet*, comentarios sobre el foro de discusión publicados en la página web de la International Network of Cholesterol Skeptics, 12 de febrero del 2002, www.thincs.org/discuss.cavemen.htm.

6. M. Kendrick, *The Great Cholesterol Con*, John Blake, Londres, 2007, p. 53.

7. U. Ravnskov, *Ignore the Awkward*, CreateSpace, Seattle, 2010.

8. I. H. Page et al., «Dietary Fat and its Relation to Heart Attacks and Strokes» [«El consumo de grasas y su relación con los infartos y derrames cerebrales»], *Circulation* 23 (1961), pp. 133-136.

9. G. Taubes, «The Soft Science of Dietary Fat» [«La ciencia blanda del consumo de grasas»], *Science* 291, n° 5.513 (2001), pp. 2.536-2.545.

10. Ibíd.

11. Universidad de Maryland, «Trans Fats 101» [«Las grasas trans»], Centro Médico de la Universidad de Maryland, modificado por última vez el 2 de noviembre de 2010, www.umm.edu/features/transfats.htm.

12. Multiple Risk Factor Intervention Trial Research Group, «Multiple Risk Factor intervention Trial» [«Estudio de intervención sobre múltiples factores de riesgo»], *Journal of the American Medical Association* 248, n° 2 (1982), pp. 1.465-1.477.

13. Ibíd.

14. «The Lipid Research Clinics Coronary Primary Prevention Trial Results» [«Resultados del estudio clínico sobre los lípidos en la prevención primaria de las enfermedades coronarias»], *Journal of the American Medical Association* 251, n° 3 (1984), pp. 351-374.

15. M. Madjid et al., «Thermal Detection of Vulnerable Plaque» [«La detección térmica de placas vulnerables»], *American Journal of Cardiology* 90, n° 10 (2002), pp. L36-L39.

16. W. Castelli, «Concerning the Possibility of a Nut…» [«El potencial de las nueces…»], *Archives of Internal Medicine* 152, n° 7 (1992), pp. 1.371-1.372.

17. G. V. Mann, «Coronary Heart Disease-Doing the Wrong Things» [«Las enfermedades coronarias: el fraude del colesterol»], *Nutrition Today* 20, n° 4 (1985), pp. 12-14.

18. Ibíd.

19. M. F. Oliver, «Consensus or Nonsensus Conferences on Coronary Heart Disease» [«El sinsentido de las conferencias de consenso sobre las enfermedades cardiacas»], *The Lancet* 325, n° 8.437 (1985), pp. 1.087-1.089.

20. National Institutes of Health Consensus Development Conference Statement, 10-12 de diciembre de 1984.

21. Institutos Nacionales de la Salud, «News from the Women's Health Initiative: Reducing Total Fat Intake May Have Small Effect on Risk of Breast Cancer, No Effect on Risk of Colorectal Cancer, Heart Disease, or Stroke» [«Noticias sobre iniciativas para la salud de las mujeres: la reducción del consumo de grasas tiene muy pocos efectos en el riesgo de contraer cáncer de mama y ninguno en el de padecer cáncer colorrectal, enfermedades cardiacas o embolias»], *NIH News*, última modificación realizada el 7 de febrero de 2006, www.nih.gov/news/pr/feb2006/nhlbi-07htm.

22. A. Ottoboni y F. Ottoboni, «Low-Fat Diet and Chronic Disease Prevention: The Women's Health Initiative and its Reception» [«La dieta baja en grasas y la prevención de enfermedades crónicas: iniciativas para la salud de las mujeres y la acogida que ha tenido»], *Journal of American Physicians and Surgeons* 12, n° 1 (2007), pp. 10-13.
23. G. Kolata, «Low-Fat Diet Does Not Cut Health Risks, Study Finds» [«Un estudio revela que la dieta baja en grasas no reduce los riesgos para la salud»], *New York Times*, 8 de febrero de 2006.
24. D. Lundell, *The Cure for Heart Disease,* Publishing Intellect, Scottsdale, 2012.
25. M. de Lorgeril, *A Near-Perfect Sexual Crime: Statins Against Cholesterol,* 4 de setiembre de 2011, Francia.

CAPÍTULO 3

1. J. M. Gaziano et al., «Fasting Triglycerides, High-Density Lipoprotein, and Risk of Myocardial Infarction» [«Los niveles de triglicéridos en ayunas, las lipoproteínas de alta densidad y el riesgo de sufrir un infarto de miocardio»], *Circulation* 96, n° 8 (1997), pp. 2.520-2.525.
2. D. Harman, «Aging: A Theory Based on Free Radical and Radiation Chemistry» [«El envejecimiento: teoría basada en los radicales libres y en la química de las radiaciones»], *Journal of Gerontology* 11, n° 3 (1956), pp. 298-300; D. Harman, «Free Radical Theory of Aging» [«Teoría del envejecimiento por radicales libres»], en *Free Radicals and Aging,* I. Emerit y B. Chance, eds., Birkhäuser, Basilea, Suiza, 1992.
3. «Some Good Cholesterol is Actually Bad, Study Shows» [«Un estudio revela que parte del colesterol bueno es en realidad malo»]. *Science Daily,* publicado el 12 de setiembre de 2011, www.sciencedaily.com/releases/2008/12/081201081713.htm.
4. Ibíd.
5. D. Lundell, *The Cure for Heart Disease,* Publishing Intellect, Scottsdale, 2012.

CAPÍTULO 4

1. M. Houston, M. D., M. S., director del Instituto de Hypertensión de Tennessee, 2 de mayo de 2012, comunicación telefónica.
2. D. C. Golf et al., «Insulin Sensitivity and the Rise of Incident Hipertension» [«La sensibilidad a la insulina y el aumento de incidentes de hipertensión»], *Diabetes Care* 26, n° 2 (2003), pp. 805-809.
3. «Too Much Insulin a Bad Thing for the Heart?» [«¿Es el exceso de insulina malo para el corazón?»], *Science Daily,* modificado por última vez el 19 de abril de 2010, www. sciencedaily.com/releases/2010/04/100419233109.htm.
4. V. Marigliano et al., «Normal Values in Extreme Old Age» [«Los valores normales en la senectud»], *Annals of the New York Academy of Sciences* 673 (1992), pp. 23-28.
5. J. O'Connell, *Sugar Nation: The Hidden Truth Behind America's Deadliest Habit and the Simple Way to Beat It,* Hyperion Books, Nueva York, 2011, p. 78.
6. Ibíd.
7. G. Taubes, «Is Sugar Toxic?» [«¿Es el azúcar tóxico?»], *New York Times Magazine,* 13 de abril de 2011.
8. «Findings and Recommendations on the Insulin Resistance Syndrome» [«Descubrimientos y recomendaciones sobre el síndrome de la resistencia a la insulina»], American Association of Clinical Endocrinologists, Washington, D. C., 25-26 de agosto de 2002.

9. Ibíd.

10. M. Miller, «What is the Association Between the Triglyceride to High-density Lipoprotein Cholesterol Ratio and Insulin Resistance?» [«¿Qué relación tienen los triglicéridos con los niveles de colesterol de lipoproteínas de alta densidad y la resistencia a la insulina?», *Medscape Education*, www.medscape.org/viewarticle/588474; T. McLaughin et al., «Use of Metabolic Markers to Identify Overweight Individuals Who Are Insulin Resistant» [«El uso de los marcadores metabólicos para identificar a los sujetos con sobrepeso que son insulinorresistentes»], *Annals of Internal Medicine* 138, n° 10 (2003), pp. 802-809.

11. Johns Hopkins Medicine, «The New Blood Lipid Tests-Sizing Up LDL Cholesterol» [«Las nuevas pruebas del perfil lipídico: la evaluación del cholesterol LDL»], *Johns Hopkins Health Alerts*, modificado por última vez el 13 de junio de 2008, www.johnshopkinshealthalerts.com/reports/heart_health/1886-1.html.

12. Taubes, *Op. cit.*

13. G. V. Mann, *Coronary Heart Disease: The Dietary Sense and Nonsense* Janus, Londres, 1993.

14. G. V. Mann et al., «Atherosclerosis in the Masai» [«La aterosclerosis en los masái»], *American Journal of Epidemiology* 95, n° 1 (1972), pp. 26-37.

15. J. Yudkin, *Sweet and Dangerous*, Wyden, Nueva York, 1972.

16. A. Keys, «Letter: Normal Plasma Cholesterol in a Man Who Eats 25 Eggs a Day» [«Carta: los niveles normales de colesterol plasmático de un hombre que come 25 huevos diarios»], *New England Journal of Medicine* 325, n° 8 (1991), p. 584.

17. Institutos Nacionales de la Salud, «National Cholesterol Education Program», [«Programa Educativo Nacional sobre el Colesterol»], *National Heart, Lung, and Blood Institute*, modificado por última vez en octubre del 2011, www.nhlbi.nih.gov/about/ncep.

18. www.who.int/dietphysicalactivity/publications.

19. J. Eilperin, «U. S. Sugar Industry Targets New Study» [«La industria del azúcar estadounidense planea realizar un nuevo estudio»] *Washington Post*, 23 de abril de 2003, www.washingtonpost.com/ac2/wp-dyn/A17583-2003Apr22?language=printer.

20. J. Casey, «The Hidden Ingredient: That Can Sabotage Your Diet» [«El ingrediente oculto que puede sabotear tu dieta»], *MedicineNet*, modificado por última vez el 3 de enero de 2005, www.medicinenet.com/script/main/art.asp?articlekey=56589.

21. Taubes, *Op. cit.*

22. L. Tappy et al., «Metabolic Effects of Fructose and the Worldwide Increase in Obesity» [«Los efectos metabólicos de la fructosa y el aumento de la obesidad a nivel mundial»], *Physiological Reviews* 90, n° 1 (2010), pp. 23-46; M. Dirlewanger et al., «Effects of Fructose on Hepatic Glucose Metabolism in Humans» [«Los efectos de la fructosa en el metabolismo de la glucosa hepática en los humanos»], *American Journal of Physiology, Endocrinology, and Metabolism* 279, n° 4 (2000), pp. E907-911.

23. S. S. Elliott et al., «Fructose, Weight Gain, and the Insulin Resistance Syndrome», [«La fructosa, el aumento de peso y el síndrome de la resistencia a la insulina»], *American Journal of Clinical Nutrition* 76, n° 5 (2002), pp. 911-922; K. A. Lê y L. Tappy, «Metabolic Effects of Fructose» [«Los efectos metabólicos de la fructosa»], *Current Opinion in Clinical Nutrition and Metabolic Care* 9, n° 4 (2006), pp. 469-475; Y. Rayssiguier et al., «High Fructose Consumption Combined with Low Dietary Magnesium Intake May Increase the Incidence of the Metabolic Syndrome by Inducing In-

flammation» [«El consumo elevado de fructosa combinado con un insuficiente consumo de magnesio puede aumentar la incidencia del síndrome metabólico al provocar inflamación»], *Magnesium Research Journal* 19, n° 4 (2006), pp. 237-243.

24. K. Adeli y A. C. Rutledge, «Fructose and the Metabolic Syndrome: Pathophysiology and Molecular Mechanisms» [«La fructosa y el síndrome metabólico: patofisiología y mecanismos moleculares»], *Nutrition Reviews* 65, n° 6 (2007), pp. S13-S23; K. A. Lê y L. Tappy, «Metabolic Effects of Fructose» [«Los efectos metabólicos de la fructosa»].

25. «Fructose Metabolism by the Brain Increases Food Intake and Obesity, Study Suggests» [«Un estudio sugiere que el metabolismo de la fructosa cerebral aumenta el consumo de comida y la obesidad»], *Science Daily*, www.sciencedaily.com/releases/2009/03/090325091811.htm.

CAPÍTULO 5

1. F. B. Hu et al., «Meta-analysis of Prospective Cohort Studies Evaluating the Association of Saturated Fat with Cardiovascular Disease» [«Metaanálisis de estudios prospectivos de cohorte para evaluar la relación entre las grasas saturadas y las enfermedades cardiovasculares»], *American Journal of Clinical Nutrition* 91, n°3 (2010), pp. 502-509.

2. R. S. Kuipers et al., «Saturated Fat, Carbohydrates, and Cardiovascular Disease» [«Grasas saturadas, carbohidratos y enfermedades cardiovasculares»], los Países Bajos, *Journal of Medicine* 69, n° 9 (2011), pp. 372-378.

3. F. de Meester y A. P. Simopoulos, eds., «A Balanced Omega-6/Omega-3 Fatty Acid Ratio, Cholesterol and Coronary Heart Disease» [«La proporción equilibrada entre los ácidos grasos omega 6 y omega 3, el colesterol y las enfermedades coronarias»], *World Review of Nutrition and Dietetics* 100 (2009), pp. 1-21; T. Hamazaki, Y. Kirihara y Y. Ogushi, «Blood Cholesterol as a Good Marker of Health in Japan» [«El colesterol en la sangre como buen marcador de la salud en Japón»], *World Review of Nutrition and Dietetics* 100 (2009), pp. 63-70.

4. Sociedad Japonesa de la Aterosclerosis, «Japan Atherosclerosis Society (JAS) Guidelines for Prevention of Atherosclerotic Cardiovascular Diseases» [«Pautas de la Sociedad Japonesa de la Aterosclerosis (SJA) para la prevención de las enfermedades cardiovasculares ateroscleróticas»], *Journal of Atherosclerosis and Thrombosis* 14, n° 2 (2007), pp. 5-57; de Meester y Simopoulos, «A Balanced Omega-6/Omega-3 Fatty Acid Ratio, Cholesterol and Coronary Heart Disease» [«La proporción equilibrada entre los ácidos grasos omega 6 y omega 3, el colesterol y las enfermedades coronarias»].

5. T. Hamazaki, et al., «Blood Cholesterol as a Good Marker of Health in Japan» [«El colesterol en la sangre como buen marcador de la salud en Japón»], *World Review of Nutrition and Dietetics* 100 (2009), pp. 63-70; de Meester y Simopoulos, «A Balanced Omega-6/Omega-3 Fatty Acid Ratio» [«La proporción equilibrada entre los ácidos grasos omega 6 y omega 3»].

6. D. M. Dreon et al., «Change in Dietary Saturated Fat Intake is Correlated with Change in Mass of Large Low-density Lipoprotein Particles in Men» [«Los cambios en el consumo de grasas saturadas están relacionados con los cambios en la masa de las partículas grandes de lipoproteínas de baja densidad en los hombres»], *American Journal of Clinical Nutrition* 67, n° 5 (1998), pp. 828-836.

7. D. M Herrington, et al., «Dietary Fats, Carbohydrate, and Progression of Coronary Atherosclerosis in Postmenopausal Women» [«El consumo de grasas y carbohidratos y la progresión de la aterosclerosis coronaria en las mujeres postmenopáusicas»], *American Journal of Clinical Nutrition* 80, n° 5 (2004), pp. 1.175-1.184.

8. Ibíd.

9. R. H. Knopp y Barbara M. Retzlaff, «Saturated Fat Prevents Coronary Artery Disease? An American Paradox» [«¿Previenen las grasas saturadas las enfermedades coronarias? Una paradoja americana»], *American Journal of Clinical Nutrition* 80, n° 5 (2004), pp. 1.102-1.103.

10. M. B. Katan et al. «Dietary Oils, Serum Lipoproteins, and Coronary Heart Disease» [«El consumo de aceites, las lipoproteínas séricas y las enfermedades coronarias»], *American Journal of Clinical Nutrition* 61, n° 6 (1995), pp. 1.368S-1.373S.

11. S. Liu et al., «A Prospective Study of Dietary Glycemic Load, Carbohydrate Intake, and Risk of Coronary Heart Disease in U. S. Women» [«Estudio prospectivo sobre la carga glucémica en la dieta, el consumo de carbohidratos y el riesgo de padecer enfermedades coronarias en las mujeres de Estados Unidos»], *American Journal of Clinical Nutrition* 71, n° 6 (2000), pp. 1.455-1.461.

12. M. U. Jakobsen et al., «Intake of Carbohydrates Compared with Intake of Saturated Fatty Acids and Risk of Myocardial Infarction: Importance of the Glycemic Index» [«El consumo de carbohidratos comparado con el consumo de ácidos grasos saturados y el riesgo de sufrir un infarto de miocardio: la importancia del índice glucémico»], *American Journal of Clinical Nutrition* 91, n° 6 (2000), pp. 1.764-1.768.

13. Ibíd.

14. Ibíd.

15. www.ncbi.mlm.nih.gov/pubmed/16904539.

16. R. S. Kuipers et al., «Saturated Fat, Carbohydrates, and Cardiovascular Disease» [«Las grasas saturadas, los hidratos de carbono y las enfermedades cardiovasculares»], los Países Bajos, *Journal of Medicine* 69, n° 9 (2011), pp. 372-378.

17. A. P. Simopoulos, «Evolutionary Aspects of the Dietary Omega-6: Omega-3 Fatty Acid Ratio: Medical Implications» [«Los aspectos evolutivos de la proporción en el consumo de ácidos grasos omega 6 y omega 3: implicaciones médicas»], *World Review of Nutrition and Dietetics* 100 (2009), pp. 1-21.

18. Ibíd; A. P. Simopoulos, «Overview of Evolutionary Aspects of w3 Fatty Acids in the Diet» [«Perspectiva general de los aspectos evolutivos del consumo de ácidos grasos omega 3»], *World Review of Nutrition and Dietetics* 83 (1998), pp. 1-11.

19. R. O. Adolf et al., «Dietary Linoleic Acid Influences Desaturation and Acylation of Deuterium-labeled Linoleic and Linolenic Acids in Young Adult Males» [«El consumo de ácido linoleico influye en la desaturación y la acilación de los ácidos linoleico y linolénico marcado con deuterio en jóvenes adultos varones»], *Biochimica et Biophysica Acta* 1.213, n° 3 (1994), pp. 277-288; Ghafoorunissa y M. Indu, «N-3 Fatty Acids in Indian Diets-Comparison of the Effects of Precursor (Alpha-linolenic Acid) vs. Product (Long Chain N-3 Polyunsaturated Fatty Acids» [«El consumo de ácidos grasos omega 3 en la India: los efectos del precursor (ácido alfa-linolénico) comparados con el producto (ácidos grasos poliinsaturados omega 3 de cadena larga)»], *Nutrition Research* 12, n° 4-5 (1992), pp. 569-582.

20. A. P. Simopoulos, «Evolutionary Aspects of the Dietary Omega-6:Omega-3 Fatty

Acid Ratio: Medical Implications» [«Los aspectos evolutivos de la proporción entre el consumo de ácidos grasos omega 6 y omega 3: implicaciones médicas»], *World Review of Nutrition and Dietetics* 100 (2009), pp. 1-21.

21. A. P. Simopoulos, «Overview of Evolutionary Aspects of w3 Fatty Acids in the Diet» [«Perspectiva general de los aspectos evolutivos del consumo de ácidos grasos omega 3»].

22. P. Reaven et al., «Effects of Oleate-rich and Linoleate-rich Diets on the Susceptibility of Low-density Lipoprotein to Oxidative Modification in Mildly Hypercholesterolemic Subjects» [«Los efectos de las dietas ricas en oleatos y linoleatos en la susceptibilidad de las lipoproteínas de baja densidad a los cambios oxidativos en sujetos ligeramente hipercolesterolémicos»], *Journal of Clinical Investigation* 91, n° 2 (1993), pp. 668-676.

23. L. G. Cleland, «Linoleate inhibits EPA Incorporation from Dietary Fish Oil Supplements in Human Subjects» [«Los linoleatos inhiben la incorporación del AEP procedente de los suplementos de aceite de pescado en los humanos»], *American Journal of Clinical Nutrition* 55, n° 2 (1992), pp. 395-399.

24. W. E. M. Lands, «Diets Could Prevent Many Diseases» [«Las dietas pueden prevenir muchas enfermedades»], *Lipids* 38, n° 4 (2003), pp. 317-321.

25. Ibíd.

26. W. E. M. Lands, «A Critique of Paradoxes in Current Advice on Dietary Lipids» [«Crítica de las paradojas en las recomendaciones actuales sobre el consumo de lípidos»], *Progress in Lipid Research* 47, n° 2 (2008), pp. 77-106.

CAPÍTULO 6

1. A. E. Dorn et al., «Colestipol Hydrochloride in Hypercholesterolemic Patients-Effect on Serum Cholesterol and Mortality» [«El clorhidrato de colestipol en pacientes hipercolesterolémicos: los efectos que produce en el colesterol sérico y en la mortalidad»], *Journal of Chronic Diseases* 31, n° 1 (1978), p. 5.

2. J. Stamler et al., «Effectiveness of Estrogens for the Long-Term Therapy of Middle-Aged Men with a History of Myocardial Infarction» [«La eficacia de los estrógenos en la terapia a largo plazo de los varones de mediana edad con un infarto de miocardio en el historial»], *Coronary Heart Disease Seventh Hahnemann Symposium*, W. Likoff y J. Henry Moyer, eds., Grune & Stratton, Nueva York, 1963, p. 416.

3. D. Kuester, «Cholesterol-Reducing Drugs May Lessen Brain Function, Says ISU Researcher» [«Según una investigación de la Universidad Estatal de Iowa, los medicamentos reductores del colesterol disminuyen la función cerebral»], Universidad Estatal de Iowa, modificado por última vez el 23 de febrero de 2009, www2.iastate.edu/-nscentral/news/2009/feb/shin.shtml.

4. Ibíd.

5. M. Beck, «Can a Drug That Helps Hearts Be Harmful to the Brain?» [«¿Puede un medicamento para el corazón ser perjudicial para el cerebro?»], *Wall Street Journal*, 12 de febrero de 2008.

6. D. Graveline, *Lipitor: Thief of Memory*, Duane Graveline, 2006, www.spacedoc.com/lipitor_thief_of_memory.html.

7. C. Iribarren et al., «Serum Total Cholesterol and Risk of Hospitalization and Death from Respiratory Disease» [«El colesterol sérico total y el riesgo de hospitalización y muerte debido a enfermedades respiratorias»], *International Journal of Epidemiology*

26, n° 6 (1997), pp. 1.191-1.202; C. Iribarren et al., «Cohort Study of Serum Total Cholesterol and In-Hospital Incidence of Infectious Diseases» [«Estudio de cohorte sobre el colesterol sérico total y la incidencia de ingresos por enfermedades infecciosas»], *Epidemiology and Infection* 121, n° 2 (1998), pp. 335-347; J. D. Neaton y D. N. Wentworth, «Low Serum Cholesterol and Risk of Death from AIDS» [«Los niveles bajos de colesterol sérico y el riesgo de muerte por sida»], AIDS 11, n° 7 (1997), pp, 929-930.

8. D. Jacobs et al., «Report of the Conference on Low Blood Cholesterol: Mortality Associations» [«Informe del congreso sobre los niveles bajos del colesterol en la sangre: su relación con la mortalidad»], *Circulation* 86, n° 3 (1992), pp. 1.046-1.060.

9. C. Iribarren et al., «Serum Total Cholesterol» [«El colesterol sérico total»]; C. Iribarren et al., «Cohort Study of Serum Total Cholesterol» [«Estudio de cohorte sobre el colesterol sérico total»].

10. J. D. Neaton y D. N. Wenthworth, «Low Serum Cholesterol and Risk of Death from AIDS» [«Los niveles bajos de colesterol sérico y el riesgo de muerte por sida»].

11. J. Kantor, «Prevalence of Erectile Dysfunction and Active Depression: An Analytic Cross-Sectional Study of General Medical Patients» [«El predominio de la disfunción eréctil y la depresión activa: estudio transversal analítico sobre pacientes en centros de salud»], *American Journal of Epidemiology* 156, n° 11 (2002), pp. 1.035-1.042.

12. M. Kanat et al., «A Multi-Center, Open Label Crossover Designed Prospective Study Evaluatiing the Effects of Lipid-lowering Treatment on Steroid Synthesis in Patients with Type 2 Diabetes (MODEST Study)», [«Estudio prospectivo multicéntrico, abierto y de diseño cruzado para evaluar los efectos del tratamiento reductor de lípidos en la síntesis de esteroides en pacientes con diabetes tipo 2 (estudio MODEST)»], *Journal of Endocrinology Investigation* 32, n° 10 (2009), pp. 852-856; R. D. Stanworth et al., «Statin Therapy is Associated with Lower Total but not Bioavailable or Free Testosterone in Men with Type 2 Diabetes» [«La terapia con estatinas se asocia a unos niveles totales más bajos en lugar de una testosterona libre o biodisponible en hombres con diabetes tipo 2, *Diabetes Care* 32, n° 4 (2009), pp. 541-546; A. S. Dobbs et al., «Effects of Hig-Dose Simvastatin on Adrenal and Gonadal Steroidogenesis in Men with Hypercholesterolemia» [«Los efectos de las altas dosis de simvastatina en la esteroidogénesis adrenal y gonadal en hombres con hipercolesterolemia»], *Metabolism* 49, n° 9 (2000), pp. 1.234-1.238; A. S. Dobs et al., «Effects of Simvastatin and Pravastatin on Gonadal Function in Male Hypercholesterolemic Patients» [«Los efectos de la simvastatina y la pravastatina sobre la función gonadal en pacientes varones hipercolesterolémicos»], *Metabolism* 49, n° 1 (2000), pp. 115-121; M. T. Hyyppä et al., «Does Simvastatin Affect Mood and Steroid Hormone Levels in Hypercholesterolemic Men? A Randomized Double-Blind Trial» [«¿Afecta la simvastatina el estado de ánimo y los niveles de hormonas esteroides de los varones hipercolesterolémicos? Estudio aleatorizado de doble ciego»], *Psychoneuroendocrinology* 28, n° 2 (2003), pp.181-194.

13. B. Banaszewska et al., «Effects of Simvastatin and Oral Contraceptive Agent on Polycystic Ovary Syndrome: Prospective, Randomized, Crossower Trial» [«Los efectos que la simvastatina y el agente de los contraceptivos orales producen en el síndrome del ovario poliquístico: estudio prospectivo aleatorizado y cruzado»], *Journal of Clinical Endocrinology & Metabolism* 92, n° 2 (2007), pp. 456-461; T. Sathyapalan et al., «The Effect of Atorvastatin in Patients with Polycystic Ovary Syndrome: A Randomi-

zed Double-Blind Placebo-Controlled Study» [«El efecto de la atorvastatina en pacientes con síndrome del ovario poliquístico: estudio aleatorizado de doble ciego controlado por placebo»], *Journal of Clinical Endocrinology & Metabolism* 94, n° 1 (2009), pp- 103-108.

14. C. Do et al., «Statins and Erectile Dysfunction: Results of a Case/Non-Case Study using the French Pharmacovigilance System Database» [«Las estatinas y la disfunción eréctil: resultados de un estudio de caso/no caso mediante el sistema francés de farmacovigilancia», *Drug Safety* 32, n° 7 (2009), pp. 581-597.

15. C. J. Malkin et al., «Low Serum Testosterone and Increased Mortality in Men with Coronary Heart Disease», [«Los niveles bajos de testosterona sérica y el aumento de la mortalidad en hombres con enfermedades coronarias»], *Heart* 96, n° 22 (2010), pp. 1.821-1.825.

16. S. Shrivastava et al., «Chronic Cholesterol Depletion.Using Statin Impairs the Function and Dynamics of Human Serotonin (1A) Receptors» [«La deficiencia crónica de colesterol causada por las estatinas afecta la función y la dinámica de los receptores de serotonina (1A) humanos»], *Biochemistry* 49, n° 26 (2010); pp. 5.426-5.435; L. N. Johnson-Anuna et al., «Chronic Administration of Statins Alters Multiple Gene Expression Patterns in Mouse Cerebral Cortex» [«La administración crónica de estatinas altera múltiples patrones de expresión de genes en la corteza cerebral de los ratones de laboratorio»], *Journal of Pharmacology and Experimental Therapeutics* 312, n° 2 (2005); pp. 786-793; A. Linetti et al., «Cholesterol Reduction Impairs Exocytosis of Synaptic Vesicles» [«La reducción del colesterol afecta la exocitosis de las vesículas sinápticas»], *Journal of Cell Science* 123, n° 4 (2010), pp. 595-605.

17. T. B. Horwich et al., «Low Serum Total Cholesterol Is Associated with Marked Increae in Mortality in Advance Heart Failure» [«Los niveles bajos de colesterol sérico total se asocian a un notable aumento de la mortalidad en la insuficiencia cardiaca avanzada»], *Journal of Cardiac Failure 8*, n° 4 (2002), pp. 216-224.

18. S. Brescianini et al., «Low Total Cholesterol and Increased Risk of Dying: Are Low Levels Clinical Warning Signs in the Elderly? Results from the Italian Longitudinal Study on Aging» [«Los niveles bajos de colesterol total y el mayor riesgo de muerte: ¿son los niveles bajos señales de alerta clínica en los ancianos? Resultados del estudio longitudinal italiano sobre el envejecimiento»], *Journal of the American Geriatrics Society* 51, n° 7 (2003), pp. 991-996.

19. A. Alawi et al., «Effect of the Magnitude of Lipid Lowering on Risk of Elevated Liver Enzymes, Rhabdomyolysis, and Cancer» [«El efecto que la gran reducción de lípidos produce en el riesgo de sufrir niveles altos de enzimas hepáticas, rabdomiolisis y cáncer»], *Journal of the American College of Cardiology* 50, n° 5 (2007), pp. 409-418.

20. D. Preiss et al., «Risk of Incident Diabetes with intensive-Dose Compared with Moderate-Dose Statin Terapy» [«El riesgo de desarrollar diabetes con la terapia de altas dosis de estatinas comparada con la de dosis moderadas»], *Journal of the American Medical Association* 305, n° 24 (2011), pp. 2.556-2.564.

21. www.spacedoc.com, Statin Drugs, publicado el 2 de mayo de 2012.

22. J. Graedon y T. Graedon, «Patients Find Statins Can Have Side Effects» [«Los pacientes descubren que las estatinas pueden causar efectos secundarios»], *The People's Pharmacy*, 18 de abril del 2005, publicado el 4 de enero de 2012, www.peoplespharmacy.com/2005/04/18/patients-find-s.

23. J. Graedon y T. Graedon, «Can Statins Cause Debilitating Muscle Pain» [«¿Pueden las estatinas causar dolor muscular debilitante?»], *The People's Pharmacy*, 8 de abril de 2005, publicado el 4 de enero de 2012, www.peoplespharmacy.com/2007/09/12/can-statins-cau.

24. J. Graedon y T. Graedon, «Does Lipitor Affect Memory and Nerves» [«¿Afecta el medicamento Lipitor la memoria y el sistema nervioso?»], *The People's Pharmacy*, 18 de abril del 2005, publicado el 4 de enero de 2012, www.peoplespharmacy.com/2007/06/20/does-lipitor-af/.

25. B. A. Golomb et al., «Physician Response to Patient Reports of Adverse Drug Effects» [«La reacción de los médicos a las quejas de los pacientes sobre los efectos adversos de los medicamentos»], *Drug Safety* 30, n° 8 (2007), pp. 669-675.

26. Ibíd.

27. S. Jeffrey, «ALLHAT Lipid-Lowering Trial Shows No Benefit from Pravastatin» [«El estudio reductor de lípidos ALLHAT muestra que la pravastatina no produce ningún beneficio»], *Heartwire*, 17 de diciembre de 2002, www.theheart.org/article/263333.do.

28. Heart Protection Study Collaborative Drug, «MRC/BHF Heart Protection Study of Cholesterol Lowering with Simvastatin in 20.536 High-Risk Individuals: A Randomised Placebo-Controlled Trial» [«Estudio para proteger el corazón MRC/BHF sobre la reducción del colesterol con simvastatina realizado con 20.536 sujetos de alto riesgo: ensayo clínico aleatorizado controlado por placebo»], *The Lancet* 360, n° 9.326 (2002), pp. 7-22.

29. U. Ravnskov, «Statins as the New Aspirin» [«Las estatinas, la nueva aspirina»], *British Medical Journal* 324. n° 7.340 (2002), p. 789.

30. S. Boyles, «More May Benefit from Cholesterol Drugs» [«Una mayor cantidad de personas se pueden beneficiar de los medicamentos reductores del colesterol»], *WebMD Health News*, 13 de enero de 2009, www.webmd.com/cholesterol-management/news/20090113/more-may-benefit-from-cholesterol-drugs.

31. M. de Lorgeril et al., «Cholesterol Lowering, Cardiovascular Diseases, and the Rosuvastatin-JUPITER Controversy: A Critical Reappraisal» [«La reducción del colesterol, las enfermedades cardiacas, la controversia de la rosuvastatina y el estudio JUPITER: reevaluación crítica»], *Archives of Internal Medicine* 170, n° 12 (2010), pp. 1.032-1.036.

32. M. A. Hlatky, «Expanding the Orbit of Primary Prevention-Moving Beyong JUPITER» [«La ampliación de la esfera de la prevención primaria: yendo más allá del estudio JUPITER»], *New England Journal of Medicine* 359 (2008), pp. 2.280-2.282.

33. Ibíd.

34. H. S. Hecht y S. M. Harman, «Relation of Aggressiveness of Lipid-Lowering Treatment to Changes in Calcified Plaque Burden by Electron Beam Tomography» [«La relación entre la agresividad del tratamiento reductor de lípidos y el aumento de la placa calcificada por medio de la tomografía computarizada por haz de electrones»], *American Journal of Cardiology* 92, n° 3 (2003), pp. 334-336.

35. W. A. Flegel, «Inhibition of Endotoxin-Induced Activation of Human Monocytes by Human Lipoprotein» [«La inhibición de endotoxinas: activación inducida de monocitos humanos por medio de lipoproteínas humanas»], *Infection and Immunity* 57, n° 7 (1989), pp. 2.237-2.245; W. A. Flegel et al., «Prevention of Endotoxin-Induced Monokine Release by Human Low- and High-Density Lipoproteins and by Apolipoprotein A-I» [«La prevención de endotoxinas: liberación inducida de monoquinas

por medio de lipoproteínas humanas de baja y alta densidad y de apolipoproteínas A-I»], *Infection and Immunity* 61, n° 12 (1993), pp. 5.140-5.146; H. Northoff et al., «The Role of Lipoproteins In Inactivation of Endotoxin by Serum» [«El papel de las lipoproteínas en la inactivación de endotoxinas por medio del suero»], *Beitr infusionsther* 30 (1992), pp. 195-197.

36. Jacobs et al., «Report of the Conference on Low Blood Cholesterol» [«Informe del congreso sobre los niveles bajos de colesterol en la sangre»].

37. Iribarren et al., «Serum Total Cholesterol and Risk of Hospitalization» [«El colesterol sérico total y el riesgo de hospitalización»], Iribarren et al., «Cohort Study of Serum Total Cholesterol» [«Estudio de cohorte sobre el colesterol sérico total»].

38. Neaton y Wentworth, «Low Serum Cholesterol and Risk of Death from AIDS» [«Los niveles bajos de colesterol sérico y el riesgo de muerte por sida»].

39. A. C. Looker et al., «Vitamin D Status: United States, 2001-2006» [«Situación de la vitamina D: Estados Unidos, 2001-2006»], *Centers for Disease Control and Prevention, NCHS Data Brief n° 59,* marzo de 2011, www.cdc.gov/nchs/data/databriefs/db59.htm.

40. W. Faloon, «Startling Findings About Vitamin D Levels in Life Extension Members» [«Descubrimientos sorprendentes sobre los niveles de vitamina D en los miembros de Life Extension»], *Life Extension Magazine,* enero de 2010, www.lef.org/magazine/mag2010/jan2010_Startling-Findings-About-Vitamin-D-Levels-in-Life-Extension-Members_01.htm.

41. «Health Conditions» [«Problemas de salud»], Vitamin D Council, modificado por última vez el 27 de setiembre de 2011, www.vitamindcouncil.org/healt-conditions.

42. «About Us» [«Sobre nosotros»], Therapeutics Initiative, http://ti.ubc.ca/about.

43. J. R. Downs et al., «Primary Prevention of Acute Coronary Events with Lovastatin in Men and Women with Average Cholesterol Levels: Results of AFCAPS/TexCAPS» [«La prevención primaria de los episodios coronarios agudos con lovastatina en hombres y mujeres con niveles normales de colesterol: los resultados del AFCAPS/Tex-CAPS»], *Journal of the American Medical Association* 279 (1998), pp. 1.615-1.622; J. Shepherd et al., «Prevention of Coronary Heart Disease with Pravastatin in Men with Hypercholesterolemia» [«La prevención de enfermedades coronarias con pravastatina en varones con hipercolesterolemia»], *New England Journal of Medicine* 333 (1995), pp. 1.301-1.307.

44. Therapeutics Initiative, «Do Statins Have a Role in Primary Prevention?» [«¿Desempeñan las estatinas un papel en la prevención primaria?»], *Therapeutics Letter* n° 48, abril-junio de 2003, www.ti.ubc.ca/newsletter/do-statins-have-role-primary-prevention.

45. J. Abramson y J. M. Wright, «Are Lipid-Lowering Guidelines Evidence-Based?» [«¿Se basan las pautas sobre la reducción de lípidos en pruebas científicas?»], *The Lancet* 369, n° 9.557 (2007), pp. 168-169.

46. M. Pignone et al, «Primary Prevention of CHD with Pharmacological Lipid-Lowering Therapy: A Meta-Analysis of Randomised Trials» [«La prevención primaria de las enfermedades coronarias con la terapia farmacológica reductora de lípidos: metaanálisis de estudios aleatorizados»], *British Medical Journal* 321, n° 7.267 (2000), pp. 983-986.

CAPÍTULO 7

1. E. G. Campbell, «Doctors and Drug Companies-Scrutinizing Influential Relationships» [«¿Mantienen las compañías farmacéuticas relaciones influyentes con los médicos»], *New England Journal of Medicine* 357 (2007), pp. 1.796-1.797; M. M. Chren, «Interactions Between Physicians and Drug Company Representatives» [«La relación entre los médicos y los representantes de las compañías farmacéuticas»], *American Journal of Medicine* 107, n° 2 (1999), pp. 182-183.

2. «NYHA Classification-The Stages of Heart Failure» [«Clasificación de la Asociación de Nueva York del Corazón: fases de la insuficiencia cardiaca»], Heart Failure Society of America, modificado por última vez el 5 de diciembre de 2011, www.abouthf. org/questions_stages.htm.

3. P. H. Langsjoen, S. Vadhanavikit y K. Folkers, «Response of Patientes in Classes III and IV of Cardiomyopathy to Therapy in a Blind and Crossover Trial with Coenzyme Q_{10}» [«Las respuestas de pacientes con cardiomiopatías de clase III y IV a la terapia en un estudio cruzado de doble ciego con la coenzima Q_{10}»], *Proceedings of the National Academy of Sciences of the United States of America* 82, n° 12 (1985), pp. 4.240-4.244.

4. P. H. Langsjoen et al., «A Six-Year Clinical Study of Therapy of Cardiomyopathy with Coenzyme Q_{10}» [«Estudio clínico de seis años de duración sobre el tratamiento de las cardiomiopatías con coenzima Q_{10}»], *International Journal of Tissue Reactions* 12, n° 3 (1990), pp. 169-171.

5. F. L. Rosenfeldt et al., «Coenzyme Q_{10} in the Treatment of Hypertension: A Meta-Analysis of the Clinical Trials» [«La coenzima Q_{10} en el tratamiento de la hipertensión: metaanálisis de estudios clínicos»], *Journal of Human Hypertension* 21, n° 4 (2007), pp. 297-306.

6. S. Hendler, *PDR for Nutritional Supplements*, 2ª ed., PDR Network, Montvale, Nueva Jersey, 2008, p. 152.

7. P. Davini et al., «Controlled Study on L-Carnitine Therapeutic Efficacy in Post-Infarction» [«Estudio controlado sobre la eficacia terapéutica de la L-carnitina en pacientes posinfartados»], *Drugs Under Experimental and Clinical Research* 18, n° 8 (1992), pp. 355-365.

8. I. Rizos, «Three-Year Survival of Patients with Heart Failure Caused by Dilated Cardiomyopathy and L-Carnitina Administration» [«Seguimiento de tres años de duración realizado a pacientes con insuficiencia cardiaca por cardiomiopatía dilatada a los que se les administró L-carnitina»], *American Heart Journal* 139, n° 2 (2000), pp. S120-123.

9. L. Cacciatore et al., «The Therapeutic Effect of L-Carnitine in Patients with Exercise-Induced Stable Angina: A Controlled Study» [«Los efectos terapéuticos de la L-carnitina en pacientes con angina de pecho estable inducida por el ejercicio físico: estudio controlado»], *Drugs Under Experimental and Clinical Research* 17, n° 4 (1991), pp. 225-235; G. Louis Bartels et al., «Effects of L-Propionylcarnitine on Ischemia-Induced Myocardial Dysfunction in Men with Angina Pectoris» [«Los efectos de la L-propionilcarnitina en la disfunción miocardial inducida por isquemia en varones con angina de pecho»], *American Journal of Cardiology* 74, n° 2 (1994), pp. 125-130.

10. L. A. Calò et al., «Antioxidant Effect of L-Carnitine and Its Short Chain Esters: Relevance for the Protection from Oxidative Stress Related Cardiovascular Damage» [«El

efecto antioxidante de la L-carnitina y sus ésteres de cadena corta: su importancia para proteger al organismo del daño cardiovascular relacionado con el estrés oxidativo»], *International Journal of Cardiology* 107, n° 1 (2006), pp. 54-60.

11. M. J. Bolland et al., «Effects of Calcium Supplements on Risk of Myocardial Infarction and Cardiovascular Events: Meta-Analysis» [«Los efectos de los suplementos de calcio en el riesgo de sufrir infarto de miocardio y episodios cardiovasculares: metaanálisis»], *British Medical Journal* 341, n° c3.691 (2010).

12. P. Raggi et al., «Progression of Coronary Artery Calcium and Risk of First Myocardial Infarction in Patients Receiving Cholesterol-Lowering Therapy» [«La progresión del calcio coronario y el riesgo de sufrir un primer infarto de miocardio en pacientes que reciben una terapia reductora del colesterol»], *Arteriosclerosis, Thrombosis, and Vascular Biology* 24, n° 7 (2004), pp. 1.272-1.277.

13. Ibíd.

14. U. Hoffmann et al., «Use of New Imaging Techniques to Screen for Coronary Artery Disease» [«El uso de nuevas técnicas de diagnóstico por imágenes para la detección de enfermedades coronarias»], *Circulation* 108 (2003), pp. e50-e53.

15. M. C. Houston y K. J. Harper, «Potassium, Magnesium, and Calcium: Their Role in Both the Cause and Treatment of Hypertension» [«Potasio, magnesio y calcio: el papel que desempeñan tanto en la causa como en el tratamiento de la hipertensión»], *Journal of Clinical Hypertension* 10, n° 7 (2008), pp. 3-11; L. Widman et al., «The Dose-Dependent Reduction in Blood Pressure Through Administration of Magnesium: A Double-Blind Placebo-Controlled Crossover Trial» [«La reducción de la tensión arterial mediante la administración de magnesio: estudio cruzado de doble ciego controlado por placebo»], *American Journal of Hypertension* 6, n° 1 (1993), pp. 41-45.

16. P. Laurant y R. M. Touyz, «Physiological and Pathophysiological Role of Magnesium in the Cardiovascular System: Implications in Hypertension» [«El papel fisiológico y patofisiológico del magnesio en el sistema cardiovascular: sus implicaciones en la hipertensión»], *Journal of Hypertension* 18, n° 9 (2000), pp. 1.177-1.191.

17. R. Meerwaldt et al., «The Clinical Relevance of Assessing Advanced Glycation Endproducts Accumulation in Diabetes» [«La importancia clínica de evaluar la acumulación de productos de glicación avanzada en la diabetes»], *Cardiovascular Diabetology* 7, n° 29 (2008), pp. 1-8; A. J. Smit, «Advanced Glycation Endproducts in Chronic Heart Failure» [«Los productos de glicación avanzada en la insuficiencia cardiaca crónica»], *Annals of the New York Academy of Sciences* 1.126 (2008), pp. 225-230; J. W. L. Hartog et al., «Advanced Glycation End-Products (AGEs) and Heart Failure: Pathophysiology and Clinical Implications» [«Los productos de glicación avanzada (PGA) y la insuficiencia cardiaca: patofisiología e implicaciones clínicas»], *European Journal of Heart Failure* 9, n° 12 (2007), pp. 1.146-1.155.

18. A. Sjögren et al., «Oral Administration of Magnesium Hydroxide to Subjects with Insulin-Dependent Diabetes Mellitus: Effects on Magnesium and Potassium Levels and on Insulin Requirements» [«La administración oral de hidróxido de magnesio en sujetos con diabetes *mellitus* insulinodependientes: sus efectos en los niveles de magnesio y potasio y en la necesidad de insulina»], *Magnesium* 7, n° 3 (1988), pp. 117-122; L. M. de Lordes et al., «The Effect of Magnesium Supplementation in increasing Doses on the Control of Type 2 Diabetes» [«Los efectos de la suplementación con dosis crecientes de magnesio en el control de la diabetes tipo 2»], Diabetes Care 21,

n° 5 (1998), pp. 682-686; G. Paolisso et al., «Dietary Magnesium supplements Improve B-Cell Response to Glucose and Arginine in Elderly Non-Insulin Dependent Diabetic Subjects» [«Los suplementos de magnesio mejoran la respuesta de las células B a la glucosa y la arginina en personas mayores diabéticas que no son insulinodependientes»], *Acta Endocrinologica* 121, n° 1 (1989), pp. 16-20.

19. F. Guerrero-Romero y M. Rodríguez Morán, «Low Serum Magnesium Levels and Metabolic Syndrome» [«Los niveles bajos de magnesio y el síndrome metabólico»], *Acta Diabetologica* 39, n° 4 (2002), pp. 209-213.

20. «Magnesium, What Is it?» [«¿Qué es el magnesio?»], Office of Dietary Supplements, National Institutes of Health, http//ods.od.nih.gov/factsheets/magnesium-HealthProfessional.

21. S. Hendler, *PDR for Nutritional Supplements,* 2ª ed., PDR Network, Montvale, Nueva Jersey, 2008, p. 152.

22. E. S. Ford y A. H. Mokdad, «Dietary Magnesium Intake in a National Sample of U. S. Adults» [«El consumo de magnesio en una muestra nacional de adultos de Estados Unidos»], *Journal of Nutrition* 133, n° 9 (2003), pp. 2.879-2.882.

23. R. Altschul et al., «Influence of Nicotinic Acid in Serum Cholesterol in Man» [«La influencia del ácido nicotínico en el colesterol sérico de los varones»], *Archives of Biochemistry and Biophysics* 54, n° 2 (1995), pp. 558-559.

24. R. H. Knopp et al., «Contrasting Effects of Unmodified and Time-Release Forms of Niacin on Lipoproteins in Hyperlipidemic Subjects: Clues to Mechanism of Action of Nacin» [«Los efectos de la niacina de liberación inmediata comparados con la de liberación prolongada en las lipoproteínas de los pacientes hiperlipidémicos: las claves del mecanismo de la acción de la niacina»], *Metabolism* 34, n° 7 (1985), pp. 642-650; J. M. McKenney et al., «A Comparison of the Efficacy and Toxic Effects of Sustained vs. Immediate-Release Niacin in Hypercholesterolemic Patients» [«La eficacia y los efectos tóxicos de la niacina de liberación prolongada comparados con la niacina de liberación inmediata en los pacientes hipercolesterolémicos»], *Journal of the American Medical Association* 271, n° 9 (1994), pp. 672-677.

25. P. R. Kamstrup, «Genetically Elevated Lipoprotein(a) and Increased Risk of Myocardial infarction» [«Los niveles altos de lipoproteínas (a) hereditarios y el mayor riesgo de sufrir infarto de miocardio»], *Journal of the American Medical Association* 301, n° 22 (2009), pp. 2.331-2.339; M. Sandkamp et al., «Lipoprotein(a) Is an Independent Risk Factor for Myocardial Infarction at a Young Age» [«La lipoproteína (a) es un factor que incrementa el riesgo de sufrir infarto de miocardio a una edad temprana»], *Clinical Chemistry* 36, n° 1 (1990), pp. 20-23; A. Gurakar et al., «Levels of Lipoprotein Lp(a) Decline with Neomycin and Niacin Treatment» [«Los niveles de lipoproteína (a) se reducen con un tratamiento con neomicina y niacina»], *Atherosclerosis* 57, n°s 2-3 (1985), pp. 293-301; L. A. Carlson et al., «Pronounced Lowering of Serum Levels of Lipoprotein Lp(a) in Hyperlipidaemic Subjects Treated with Nicotinic Acid» [«El notable descenso de los niveles de lipoproteína (a) sérica en pacientes hiperlipidémicos tratados con ácido nicotínico»], *Journal of Internal Medicine* 226, n° 4 (1989), pp. 271-276.

26. J. Shepard et al., «Effects of Nicotinic Acid Therapy on Plasma High Density Lipoprotein Subfraction Distribution and Composition and on Apolipoprotein A Metabolism» [«Los efectos de la terapia con ácido nicotínico en las subclases, la distribución

y la composición de las lipoproteínas de alta densidad plasmáticas y en el metabolismo de la apolipoproteína A»], *Journal of Clinical Investigation* 63, n° 5 (1979), pp. 858-867; G. Wahlberg et al., «Effects of Nicotinic Acid on Serum Cholesterol Concentrations of High Density Lipoprotein Subfractions HDL2 and HDL3 in Hyperlipoproteinaemia» [«Los efectos del ácido nicotínico en las concentraciones de colesterol sérico de lipoproteínas de alta densidad de las subclases HDL2 y HDL3 en la hiperlipoproteinemia»], *Journal of Internal Medicine* 228, n° 2 (1990), pp. 151-157.

27. Shepard et al., «Effects of Nicotinic Acid Therapy» [«Los efectos de la terapia con ácido nicotínico»]; Wahlberg et al., «Effects of Nicotinic Acid on Serum Cholesterol» [«Los efectos del ácido nicotínico en el colesterol sérico»].

28. A Gaby, *Nutritional Medicine* Fritz Perlberg Publishing, Concord, New Hampshire, 2011.

29. A. Hoffer, «On Niacin Hepatitis» [«La hepatitis causada por la niacina»], *Journal of Orthomolecular Medicine* 12 (1983), p. 90.

30. McKenney et al., «A Comparison of the Efficacy and Toxic Effects of Sustained Vs. Immediate-Release Niacin» [«La eficacia y los efectos tóxicos de la niacina de liberación prolongada comparados con la niacina de liberación inmediata»]; J. A. Etchason et al., «Niacin-Induced Hepatitis: A Potential Side Effect with Low-Dose Time-Release Niacin» [«La hepatitis inducida por la niacina: un posible efecto secundario de las dosis bajas de niacina de liberación prolongada»], *Mayo Clinic Proceedings* 66, n° 1 (1991), pp. 23-28.

31. Gaby, *Nutritional Medicine.*

32. E. Serbinova et al., «Free Radical Recycling and Intramembrane Mobility in the Antioxidant Properties of Alpha-Tocopherol and Alpha-Tocotrienol» [«El reciclaje de radicales libres y la movilidad intramembranosa en las propiedades antioxidantes de los alfa-tocoferoles y alfa-tocotrienoles»], *Free Radical Biology & Medicine* 10, n° 5 (1991), pp. 263-275.

33. R. A. Parker et al., «Tocotrienols Regulate Cholesterol Production in Mammalian Cells by Post-Transcriptional Suppression of 3-Hydroxy-3-Methylglutaryl-Coenzyme A reductase» [«Los tocotrienoles regulan la producción de colesterol en las células de los mamíferos mediante la supresión postranscripcional de la 3-hidroxi-3-metilglutaril-coenzima A reductasa»], *Journal of Biological Chemistry* 268 (1993), pp. 11.230-11.238; B. C. Pearce et al., «Hypocholesterolemic Activity of Synthetic and Natural Tocotrienols» [«La actividad hipocolesterolémica de los tocotrienoles sintéticos y naturales»], *Journal of Medicinal Chemistry* 35, n° 20 (1992), pp. 3.595-3.606; B. C. Pearce et al., «Inhibitors of Cholesterol Biosynthesis. 2. Hypocholesterolemic and Antioxidant Activities of Benzopyran and Tetrahydronaphthalene Analogues of the tocotrienols» [«Los inhibidores de la biosíntesis del cholesterol. 2. Las actividades hipocolesterolémicas y antioxidantes del benzopireno y el tetrahidronaftaleno, análogos de los tocotrienoles»], *Journal of Medicinal Chemistry* 37, n° 4 (1994), pp. 526-541.

34. S. G. Yu et. al., «Dose-Response Impact of Various Tocotrienols on Serum Lipid Parameters in Five-Week-Old Female Chickens» [«El impacto de la respuesta a las dosis de diversos tocotrienoles en los parámetros de lípidos séricos de gallinas de cinco semanas»], *Lipids* 41, n° 5 (2006), pp. 453-461; M. Minhajuddin et al., «Hypolipidemic and Antioxidant Properties of Tocotrienol-Rich Fraction Isolated from Rice Bran Oil in Experimentally Induced Hyperlipidemic Rats» [«Las propiedades hipoli-

314   LA VERDAD SOBRE EL COLESTEROL

pidémicas y antioxidantes de una fracción rica en tocotrienoles aislada del aceite de salvado de arroz en ratas de laboratorio con hiperlipidemia inducida»], Food and Chemical Toxicology 43, n° 5 (2005), pp. 747-753; J. Iqbal et al., «Suppression of 7,12-Dimethyl-Benz[alpha]anthracene-Induced Carcinogenesis and Hypercholesterolaemia in Rats by Tocotrienol-Rich Fraction Isolated from Rice Bran Oil» [«La erradicación de la carcinogénesis inducida por 7,12-dimetilbenzo[alfa]antraceno y de la hipercolesterolemia en ratas de laboratorio mediante una fracción rica en tocotrienoles aislada del aceite de salvado de arroz»], European Journal of Cancer Prevention 12, n° 6 (2003), pp. 447-453; A. A. Qureshi et al., «Novel Tocotrienols of Rice Bran Suppress Cholesterogenesis in Hereditary Hypercholesterolemic Swine» [«Los novedosos tocotrienoles del salvado de arroz eliminan la colesterogénesis en cerdos de laboratorio con hipercolesterolemia hereditaria»], Journal of Nutrition 131, n° 2 (2001), pp. 223-230; M. K. Teoh et al., «Protection by Tocotrienols against Hypercholesterolaemia and Atheroma» [«Los tocotrienoles como medida preventiva contra la hipercolesterolemia y los ateromas»], Medical Journal of Malaysia 49, n° 3 (1994), pp. 255-262; A. A. Qureshi et al., «Dietary Tocotrienols Reduce Concentrations of Plasma Cholesterol, Apolipoprotein B, Thromboxane B2, and Platelet Factor 4 in Pigs with Inherited Hyperlipidemias» [«El consumo de tocotrienoles reduce las concentraciones de colesterol plasmático, apolipoproteína B, tromboxano B2 y el factor plaquetario 4 en cerdos de laboratorio con hiperlipidemias hereditarias»], American Journal of Clinical Nutrition 53, n° 4 (1991), pp. 1.042S-1.046S; D. O'Byrne et al., «Studies of LDL Oxidation Following Alpha–, Gamma–, or Delta-Tocotrienyl Acetate Supplementation of Hypercholesterolemic Humans» [«Estudios sobre la oxidación de las LDL aparecida tras la suplementación con acetato alfa—, gamma- o delta-tocotrienil de pacientes hipercolesterolémicos»], Free Radical Biology & Medicine 29, n° 9 (2000), pp. 834-845; A. A. Qureshi et al., «Lowering of Serum Cholesterol in Hypercholesterolemic Humans by Tocotrienols (Palm Vitee)» [«La reducción del colesterol sérico en sujetos hipercolesterolémicos mediante tocotrienoles (Palm Vitee)»], American Journal of Clinical Nutrition 53, n° 4 (1991), suplemento, pp. 1.021-1.026; Qureshi et al., «Response of Hypercholesterolemic Subjects to Administration of Tocotrienols» [«La respuesta de sujetos hipercolesterolémicos ante la administración de tocotrienoles»], Lipids 30, n° 2 (1995), pp. 1.171-1.177; A. C. Tomeo et al., «Antioxidant Effects of Tocotrienols in Patients with Hyperlipidemia and Carotid Stenosis» [«Los efectos antioxidantes de los tocotrienoles en pacientes con hiperlipidemia y estenosis carotidea»], Lipids 30, n° 12 (1995), pp. 1.179-1.183.
35. A. Stoll, The Omega-3 Connection, Free Press, Nueva York, 2001.
36. J. Dyerberg et al., Plasma Cholesterol Concentration In Caucasian Danes and Greenland West Coast Eskimos» [«La concentración de colesterol plasmático en daneses caucasianos y en esquimales de la costa oeste de Groenlandia»], Danish Medical Bulletin 24, n° 2 (1997), pp. 52-55; H. O. Bang et al., «The Composition of Food Consumed by Greenland Eskimos» [«La composición de la comida de los esquimales de Groenlandia»], Acta Medica Scandinavica 200, n°s 1-2 (1976), pp. 69-73; H. O. Bang y J. Dyerberg, «Plasma Lipids and Lipoproteins in Greenlandic West Coast Eskimos», [«Los lípidos plasmáticos y las lipoproteínas en los esquimales de la costa oeste de Groenlandia»], Acta Medica Scandinavica 192, n°s 1-2 (1972), pp. 85-94; H. O. Bang et al., «Plasma Lipid and Lipoprotein Pattern in Greenlandic West Coast Eskimos»

[«Los lípidos plasmáticos y el patrón de lipoproteínas en los esquimales de la costa oeste de Groenlandia»], *The Lancet* 1, n° 7.710 (1971), pp. 1.143-1.145; J. Dyerberg et al., «Fatty Acid Composition of the Plasma Lipids in Greenland Eskimos» [«La composición de los ácidos grasos de los lípidos plasmáticos de los esquimales de Groenlandia»], *American Journal of Clinical Nutrition* 28, n° 9 (1975), pp. 958-966.

37. D. Mozzafarian y J. H. Wu., «Omega-3 Fatty Acids and Cardiovascular Disease: Effects on Risk Factors, Molecular Pathways, and Clinical Events» [«Los ácidos grasos omega 3 y las enfermedades cardiovasculares: efectos en los factores de riesgo, las rutas moleculares y los episodios clínicos»], *Journal of the American College of Cardiology* 58, n° 20 (2011), pp. 2.047-2.067.

38. GISSI-Prevenzione Investigators, «Dietary Supplementation with N-3 Polyunsaturated Fatty Acids and Vitamin E after Myocardial Infarction: Results of the GISSI-Prevenzione Trial» [«La suplementación nutricional con ácidos grasos poliinsaturados omega 3 y vitamina E tras un infarto de miocardio: resultados del estudio GISSI-Prevenzione»], *The Lancet* 354, n° 9.177 (1999), pp. 447-455.

39. M. R. Cowie, «The Clinical Benefit of Omega-3 PUFA Ethyl Esters Supplementation in Patients with Heart Failure» [«Los beneficios clínicos de la suplementación con ésteres etílicos PUFA de ácidos grasos omega 3 en pacientes con insuficiencia cardiaca»], *European Journal of Cardiovascular Medicine* 1, n° 2 (2010), pp. 14-18.

40. «Clinical Guideliness, CG48» [«Pautas clínicas, CG48»], National Institute for Health and Clinical Excelence, modificado por última vez el 23 de setiembre de 2011, www.nice.org.uk/CG48.

41. Cowie, «The Clinical Benefit of Omega-3 PUFA Ethyl Esters» [«Los beneficios clínicos de los ésteres etílicos PUFA de los ácidos grasos omega 3»].

42. D. Lanzmann-Petithory, «Alpha-Linolenic Acid and Cardiovascular Diseases» [«El ácido alfa-linolénico y las enfermedades cardiovasculares»], *Journal of Nutrition, Health & Aging* 5, n° 3 (2001), pp. 179-183.

43. M. Yokoyama, «Effects of Eicosapentaenoic Acid (EPA) on Major Cardiovascular Events in Hypercholesterolemic Patients: The Japan EPA Lipid Intervention Study (JELIS)» [«Los efectos del ácido eicosapentaenoico (AEP) en los episodios cardiovasculares graves de pacientes hipercolesterolémicos: el estudio japonés de intervención lipídica con AEP (JELIS)»], presentación, American Hearth Association Scientific Sessions, Dallas, Texas, 13-16 de noviembre de 2005; Medscape «JELIS-Japan Eicosapentaenoic Acid (EPA) Lipid intervention Study» [«Estudio japonés de intervención lipídica con ácido eicosapentaenoico (AEP) (JELIS)»], Medscape Education, www.medscape.org/viewarticle/518574.

44. G. Bon et al., «Effects of Pantethine on In Vitro Peroxidation of Low-Density Lipoproteins» [«Los efectos de la pantetina en la peroxidación *in vitro* de lipoproteínas de baja densidad»], *Atherosclerosis* 57 n° 1 (1985), pp. 99-106.

45. A. C. Junior et al., «Antigenotoxic and Antimutagenic Potential of an Annatto Pigment (Norbixin) Against Oxidative Stress» [«El potencial antigenotóxico y antimutagénico del pigmento de las semillas de annatto (norbixina) para combatir el estrés oxidativo»], *Genetics and Molecular Research* 4, n° 1 (2005), pp. 94-99; G. Kelly «Pantethine: A Review of its Biochemistry and Therapeutic Applications» [«La pantetina: su bioquímica y sus aplicaciones terapéuticas»], *Alternative Medicine Review* 2, n° 5 (1997), pp. 365-377; F. Coronel et al., «Treatment of Hyperlipemia in Diabetic Patients on Dialy-

sis with a Phsyiological Substance» [«El tratamiento de la hiperlipemia en pacientes diabéticos en diálisis con una sustancia fisiológica»], *American Journal of Nephrology* 11, n° 1 (1991), pp. 32-36; P. Binaghi et al., «Evaluation of the Hypocholesterolemic Activity of Pantethine in Perimenopausal Women» [«Evaluación de la actividad hipocolesterolémica de la pantetina en mujeres perimenopáusicas»], *Minerva Medica* 81 (1990), pp. 475-479; Z. Lu, «A Double-Blind Clinical Trial: The Effects of Pantethine on Serum Lipids in Patients with Hyperlipidemia» [«Estudio clínico de doble ciego: los efectos de la pantetina en los lípidos séricos en pacientes con hiperlipidemia»], *Chinese Journal of Cardiovascular Diseases* 17, n° 4 (1989), pp. 221-223; M. Eto et al., «Lowering Effect of Pantethine on Plasma Beta-Thromboglobulin and Lipids in Diabetes Mellitus» [«El efecto reductor de la pantetina en la beta-tromboglobulina y los lípidos plasmáticos en la diabetes *mellitus*»], Artery 15, n° 1 (1987), pp. 1-12; D. Prisco et al., «Effect of Oral Treatment with Pantethine on Platelet and Plasma Phospholipids in Type II Hyperlipoproteinemia» [«Los efectos del tratamiento oral con pantetina en las plaquetas y los fosfolípidos plasmáticos en la hiperlipoproteinemia tipo 2»], *Angiology* 38, n° 3 (1987), pp. 241-247; F. Bellani et al., «Treatment of Hyperlipidemias Complicated by Cardiovascular Disease in the Elderly: Results of an Open Short-Term Study with Pantethine» [«Tratamiento de las hiperlipidemias complicadas por enfermedades cardiovasculares en los ancianos: resultados de un estudio abierto a corto plazo con pantetina»], *Current Therapeutic Research* 40, n° 5 (1986), pp. 912-916; S. Bertolini et al., «Lipoprotein Changes Induced by Pantethine in Hyperlipoproteinemic Patients: Adults and Children» [«Los cambios inducidos en las lipoproteínas por la pantetina en pacientes adultos e infantiles hiperlipoproteinémicos»], *International Journal of Clinical Pharmacology and Therapeutics* 24, n° 11 (1986), pp. 630-637; C. Donati et al., «Pantethine Improves the Lipid Abnormalities of Chronic Hemodialysis Patients: Results of a Multicenter Clinical Trial» [«La pantetina mejora las anormalidades lipídicas de los pacientes en hemodiálisis crónica: resultados de un estudio clínico multicéntrico»], *Clinical Nephrology* 25, n° 2 (1986), pp. 70-74; L. Arsenio et al., «Effectiveness of Long-Term Treatment with Pantethine in Patients with Dyslipidemia» [«La eficacia del tratamiento a largo plazo con pantetina en pacientes con dislipidemia»], *Clinical Therapeutics* 8, n° 5 (1986), pp. 537-545; S. Giannini et al., «Efeitos da Pantetina Sobrelipides Sangineos» [«Los efectos de la pantetina en el tratamiento de la hipercolesterolemia»], *Arquivos Brasileiros de Cardiologia* 46, n° 4 (1986), pp. 283-289; F. Bergesio et al., «Impiego della Pantetina nella Dislipidemia dell'Uremico Cronico in Trattamento Dialitico» [«El uso de la pantetina en la dislipidemia de pacientes urémicos crónicos sometidos a diálisis»], *Journal of Clinical Medicine and Research* 66, n°s 11-12 (1985), pp. 433-440; G. F. Gensini et al., «Changes in Fatty Acid Composition of the Single Platelet Phospholipids Induced by Pantethine Treatment» [«Los cambios en la composición de los ácidos grasos de los fosfolípidos plaquetarios provocados por el tratamiento con pantetina»], *International Journal of Clinical Pharmacology Research* 5, n° 5 (1985), pp. 309-318; L. Cattin et al., «Treatment of Hypercholesterolemia with Pantethine and Fenofibrate: An Open Randomized Study on 43 Subjects» [«El tratamiento de la hipercolesterolemia con pantetina y fenofibrato: estudio abierto aleatorizado con 43 sujetos»], *Current Therapeutic Research* 38 (1985), pp. 386-395; A. Postiglione et al., «Pantethine Versus Fenofibrate in the Treatment of Type II Hyperlipoproteinemia» [«La pantetina frente al fenofibrato en el tratamiento de la hiperlipoproteinemia tipo 2»], *Monographs on Atherosclerosis* 13 (1985), pp. 145-148; G. Seghieri et al., «Effetto della Terapia con Pantetina in Uremici Cronici Emodializzati con Iperlipoproteinemia di Tipo IV» [«Los efectos de la terapia con pantetina en pacientes urémicos en hemodiálisis crónica con hiperlipoproteinemia tipo 4»], *Journal of Clinical Medicine and Research* 66, n°s 5-6 (1985), pp. 187-192; L. Arsenio et al., «Iperlipidemia Diabete ed Aterosclerosi: Efficacia del Trattamento con Pantetina» [«La hiperlipidemia, la diabetes y la aterosclerosis: la eficacia del tratamiento con pantetina»], *Acta Biomed Ateneo Parmense* 55, n° 1 (1984), pp. 25-42; O. Bosello et al., «Changes in the Very Low Density Lipoprotein Distribution of Apolipoproteins C-III2, CIII1, C-III0, C-II, and Apolipoprotein E after Pantethine Administration» [«Los cambios en la distribución de las lipoproteínas de muy baja densidad de las apolipoproteínas C-III2, CIII1, C-III0, C-II y la apolipoproteína E después de la administración de pantetina»], *Acta Therapeutica* 10 (1984), pp. 421-430; P. Da Col et al., «Pantethine in the Treatment of Hypercholesterolemia: A Randomized Double-Blind Trial Versus Tiadenol» [«La pantetina en el tratamiento de la hipercolesterolemia: un estudio aleatorizado de doble ciego frente al tratamiento con Tiadenol»], *Current Therapeutic Research* 36 (1984), pp. 314-321; A. Gaddi et al., «Controlled Evaluation of Pantethine, a Natural Hypolipidemic Compound, in Patients with Different Forms of Hyperlipoproteinemia» [«Evaluación controlada de la pantetina, un compuesto natural hipolipidémico, en pacientes con distintas clases de hiperlipoproteinemia»], *Atherosclerosis* 50, n° 1 (1984), pp. 73-83; E. Miccoli et al., «Effects of Pantethine on Lipids and Apolipoproteins in Hypercholesterolemic Diabetic and Non-Diabetic Patients» [«Los efectos de la pantetina en los lípidos y las apolipoproteínas en pacientes hipercolesterolémicos diabéticos y no diabéticos»], *Current Therapeutic Research* 36 (1984), pp. 545-549; M. Maioli et al., «Effects of Pantethine on the Subfractions of HDL in Dyslipidemic Patients» [«Los efectos de la pantetina en las subclases de HDL en pacientes dislipidémicos»], *Current Therapeutic Research* 35 (1984), pp. 307-311; G. Ranieri et al., «Effect of Pantethine on Lipids and Lipoproteins in Man» [«Los efectos de la pantetina en los lípidos y las lipoproteínas de los varones»], *Acta Therapeutica* 10 (1984), pp. 219-227; A. Murai et al., «The Effects of Pantethine on Lipid and Lipoprotein Abnormalities in Survivors of Cerebral Infarction» [«Los efectos de la pantetina en las anormalidades de lípidos y lipoproteínas en los sobrevivientes a un infarto cerebral»], *Artery* 12, n° 4 (1983), pp. 234-243; P. Avogaro et al., «Effect of Pantethine on Lipids, Lipoproteins and Apolipoproteins in Man» [«Los efectos de la pantetina en los lípidos, las lipoproteínas y las apolipoproteínas de los varones»], *Current Therapeutic Research* 33 (1983), pp. 488-493; G. Maggi et al., «Pantethine: A Physiological Lipomodulating Agent in the Treatment of Hyperlipidemia» [«La pantetina: un agente fisiológico lipomodulador en el tratamiento de la hiperlipidemia»], *Current Therapeutic Research* 32 (1982), pp. 380-386; K. Hiramatsu et al., «Influence of Pantethine on Platelet Volume, Microviscosity, Lipid Composition and Functions in Diabetes Mellitus with Hyperlipidemia» [«La influencia de la pantetina en el volumen, la microviscosidad y la composición lipídica de las plaquetas y sus funciones en la diabetes *mellitus* con hiperlipidemia»], *Tokai Journal of Experimental and Clinical Medicine* 6, n° 1 (1981), pp. 49-57.

46. M. Houston et al., «Nonpharmacologic Treatment of Dyslipidemia» [«Tratamiento no farmacológico de la dislipidemia»], *Progress in Cardiovascular Disease* 52, n° 2 (2009), pp. 61-94.

47. R. Pfister et al., «Plasma Vitamin C Predicts Incident Heart Failure in Men and Women in European prospective Investigation into Cancer and Nutrition-Norfolk Prospective Study» [«La vitamina C plasmática predice los episodios de insuficiencia cardiaca en hombres y mujeres en una investigación prospectiva europea sobre cáncer y nutrición: estudio prospectivo Norfolk»], *American Heart Journal* 162, n° 2 (2011), pp. 246-253.

48. W. Wongcharoen y A. Phrommintikul, «The Protective Role of Curcumin in Cardiovascular Diseases», [«El papel protector de la curcumina en las enfermedades cardiovasculares»], *International Journal of Cardiology* 133, n° 2 (2009), pp. 145-151.

49. M. Houston, *What Your Doctor May Not Tell You About Heart Disease,* Grand Central Life & Style, Nueva York, 2012.

50. G. Ramaswami, «Curcumin Blocks Homocysteine-Induced Endothelial Dysfunction in Porcine Coronary Arteries» [«La curcumina bloquea la homocisteína: disfunción endotelial inducida en las arterias coronarias porcinas»], *Journal of Vascular Surgery* 40, n° 6 (2004), pp. 1.216-1.222.

51. H. Sumi et al., «Enhancement of the Fibrinolytic Activity in Plasma by Oral Administration of Nattokinase» [«El aumento de la actividad fibrinolítica plasmática mediante la administración oral de natoquinasa»], *Acta Haematologica* 84, n° 3 (1990), pp. 139-143.

52. M. A. Carluccio et al., «Olive Oil and Red Wine Antioxidant Polyphenols Inhibit Endothelial Activation: Antiatherogenic Properties of Mediterranean Diet Phytochemicals» [«Los polifenoles antioxidantes del aceite de oliva y del vino tinto inhiben la activación endotelial: propiedades antiaterogénicas de los fitoquímicos de la dieta mediterránea»], *Atherosclerosis, Thrombosis, and Vascular Biology* 23, n° 4 (2003), pp. 622-629.

53. «Study Shows Chocolate Reduces Blood Pressure and Risk of Heart Disease» [«Un estudio revela que el chocolate reduce la tensión arterial y el riesgo de sufrir enfermedades cardiacas»], *European Society of Cardiology,* 31 de marzo de 2010, www.escardio.org/about/press/press-releases/pr-10/Pages/chocolate-reduces-blood-pressure.aspx.

54. M. Houston et al., «Nonpharmacologic Treatment for Dyslipidemia» [«Tratamiento no farmacológico para la dislipidemia»], *Progress in Cardiovascular Disease* 52, n° 2 (2009), pp. 61-94.

55. Houston, *What Your Doctor May Not Tell You.*

CAPÍTULO 8

1. R. Relyea, «Predator Cues and Pesticides: A Double Dose of Danger» [«Los impulsos generados por los depredadores y los pesticidas: una dosis doble de peligro»], *Ecological Applications* 13, n° 6 (2003), pp. 1.515-1.521.

2. J. C. Buck, «The Effects of Multiple Stressors on Wetland Communities: Pesticides, Pathogens, and Competing Amphibians» [«Los efectos de múltiples factores estresantes en las comunidades de los pantanos: los pesticidas, los patógenos y los anfibios que compiten por la supervivencia»], *Freshwater Biology* 57, n° 1 (2012), pp. 61-73; Q. Guangqiu et al., «Effects of Predator Cues on Pesticide Toxicity: Toward an Understanding of the Mechanism of the Interaction» [«Los efectos de los impulsos generados por los depredadores en la toxicidad de los pesticidas: los posibles meca-

Notas

nismos de la interacción»], *Environmental Toxicology and Chemistry* 30, n° 8 (2011), pp. 1.926-1.034; M. L. Groner y R. Relyea et al., «A Tale of Two Pesticides: How Common Insecticides Affect Aquatic Communities» [«Un relato sobre dos pesticidas: el efecto que los insecticidas comunes producen en las comunidades acuáticas»], *Freshwater Biology* 56, n° 11 (2011), pp. 2.391-2.404; A. Sih et al., «Two Stressors Are Far Deadlier than One» [«Dos factores estresantes son mucho más mortíferos que uno solo»], *Trends in Ecology and Evolution* 19, n° 6 (2004), pp. 274-276.

3. R. Sapolsky, «Stress and Your Body» [«El estrés y tu cuerpo»], Conferencia 3, The Great Courses: Teaching Company.
4. «Hypertension» [«La hipertensión»], World Heart Federation, www.world-heart-federation.org/cardiovascular-health/cardiovascular-disease-risk-factors/hypertension.
5. R. Sapolsky, «Stress and Your Body» [«El estrés y tu cuerpo»], Conferencia 3, The Great Courses: Teaching Company.
6. «Mental Stress Raises Cholesterol Levels in Healthy Adults» [«El estrés mental aumenta los niveles de colesterol de los adultos sanos»], *Medical News Today*, 23 de noviembre de 2005, www.medicalnewstoday.com/releases/34047.php.
7. M. Hitti, «Cut Stress, Help Your Cholesterol» [«Si eliminas el estrés, tus niveles de colesterol mejorarán»], *WebMD Health News*, 22 de noviembre de 2005, www.webmd.com/cholesterol-management/news/20051122/cut-stress-help-your-cholesterol.
8. A. H. Glassman et al., «Psychiatric Characteristics Associated with Long-Term Mortality Among 361 Patients Having an Acute Coronary Syndrome and Major Depression: Seven-Year Follow-Up of SADHART Participants» [«Las características psiquiátricas asociadas a la mortalidad a largo plazo entre 361 pacientes con síndrome coronario agudo y depresión grave: seguimiento de siete años de duración de los participantes del SADHART»], *Archives of General Psychiatry* 66, n° 9 (2009), pp. 1.022-1.029.
9. A. H. Glassman, «Depression and Cardiovascular Comorbidity» [«Depresión y comorbilidad cardiovascular»], *Dialogues in Clinical Neuroscience* 9, n° 1 (2007), pp. 9-17.
10. S. Sinatra, *Heart Break and Heart Disease,* Keats Publishing, Chicago, 1996.
11. R. Foroohar, «The Optimist: Why Warren Buffet is Bullish on America» [«El optimista: por qué Warren Buffet es la personificación del optimismo en Estados Unidos»], *Time*, 23 de enero del 2012.
12. Ibíd.

CAPÍTULO 9

1. Johns Hopkins Medicine, «The New Blood Lipid Tests-Sizing Up LDL Cholesterol» [«Las nuevas pruebas de lípidos: evaluación de las partículas de colesterol LDL»], *Johns Hopkins Health Alerts, modificado* por última vez el 13 de junio de 2008, www.johnshopkinshealthalerts.com/reports/heart_health/1886-1.html.
2. J. J. Stec et al., «Association of Fibrinogen with Cardiovascular Risk Factors and Cardiovascular Disease in the Framingham Offspring Population» [«La relación entre el fibrinógeno, los factores de riesgo cardiovasculares y las enfermedades cardiovasculares en la población de Framingham»], *Circulation* 102, n° 14 (2000), pp. 1.634-1.638.
3. Ibíd; L. Nainggolan, «Fibrinogen Tests Should Be Used for Additional Information when Assessing Cardiovascular Disease» [«Al evaluar una enfermedad cardiovascular

se deberían usar las pruebas del fibrinógeno como información adicional»], *Heartwire*, 3 de octubre de 2000, www.theheart.org/article/180167.do.

4. Stec et al., «Association of Fibrinogen with Cardiovascular Risk Factors» [«La relación entre el fibrinógeno y los factores de riesgo cardiovasculares»].

5. J. T. Salonen et al., «High Stored Iron Levels Are Associated with Excess Risk of Myocardial Infarction in Eastern Finnish Men» [«Los niveles elevados de hierro se asocian a un alto riesgo de sufrir un infarto de miocardio en los hombres finlandeses de las zonas orientales»], *Circulation* 86, n° 3 (1992), pp. 803-811; L. K. Altman, «High Level of Iron Tied to Heart Risk» [«Los niveles altos de hierro están vinculados al riesgo cardiaco»], *New York Times*, 8 de setiembre de 1992.

6. Salonen et al., «High Stored iron Levels» [«Los niveles altos de hierro»].

7. «Statins Can Damage Your Health» [«Las estatinas son perjudiciales para la salud»], Vitamin C Foundation, www.vitamincfoundation.org/statinalert.

8. H. Refsum et al., «The Hordaland Homocysteine Study: A Community-Based Study of Homocysteine, Its Determinants, and Associations with Disease» [«Estudio sobre la homocisteína en Hordaland: estudio basado en una comunidad sobre la homocisteína, sus factores determinantes y su relación con las enfermedades»], *Journal of Nutrition* 136, n° 6 (2006), pp. 1.731S-1.740S; Homocystein Studies Collaboration, «Homocysteine and Risk of Ischemic Heart Disease and Stroke: A Meta-Analysis» [«La homocisteína y el riesgo de sufrir enfermedades cardiacas isquémicas y embolias: metaanálisis»], *Journal of the American Medical Association* 288, n° 16 (2002), pp. 2.015-2.022; D. S. Wald et al., «Homocysteine and Cardiovascular Disease: Evidence on Casualty from a Meta-Analysis» [«La homocisteína y las enfermedades cardiovasculares: la prueba de muertes procedente de un metaanálisis»], *Brithish Medical Journal* 325, n° 7.374 (2002), p. 1.202.

9. D. S. Wald et al., «The Dose-Response Relation Between Serum Homocysteine and Cardiovascular Disease: Implications for Treatment and Screening» [«La relación niveles-respuesta entre la homocisteína sérica y las enfermedades cardiovasculares: implicaciones para el tratamiento y la detección por imágenes de esta clase de dolencias»], *European Journal of Cardiovascular Prevention and Rehabilitation* 11, n° 3 (2004), pp. 250-253.

10. M. Haim et al., «Serum Homocysteine and Long-Term Risk of Myocardial Infarction and Sudden Death in Patients with Coronary Heart Disease» [«La homocisteína sérica y el riesgo a largo plazo de padecer infarto de miocardio y muerte súbita en pacientes con enfermedades coronarias»], *Cardiology* 107, n° 1 (2007), pp. 52-56.

11. M. Houston, *What Your Doctor May Not Tell You About Heart Disease*, Grand Central Life & Style, Nueva York, 2012.

12. S. Seely, «Is Calcium Excess in Western Diet a Major Cause of Arterial Disease?» [«¿Es el exceso de calcio en la dieta occidental una de las principales causas de enfermedades arteriales?»], *International Journal of Cardiology* 33, n° 2 (1991), pp. 191-198.

13. U. Hoffmann, T. J. Brady y J. Muller, «Use of New Imaging Techniques to Screen for Coronary Artery Disease» [«Las nuevas técnicas por imagen para la detección de enfermedades coronarias»], *Circulation* 108 (2003), pp. e50-e53.

14. Ibíd.

15. K. L. Stanhope et al., «Consumption of Fructose and High-Fructose Corn Syrup Increase Postprandial Triglycerides, LDL-Cholesterol, and Apolipoprotein-B in Young

Men an Women» [«El consumo de fructosa y de jarabe de maíz alto en fructosa aumenta los triglicéridos posprandiales, el colesterol LDL y la apoliproteína B en los jóvenes»], *Journal of Clinical Endocrinology & Metabolism* 96, n° 10 (2011), pp. E1.596-1.605; «Fructose Consumption Increases Risk Factors for Heart Disease: Study Suggests US Dietary Guideline for Upper Limit of Sugar Consumption is Too High» [«El consumo de fructosa aumenta los factores de riesgo cardiovascular: un estudio sugiere que el límite del consumo de azúcar de las pautas dietéticas estadounidenses es demasiado alto»], *Science Daily*, 28 de julio de 2011, www.sciencedaily.com/releases/2011/07/110728082558.htm; K. L. Stanhope y P. J. Havel, «Endocrine and Metabolic Effects of Consuming Beverages Sweetened with Fructose, Glucose, Sucrose, or High-Fructose Corn Syrup» [«Los efectos endocrinos y metabólicos del consumo de bebidas endulzadas con fructosa, glucosa, sacarosa o jarabe de maíz alto en fructosa»], *American Journal of Clinical Nutrition* 88, n° 6 (2008), pp. 1.733S-1.737S.

16. S. Sieri et al., «Dietary Glycemic Load and Index and Risk of Coronary Heart Disease in a large Italian Cohort: The EPICOR Study» [«La carga y el índice glucémicos en la dieta y el riesgo de padecer enfermedades coronarias en un gran estudio de cohorte italiano: el EPICOR»], *Archives of Internal Medicine* 12, n° 170 (2010), pp. 640-647.

17. «How High Carbohydrate Foods Can Raise Risk for Heart Problems» [«Cómo los alimentos ricos en carbohidratos aumentan el riesgo de sufrir problemas cardiacos»], *Science Daily*, 25 de junio de 2009, publicado el 8 de febrero de 2012 en www.sciencedaily.com/releases/2009/06/090625133215.htm.

18. Universidad de Tel Aviv, «How High Carbohydrate Foods Can Raise Risk For Heart Problems» [«Cómo los alimentos ricos en carbohidratos aumentan el riesgo de sufrir problemas cardiacos»], *Science Daily*, 25 de junio de 2009, publicado el 8 de febrero del 2012 en www.sciencedaily.com/releases/2009/06/090625133215.htm.

19. S. Liu et al., «Relation Between a Diet with a High Glycemic Load and Plasma Concentrations of High-Sensitivity C-Reactive Protein in Middle-Aged Women» [«La relación entre una dieta con alta carga glucémica y las concentraciones plasmáticas de proteína C reactiva ultrasensible en mujeres de mediana edad»], *American Journal of Clinical Nutrition* 75, n° 3 (2002), pp. 492-498.

20. Ibíd.

21. C. Laino, «Trans Fats Up Heart Disease Risk» [«Las grasas trans aumentan el riesgo de sufrir enfermedades cardiacas»], *WebMD Health News*, 15 de noviembre del 2006, www.webmd.com/heart/news/20061115/heart-disease-risk-upped-by-trans-fats.

22. F. B. Hu et al., «Dietary Fat Intake and the Risk of Coronary Heart Disease in Women» [«El consumo de grasas y el riesgo de padecer enfermedades cardiacas en las mujeres»], *New England Journal of Medicine* 337, n° 21 (1997), pp. 1.491-1.499.

23. Institute of Medicine of the National Academies, *Dietary Reference Intakes for Energy, Carbohydrate, Fiber, Fat, Fatty Acids, Cholesterol, Protein, and Amino Acids*, The National Academies Press, Washington, D. C., 2005, p. 504.

24. Harvard School of Public Health, «Eating Processed Meats, but Not Unprocessed Red Meats, May Raise Risk of Heart Disease and Diabetes» [«Consumir carne procesada, a diferencia de la carne roja sin procesar, aumenta el riesgo de sufrir enfermedades cardiacas y diabetes»], noticia publicada el 17 de mayo del 2010, www.hsph.Harvard.edu/news/press-releases/2010-releases/processed-meats-unprocessed-heart-disease-diabetes.html.

25. Ibíd.
26. J. Bowden, *The 150 Healthiest Foods on Earth,* Fair Winds Press, Beverly, Massachusetts, 2007.
27. L. Zhang et al., «Pterostilbene Protects Vascular Endothelial Cells Against Oxidized Low-Density Lipoprotein-Induced Apoptosis in Vitro and in Vivo» [«El pterostilbeno protege a las células endoteliales vasculares contra las lipoproteínas de baja densidad oxidadas: apoptosis inducida *in vitro* e *in vivo*»], *Apoptosis* 17, n° 1 (2012), pp. 25-36.
28. H. C. Ou et al., «Ellagic Acid Protects Endothelial Cells from Oxidized Low-Density Lipoprotein-Induced Apoptosis by Modulating the PI3k/Akt/eNOS Pathway» [«El ácido elágico protege a las células endoteliales de las lipoproteínas de baja densidad oxidadas: apoptosis inducida por la modulación de la ruta de la PI3k/Akt/eNOS»], *Toxicology and Applied Pharmacology* 248, n° 2 (2010), pp. 134-143.
29. H. C. Hung et al., «Fruit and Vegetable Intake and Risk of Major Chronic Disease» [«El consumo de frutas y verduras y el riesgo de contraer enfermedades crónicas graves»], *Journal of the National Cancer Institute* 96, n° 21 (2004), pp. 1.577-1.584.
30. Ibíd.
31. F. J. He et al., «Increased Consumption of Fruit and Vegetables Is Related to a Reduced Risk of Coronary Heart Disease: Meta-Analysis of Cohort Studies» [«El mayor consumo de frutas y verduras está relacionado con un menor riesgo de sufrir enfermedades coronarias: metaanálisis de estudios de cohorte»], *Journal of Human Hypertension* 21, n° 9 (2007), pp. 717-728.
32. F. J. He et al., «Fruit and Vegetable Consumption and Stroke: Meta-Analysis of Cohort Studies» [«El consumo de frutas y verduras y los derrames cerebrales: metaanálisis de estudios de cohorte»], *The Lancet* 367, n° 9.507 (2006), pp. 320-326.
33. H. C. Hung et al., «Fruit and Vegetable Intake and Risk of Major Chronic Disease» [«El consumo de frutas y verduras y el riesgo de sufrir enfermedades crónicas graves»], *Journal of the National Cancer Institute* 96, n° 21 (2004), pp. 1.577-1.584.
34. Bowden, *The 150 Healthiest Foods on Earth.*
35. D. Mozzaffarian et al., «Changes in Diet and Lifestyle and Long-Term Weight Gain in Men and Women» [«Los cambios en la dieta y el estilo de vida y el aumento de peso a largo plazo en hombres y mujeres»], *New England Journal of Medicine* 364, n° 25 (2011), pp. 2.392-2.404.
36. M. Burros, «Eating Well; Pass the Nuts, Pass Up the Guilt» [«La comida sana: opta por los frutos secos y deja de sentirte culpable»], *New York Times*, 15 de enero de 2003.
37. O. H. Franco et al., «The Polymeal: A More Natural, Safer, and Probably Tastier (than the Polypill) Strategy to Reduce Cardiovascular Disease by More Than 75%» [«La policomida: una estrategia más natural, segura y probablemente más sabrosa (que la polipastilla) para reducir las enfermedades cardiovasculares en más de un 75 por ciento»], *British Medical Journal* 329, n° 7.480 (2004), p. 1.447.
38. D. M. Winham et al., «Pinto Bean Consumption Reduces Biomarkers for Heart Disease Risk» [«El consumo de judías pintas reduce los biomarcadores del riesgo de sufrir enfermedades cardiacas»], *Journal of the American College of Nutrition* 26, n° 3 (2007), pp. 243-249.
39. E. K. Kabagambe et al., «Decreased Consumption of Dried Mature Beans is Positively Associated with Urbanization and Nonfatal Acute Myocardial Infarction» [«El menor

consumo de judías secas está sin duda relacionado con la urbanización y los infartos de miocardio agudos no mortales»], *Journal of Nutrition* 135, n° 7 (2005), pp. 1.770-1.775.

40. Bazzano et al., «Legume Consumption and Risk of Coronary Heart Disease in U. S. Men and Women» [«El consumo de legumbres y el riesgo de padecer enfermedades coronarias en los hombres y mujeres de Estados Unidos»], *Archives of Internal Medicine* 161, n° 21 (2001), pp. 2.573-2.578.

41. A. Buitrago-Lopez et al., «Chocolate Consumption and Cardiometabolic Disorders: Systematic Review and Meta-Analysis» [«El consumo de chocolate y los trastornos cardiometabólicos: estudio sistemático y metaanálisis»], *British Medical Journal* 343 (2011), p. d4.488.

42. S. Desch et al., «Effect of Cocoa Products on Blood Pressure: Systemic Review and Meta-Analysis» [«Los efectos de los productos con cacao en la tensión arterial: estudio sistémico y metaanálisis»], resumen, *American Journal of Hypertension* 23, n° 1 (2010), pp. 97-103.

43. B. Buijsse et al., «Cocoa Intake, Blood Pressure, and Cardiovascular Mortality» [«El consumo de cacao, la tensión arterial y la mortalidad cardiovascular»], *Archives of Internal Medicine* 166, n° 4 (2006), pp. 411-417.

44. M. Aviram et al., «Pomegranate Juice Consumption Reduces Oxidative Stress, Atherogenic Modifications to LDL, and Platelet Aggregation: Studies in Humans and in Atherosclerotic, Apolipoprotein E-Deficient Mice» [«El consumo de zumo de granada reduce el estrés oxidativo, las modificaciones aterogénicas del LDL y la agregación plaquetaria: estudios realizados con humanos y con ratones de laboratorio ateroscleróticos con deficiencia de apolipoproteína E»], *American Journal of Clinical Nutrition* 71, n° 5 (2000), pp. 1.062-1.076; M. Aviram et al, «Pomegranate Juice Flavonoids Inhibit Low-Density Lipoprotein Oxidation and Cardiovascular Diseases: Studies in Atherosclerotic Mice and in Humans» [«Los flavonoides del zumo de granada inhiben la oxidación de las lipoproteínas de baja densidad y las enfermedades cardiovasculares: estudios realizados con humanos y con ratones de laboratorio ateroscleróticos»], *Drugs Under Experimental and Clinical Research* 28, n° 2-3 (2002), pp. 49-62.

45. M. Aviram et al., «Pomegranate Juice Consumption for 3 Years by Patients with Carotid Artery Stenosis Reduces Common Carotid Intima-Media Thickness, Blood Pressure and LDL Oxidation» [«El consumo de zumo de granada durante tres años reduce en pacientes con estenosis carotidea el grosor íntima-media carotideo común, la tensión arterial y la oxidación de las LDL»], *Clinical Nutrition* 23, n° 3 (2004), pp. 423-433.

46. L. J. Ignarro et al., «Pomegranate Juice Protects Nitric Oxide Against Oxidative Destruction and Enhances the Biological Actions of Nitric Oxide» [«El zumo de granada protege al óxido nítrico de la destrucción oxidativa y aumenta las acciones biológicas del mismo»], *Nitric Oxide* 15, n° 2 (2006), pp. 93-102.

47. D. K. Das et al., «Cardioprotection of Red Wine: Role of Polyphenolic Antioxidants» [«El vino tinto es cardioprotector: el papel de los antioxidantes polifenólicos»], *Drugs Under Experimental and Clinical Research* 25, n°s 2-3 (1999), pp. 115-120.

48. V. Ivanov et al., «Red Wine Antioxidants Bind to Human Lipoproteins and Protect them from Metal Ion-Dependent and Independent Oxidation» [«Los antioxidantes del vino tinto se unen a las lipoproteínas humanas y las protegen de la oxidación por

iones metálicos y por otras causas»], *Journal of Agriculture and Food Chemistry* 49, n°
9 (2001), pp. 4.442-4.449; M. Aviram y B. Fuhrman, «Wine Flavonoids Protect
Against LDL Oxidation and Atherosclerosis» [«Los flavonoides del vino nos protegen
de la oxidación de las LDL y la aterosclerosis»], *Annals of the New York Academy of
Sciences* 957 (2002), pp. 146-161.

49. A. Lugasi et al., «Cardio-Protective Effect of Red Wine as Reflected in the Literature»
[«El efecto cardioprotector del vino tinto en la bibliografía médica»], resumen, Orvo-
si Hetilap 138, n° 11 (1997), pp. 673-678; T. S. Saleem y S. D. Basha, «Red Wine: A
Drink to Your Heart» [«El vino tinto, una bebida para tu corazón»], *Journal of Cardiovascular Disease Research* 1, n° 4 (2010), pp. 171-176.

50. D. B. Panagiotakos et al., «Mediterranean Diet and Inflammatory Response in Myocardial Infarction Survivors» [«La dieta mediterránea y la respuesta inflamatoria en
los sobrevivientes a un infarto de miocardio»], *International Journal of Epidemiology*
38, n° 3 (2009), pp. 856-866.

51. J. Sano, «Effects of Green Tea Intake on the Development of Coronary Artery Disease» [«Los efectos del consumo de té verde en el desarrollo de enfermedades coronarias»], *Circulation Journal* 68, n 7 (2004), pp. 665-670.

52. S. L Duffy, «Short- and Long-Term Black Tea Consumption Reverses Endothelial
Dysfunction in Patients with Coronary Artery Disease» [«El consumo de té negro a
corto y a largo plazo revierte la disfunción endotelial en pacientes con enfermedades
coronarias»], *Circulation* 104 (2001), pp. 151-156.

53. Medscape, «Black Tea Shown to Improve Blood Vessel Health» [«Se ha demostrado
que el té negro mejora la salud de los vasos sanguíneos»], *Medscape News*, 17 de julio
de 2001, www.medscape.com/viewarticle/411324.

54. A. Trichopoulou et al., «Mediterranean Diet and Survival Among Patients with Coronary Heart Disease in Greece» [«La dieta mediterránea y los bajos índices de mortalidad en los pacientes con enfermedades coronarias en Grecia»], *Archives of Internal
Medicine* 165, n° 8 (2005), pp. 929-935.

55. A. Ferrera et al., «Olive Oil and Reduced Need for Antihypertensive Medications»
[«El aceite de oliva y la menor necesidad de medicamentos antihipertensivos»], *Archives of Internal Medicine* 160, n° 6 (2000), pp. 837-842.

56. «Olive Oil Contains Natural Anti-Inflammatory Agent» [«El aceite de oliva contiene
un agente antiinflamatorio natural»], *Science Daily*, 6 de setiembre de 2005, www.
sciencedaily.com/releases/2005/09/050906075427.htm.

57. American Botanical Council, «Garlic» [«El ajo»], *Herbalgram*, http//cms.herbalgram.
org/expandedE/Garlic.html.

58. J. Bowden, *The Most Effective Natural Cures on Earth*, Fair Winds Press, Beverly, Massachusetts, 2008.

59. J. W. Pennebaker, *Opening Up: The Healing Power of Expressing Emotions*, Guilford
Press, Nueva York, 1997; J. Frattaroli, «Experimental Disclosure and Its Moderators:
A Meta-Analysis» [«La apertura emocional experimental y sus moderadores: metaa-
nálisis»], *Psychologicl Bulletin* 132, n° 6 (2006), pp. 823-865.

Sobre los autores

JONNY BOWDEN, famoso a escala nacional por ser un experto en pérdida de peso, nutrición y salud, es un nutricionista certificado con un máster en psicología, y autor de doce libros sobre salud, curación, alimentación y longevidad, entre los que figuran dos bestsellers: *The 150 Healthiest Foods on Earth* y *Living Low Carb*. Invitado frecuente en programas televisivos y radiofónicos, ha aparecido en la CNN, MSNBC, Fox News, ABC, NBC y CBS como experto en nutrición, pérdida de peso y longevidad. Es el director de nutrición de la revista *Pilates Style* y colabora con regularidad en *Clean Eating, Better Nutrition* y *Total Health Online*.

Ha escrito artículos para docenas de publicaciones impresas y digitales, como *The New York Times, The Wall Street Journal, Forbes, O (The Oprah Magazine), The Daily Beast, The Huffington Post, Vanity Fair Online, Time, Oxygen, Marie Claire, Diabetes Focus, GQ, US Weekly, Cosmopolitan, Self, Fitness, Family Circle, Allure, Men's Health, Prevention, InStyle, Natural Health* y muchas otras. Aparece con regularidad como experto en la ABC-TV Los Ángeles. Es miembro del Colegio Americano de Nutrición y de la Sociedad Americana de Nutrición.

Vive en Woodland Hills, California, con sus perros *Lucy* y *Emily*. Síguele en www.jonnybowden.com y @jonnybowden.

STEPHEN T. SINATRA, es un cardiólogo certificado y profesor clínico adjunto de medicina en la Facultad de Medicina de la Universidad de Connecticut. Ha escrito numerosos libros, entre los que se cuentan *The Sinatra Solution: Metabolic Cardiology, Earthing: con los pies descalzos, Reverse Heart Disease Now* y *Lower Your Blood Pressure in Eight Weeks.* Licenciado en psicoterapia bioenergética y nutrición, y especialista en antienvejecimiento, el doctor Sinatra integra las terapias psicológicas, nutracéuticas y electrocéuticas en la esfera de la curación. Es fundador de www.heartmdinstitute.com, una web informativa que da a conocer al público la medicina integrativa, y miembro del Colegio Americano de Cardiología y del Colegio Americano de Nutrición. También es director del boletín informativo nacional *Heart, Health and Nutrition.* Sus páginas web son www.heartmdinstitute.com y www.drsinatra.com.

Agradecimientos

En primer lugar y ante todo quiero dar las gracias a las brillantísimas personas que con sus artículos sobre el mito del colesterol han allanado el terreno para que este libro viera la luz. Sin ellas seguramente no lo habría escrito o por lo menos no habría sido tan bueno: los doctores Dwight Lundell, Anthony Colpo, Russell L. Smith, Malcolm Kendrick, Ladd R. McNamara, Duane Graveline, Ernest N. Curtis, y, por supuesto, Uffe Ravnskov, el mejor en su especialidad, cuya labor pionera ha sido la instigadora de todo lo demás. Y, además, doy la enhorabuena a Chris Kresser, y a Chris Masterjohn, por su trabajo tan riguroso e inteligente.

También quiero dar las gracias a Steve Sinatra, el brillante y dedicado coautor del libro. Ha sido un gran referente en la comunidad de la medicina integrativa y tiene el honor de ser un cardiólogo y nutricionista acreditado, además de su formación en psicoterapia. Siempre ha sido muy franco y acertado en sus críticas, y es uno de los profesionales de la salud más expertos y compasivos que conozco. Ha sido maravilloso, y todo un placer, colaborar con él.

Deseo agradecer en especial a la doctora Stephanie Seneff, y al doctor John Abramson, su amabilidad al leer «El engaño de las estatinas» y ofrecerme sus valiosas sugerencias. Y a Karger Publishing, por su generosidad al cedernos unos textos de incalculable valor para utilizarlos en la preparación de este libro.

Doy las gracias a Will Kiester, mi editor con visión de futuro, que vio la importancia de este polémico libro; a Jill Alexander, el primero en proponer su creación; a Cara Connors, mi inveterada, querida e inestimable directora de la editorial, y a Coleen O'Shea, mi magnífica agente literaria.

A Christopher Loch, que ha sido un gran apoyo para mí durante casi una década ayudándome a configurar mi presencia en internet y supervisándolo todo, desde el diseño de la web hasta el marketing y las empresas conjuntas. Y, además, siempre ha estado a mi lado cuando lo necesitaba, algo que ha ocurrido con frecuencia. Siempre estaré en deuda contigo. Te doy mil gracias. Una y otra vez.

Cada día agradezco la labor extraordinaria del nutricionista Jason Boehm, y los infatigables esfuerzos de Dean Draznin, «el hombre más trabajador de PR» y de su equipo de Dean Draznin Communications.

Hace varios años me topé con Marc Stockman, un hombre brillante y talentoso, y desde entonces les estuve diciendo a mis amigos: «¡Ojalá pudiera trabajar con él!» Al cabo de cinco años y de varios proyectos que culminaron con éxito, creamos juntos una compañía: Rockwell Nutrition. No puedo pedir un socio mejor.

Siempre estaré en deuda con estas increíbles lumbreras por el caudal inmenso de sabiduría médica y científica con el que he podido contar año tras año, libro tras libro, al responderme con celeridad, amabilidad y generosidad a cada e-mail, pregunta o llamada telefónica: los doctores en medicina Larry McCleary y Mike Eades, a la doctora Mary Dan Eades, y a los doctores Mark Houston, Jacob Teitelbaum, Beth Traylor, Barry Sears, C. Leigh Broadhurst, Jeff Volek, jefe de investigación y desarrollo, y a los doctores John Abramson, Keith McCormick, y J. J. Virgin.

Doy las gracias a mis amigos y a mi familia, con los que tengo lazos de amistad y de sangre: a mi hermano Jeffrey, mi cuñada Nancy, mi sobrino Pace y mi sobrina Cadence; a mi familia de L. A.: Sky London, Doug Monas, Bootsie, Zack, Lukey y Sage Grakal; a mi hijo Drew Christy, y a mis amigos tanto de toda la vida como nuevos, Peter Breger, Jeannette Lee Bessinger, Susan Wood, Christopher Duncan (y Charlie Ann, Brock y Miles), Janet Aldrich, Lauree Dash, Randy Graff, Kimberly Wright, Scott Ellis, Ketura Worthen, Ann Knight, Diana Lederman, Gina Lombardi, Kevin Hogan y Jerry White. ¡Ah! Y a Sky de nuevo, por si acaso.

A dos pequeñas que me han robado el corazón: Zoe y Jade Hochanadel.

A mi querida familia canina, *Emily Christy-Bowden, Lucy Bowden* y *Bubba Mosher*.

Y a los escritores Robert Sapolsky, cuyas inigualables obras científicas son el rasero por el que juzgo las mías; William Goldman, incapaz de escribir una sola frase que carezca de interés; y al resto de mis escritores favoritos que suelen llenarme de asombro por las cosas tan maravillosas que escriben: Ed McBain, Jess Walter, Adam Davies, T. Coraghessan Boyle, Merrill Markoe, Lee Child, James Frey, Jim Nelson, Gail Collins, Peggy Noonan y Aaron Sorkin.

A Howard, Artie, Gary, Fred y Robin por hacerme sonreír a diario durante más de quince años y por el 11 de setiembre, nunca lo olvidaré. Os doy las gracias de nuevo.

A Werner Erhard, que me ha ayudado en la vida mucho más de lo que cree, y a Robyn Symon, que salvó su reputación con su maravillosa película *Transformación: la vida y el legado de Werner Erhard*. No te la pierdas.

Doy mil gracias al doctor Richard Lewis.

Y también en especial a tres mujeres increíbles sin las cuales no me puedo imaginar mi vida.

Amber Linder, mi ayudante, mi mano derecha (e izquierda), y mi querida amiga.

Anja Christy, mi mejor amiga, musa y consejera, y...

Michelle Mosher, mi alma gemela, amante, compañera de juegos y pareja. Ahora por fin comprendo lo que significa «estar hechos el uno para el otro». Gracias, cariño.

Doctor Jonny.

Índice temático